JN175450

進化倫理学入門

スコット・ジェイムズ 著
児玉 聡 訳

An Introduction to
Evolutionary Ethics

Scott M. James

名古屋大学出版会

AN INTRODUCTION TO EVOLUTIONARY ETHICS
by Scott M. James
Copyright © 2011 Scott M. James

All Rights Reserved. Authorised translation from the English language edition published by John Wiley & Sons Limited. Responsibility for the accuracy of the translation rests solely with University of Nagoya Press and is not the responsibility of John Wiley & Sons Limited.
No part of this book may be reproduced in any form without the written permission of the original copyright holder, John Wiley & Sons Limited.
Japanese translation published by arrangement with John Wiley & Sons Limited through The English Agency (Japan) Ltd.

進化倫理学入門——目　次

凡　例　viii

序　文　哲学者と生物学者がバーに入っていくと……　1

第I部　「利己的な遺伝子」から道徳的な存在へ
——ダーウィン以後の道徳心理学

第1章　自然選択と人間本性……　15
1　基本的な説明　16
2　いくつかのよくある誤解　20
3　修繕屋としての母なる自然　22
4　進化心理学と人間の本性　25
5　進化した心の道具箱　27
6　（さらに）いくつかのよくある誤解　30
7　本章のまとめ　38

第2章　正しさの（最も初期の）起源……　41
1　団結すれば頑張れる？　43

2 包括適応度と「遺伝子目線」の観点 45
3 汝の隣人を愛せ――しかし汝の家族を真っ先に愛せ 50
4 偽陽性とコアシステム 53
5 「利他性」についての手短な注意 56
6 互恵的利他性 57
7 本章のまとめ 65

第3章 穴居人の良心 ……68
――人間の道徳の進化
1 道徳的生物はどういう意味で道徳的なのか 70
2 道徳性の進化 81
3 道徳判断の本質を説明する 89
4 本章のまとめ 92

第4章 公正な報い ……94
1 最後通牒ゲーム 96
2 公共財ゲーム 99
3 勝者は罰しない 102
4 罪(の意識)の利点 106

5 ライオンに囲まれた子羊か？ 110
6 道徳全体の説明になっているか？ 113
7 普遍道徳か普遍理性か？ 116
8 本章のまとめ 121

第5章 美徳と悪徳の科学 …… 123
1 苦悩テスト 126
2 心を読む 134
3 「ならぬものはならぬ」 138
4 道徳の生得性と言語との類比 141
5 配電盤、バイアス、情動共鳴 149
6 非生得主義者の疑念 157
7 本章のまとめ 159

第II部 「何であるか」から「何であるべきか」へ
——ダーウィン以降の道徳哲学

第6章 社会的調和 …… 169
——善と悪、および生物学的な醜さ

1　存在の大いなる連鎖から生命の樹、道徳性まで　169
2　生命の樹を引っこ抜く　175

第7章　ヒュームの法則……182
1　演繹的に妥当な論証　184
2　入れていないものを取り出すことはできない　189
3　「決定的な重要性」　191
4　力から正義への移行を阻止すること　192
5　ダーウィン主義と、人類を保存すること　195
6　本章のまとめ　197

第8章　ムーアの自然主義的誤謬……199
1　未決問題テスト　200
2　未決問題テストに落第する——欲求することを欲求すること　202
3　未決問題テストに落第する——スペンサー　204
4　未決問題テストに落第する——ウィルソン　206
5　本章のまとめ　207

第9章　ムーアとヒュームを再考する……209
1　未決問題テストに関するいくつかの予備的な疑念　210
2　事物が何を意味するか 対 事物が何であるか　212
3　社会ダーウィン主義に対する含意　214
4　「である」と「べし」の隔たりに対する挑戦――サール　215
5　「である」と「べし」の隔たりに対する挑戦――レイチェルズ　218
6　本章のまとめ　223

第10章　進化論的反実在論――初期の試み……225
1　神の住まう脳　232
2　準備事項　234
3　E・O・ウィルソン　236
4　特異性論法　239
5　重複論法　241
6　因果関係、正当化、そして……腐った死体　244
7　本章のまとめ　248

第11章　最近の進化論的反実在論……251

1　ナポレオンの錠剤　252
2　ダーウィン主義のジレンマ　256
3　本章のまとめ　261

第12章　進化論的実在論者が取りうる選択肢……263

1　選択肢１――正・不正の学習　266
2　選択肢２――反応依存性　268
3　選択肢３――自然化された徳倫理学　273
4　選択肢４――道徳的構成主義　281
5　実在主義者の選択肢に対する批判　288
6　本章のまとめ　294

訳者解説　297
注　巻末13
引用文献　巻末6
索　引　巻末1

凡例

一、本文中の〔 〕は訳者による補足である。また、引用中の［ ］は引用者による補足である。

一、引用中の「……」は中略である。

一、原注および訳注はすべて巻末にまとめてある。

一、日本遺伝学会監修・編『遺伝単――遺伝学用語集 対訳付き』（株式会社ＮＴＳ、二〇一七年）では、遺伝学に関連する旧来の訳語の改訂が提案されており、本書で関係するところでは、mutation は「突然変異」から「[突然]変異」へ、また variation は「変異、彷徨変異」から「多様性、変動」に変更するとある。しかし、過渡期であることもあり、本書では混乱を避けるために旧来の用語を使用した。したがって、原則として「(突然）変異」は mutation の訳、「変異」は variation の訳となっている。

序文　哲学者と生物学者がバーに入っていくと……

どんな動物であれ、よく発達した社会的本能（ここには親子の愛情も含まれる）を備えた動物ならば、その知的能力が人間のそれと同じくらい、あるいはそれに近いくらい発達すればすぐに、必然的に道徳感覚すなわち良心を獲得するだろう。
——チャールズ・ダーウィン『人間の由来』

一九七五年、ハーバード大学の昆虫学者であり社会生物学の父であるE・O・ウィルソンは、よく知られているようにこう述べた。「科学者と人文学者は、倫理が哲学者の手を離れて生物学化されるべき時がやってきたという可能性について、共に考えるべきである」（Wilson 1975 : 520）。哲学者たちは、明らかに、〔倫理を解明することに関して〕彼らなりの試みを行なってきた——しかし、彼らの努力に反して大した結果を残さなかった。今や生物学者たちは、人間進化に関する包括的な知識を携えて、最も人間らしい特徴である正と不正の感覚を説明する準備ができている。しかし、熱狂のあまり、ウィルソンと彼の支持者たちは、「生物学化（biologicization）」とは正確には何を意味するのかを明確にしなかった。というのも、ウィルソンの提案が残した印象とは裏腹に、生物学は道徳理論において、異論のないものから重大な論争になるものまで、様々な役割を果たすことができるし、また果たしてきたということが（誰あろう、哲学者たちによって）直ちに指摘されたからである。

このことが意味するのは、何よりもまず、真の問題は「生物学は道徳の説明において何らかの役割を果たすだろうか」ではないということだ（明らかに、それは何らかの役割は果たしている）。真の問題はこうである。「生物学は道徳の説明においてどのような種類の役割を果たすだろうか」。言い換えるなら、人間進化の物語は、我々の道徳的な生――すなわち、我々の道徳判断、道徳的感情、道徳的な区別、不正を避けようとする傾向、自己犠牲の称賛、不正をなした者に対する敵意など――に関する我々の考え方に対して、何らかの影響を及ぼすべきなのだろうか。この問題こそが、大ざっぱに言えば、進化倫理学と我々が考えるものの核心にある。

生物学が道徳理論に影響を及ぼしうる様々な仕方を理解するための最初の一歩として、フィリップ・キッチャー（1985）によって提案された以下の選択肢の一覧を考えてみよう。

1　我々の道徳心理の説明。生物学は、我々の種がいかにして道徳概念を獲得し道徳判断をなすようになったのかについて進化論的説明（の少なくとも一部）を提供するかもしれない。すなわち、生物学は、我々の祖先が置かれていた環境において頻回に現れる特徴（たとえば社会的または道徳的特徴）により、彼らの一部が道徳的な仕方で考えるようになったことを説明できるかもしれない。

2　我々の道徳原則の制限または拡張。生物学が提供する人間本性に関する新しい洞察は、我々がすでに受け入れている道徳原則を制限あるいは拡張することができるかもしれない。たとえば、我々は倫理学者たちがこれまで気づいてこなかった何らかの実践を尊重する傾向にあることを学ぶかもしれない。そしてこのことによって、道徳的に守られるべき実践が拡張されることになるかもしれない。

3　道徳的性質の形而上学的地位の確定。生物学は、道徳の客観性についての問題に決定的な解決を与えるかもしれない。たとえば、一部の論者によれば、我々は進化によっていくつかの行為が（本当に不正なものなどないにもかかわらず）本当に不正であると信じるように「騙されて」きた。なぜなら、そのように信じた方が、協力行動が促進され、それによって我々の祖先の生物学的な適応度が高まったからである。

4 進化論からの新たな道徳原則の導出。生物学のみから我々の道徳的義務が何であるかがわかるかもしれない。たとえば、社会ダーウィン主義者によれば、我々の祖先の生存は「社会的調和」の促進に決定的に依存していたため、我々はそれゆえ社会的調和を促進する道徳的義務を持つとされる。

ここからわかるように、倫理の「生物学化」は人によって理解が異なりうる。この点が哲学的に重要であることは、いくら強調してもしすぎではない。すなわち、一つのプロジェクトに肩入れしたからといって、他のプロジェクトにも肩入れすることを必然的には含意しないということだ。たとえば、ある人は、人間進化の物語は我々が現に持つ道徳心理をいかにして持つにいたったのかを部分的に説明すると論じるかもしれないが（上記第一の選択肢）、道徳的義務の本性がこの（あるいは他の何らかの）生物学的事実によって決定されることは否定するかもしれない（第三の選択肢）。このことを理解するために、次のアナロジーを考えてみよう。心理学者たちが視覚認知の本性を理解しようとして、身体の視覚システム——このシステムは、何千もの世代にわたって洗練されてきた構造をもつ——が外的な刺激因（たとえば猫）を処理する仕方を研究するとする。心理学者たちが学ぶと期待されるもの（また実際に学ぶもの）は、視覚の処理についての事柄である。彼らが学ぶと期待されないものは、猫の本性に関する事柄である。いったん問題の所在が明らかにされたならば、教訓は明白である。つまり、もし猫が猫たるゆえんについて知りたければ、心理学者ではなくて動物学者に尋ねるべきである。同様に、次のように論じることができる。すなわち、道徳心理学者たちは道徳的または社会的な「情報」の処理について何らかのことを学ぶことが期待される。彼らが学ぶと期待されないのは、道徳それ自体の本性である。もし不正な行為が不正たるゆえんについて知りたいのなら、心理学者ではなく道徳哲学者に尋ねるべきである。と、「少なくとも」一部の者は論じてきた。

別の例を挙げると、ある人は、実際に生物学が我々の道徳的義務に関連する人間本性の事実を明らかにすると論じながらも（上記第二の選択肢）、道徳的義務がこうした（あるいは何らかの）生物学的事実に由来するということは否定するかもしれない（第四の選択肢）。別のアナロジーを考えてみよう。一部の進化心理学者が推理するところによると、我々の初期の祖先は食物から十分なカロリーを得ることにしばしば苦労していたため、それに対する一つの適応的な解決策は、脂肪の多い食物に対する渇望を生まれつき有していることであったと考えられる。（もしかすると、あなたは別の惑星から来た者であるために、我々にそのような渇望があることを疑うかもしれない。しかし、実際のところ人類学者たちは、このような傾向が文化を超えて見られることを観察している。）しかし、重要な点はこうである。たとえ仮に進化の歴史によって我々には、脂肪の多い食物が入手可能なときにはいつでもそれを渇望し消費する傾向があるとしても、我々は脂肪の多い食物が入手可能なときにはいつでもそれを渇望し消費するべきだと結論することは正しいと考えられるだろうか。明らかにそうではない。もし『スーパーサイズ・ミー』という二〇〇四年の映画（これはマクドナルドの食物だけを食べ続けるという、ある男性の、不幸をもたらす試みに関するドキュメンタリーである）が何かを証明したとすれば、それは我々が脂肪の多い食物への渇望とその消費に抵抗すべきだということであった。この話は、道徳理論における生物学の役割とどのように関係しているだろうか。

仮に（人類学者たちが述べているように）人間はよそ者を差別する傾向にあるというのが正しいとしよう。どうも我々は近しい人々に比べて見知らぬ人々を助ける可能性がはるかに低いようである。このことは、我々がよそ者を差別するべきだということを意味するだろうか。この考えをテストしてみよう。仮にあなたが外国を訪れていて、浅い池にはまってしまうとしよう。あなたは泳げないため、突然命の危険にさらされることになる。ここで、一部始終を見ていたその国の住民は、彼の足元にある救命具をあなたに向けて放り投げる理由を持つであろうか。私は、あなたが（自信を持って）「持つ」と言う気がする。どうして「持つ」だと言えるのか。なぜなら（とあなたは答えて言うかもしれない）、あなたがよそ者であるという事実は、その国の住民があなたを助けるべき理由とは道徳的に無関係だからである。それどころか、我々はさらに進んで、我々はよそ者を差別する生物学的な傾向性に抵抗すべきだとさえ主張するかもしれない。だがこれが正しいとすると、我々の道徳的義務が生物学的に与えられた傾向性に由来するという発想を我々は拒否しなければならない。と、〔少なくとも〕一部の者は論じてきた。

いずれにせよ、全体にかかわる論点を再度指摘しておくのがよいだろう。すなわち、倫理の「生物学化」を支持するだけでは、ほとんど何も解決されない、という点である。我々の進化の歴史は、現在の道徳的経験（少なくとも世俗的な道徳的伝統）を理解するためには確かに重要であるが、これだけではその〔倫理と生物学の〕関係の正確な性質は未解決のまま残されることになる。そこで、我々の課題は、生物学についても哲学についても、詳細をじっくりと検討することだと言える。そしてこれこそが、本書を通じて我々が行なうことである。

＊＊＊

本書は二部構成になっており、それらはお互いに比較的独立している。第Ⅰ部では、進化によって我々の道徳心理が形成されてきた仕方について探究がなされる。我々は、進化心理学、人類学、霊長類学、さらには神経生物学における近年の研究を検討する。我々は、道徳の本性それ自体についての問いは——可能な限り——ひとまず脇に置き、そのかわりに、単に他人を助けるだけでなく、ダーウィンが述べたようにしばしば「純粋に正しさもしくは義務の深淵な感覚によって駆り立てられて」そう行為するような生物を、自然選択による進化のプロセスがいかにして産み出しえたのかに論点を絞ることにする。

第Ⅱ部では、「我々の進化の歴史はどのような行為や実践を正当化するのか」と問うことにより、規範的ないし評価的な領域に移行することになる。社会ダーウィン主義者（や、さらには今日の一部の哲学者）によれば、我々の生物学的な過去は、我々の心理の記述の源泉であり、かつ、道徳規範の源泉でもある。すなわち、進化は（生物学的に言って）事物がいかにあるかを教えてくれるだけでなく、（道徳的に言って）事物がいかにあるべきかも教えてくれるというのだ。記述的事実から規範を導出するこのような試みは、いくつかの標準的な批判に直面する（その一つはすでに論じた）ため、我々はこうした見解がどの程度これらの批判を乗り越えて生き残ることができるかを検討する。

我々はまた、第II部で道徳の客観性の問題に取り組む。最近の道徳哲学における最も刺激的で挑戦的ないくつかの議論によれば、いったん我々が人類の道徳心理の起源に関する十全な記述的説明を手に入れたなら、「道徳的事実」の存在を信じることは正当化できなくなる。その理由は、一部の論者によれば、説明が必要なことはすべて進化論によって説明されてしまうためである。一部の行為は客観的に不正であるという我々の感情は――さらには我々の考えも――我々の祖先が協力行動をする必要があったことにより説明が付く。すると、これにより、不正さのような道徳的性質が本当に存在すると考えるべき独立の根拠が全くなくなってしまうとされる。我々はこうした議論に対するいくつかの反論を検討し、今述べた反実在論的見解に対する実在論的（あるいは準実在論的）な選択肢についても考察する。

しかしながら、次のことを強調しておくことが重要である。すなわち、本書のある部分の議論が他の部分に対して含意をもっているとしても、少し前のいくつかの段落で述べた事情から、我々は性急な推論をしないように注意すべきである。論理的空間には、驚くほど多くの組み合わせが存在する。どの組み合わせが最も説得力をもつかについて、我々は前もって判断しない方がよいだろう。

＊＊＊

最後に、進化倫理学の本に書かれてあるだろうと読者が思うかもしれない内容で、実際には本書で論じられていないいくつかの論点について言及しておこう。第一に、進化の議論を無神論と結びつけ、さらに無神論を不道徳と結びつけようとする広く浸透した傾向（一部の人は、残念な傾向と言うだろう）が存在する。そのため、「進化倫理学」という発想そのものが矛盾していると考える者もいるだろう。というのは、(a)進化は人間世界の出来事における神の役割を抹消し、(b)神なき人類は道徳的になるべきいかなる理由も持たないため、選択肢は進化か倫理かであり、その両者ではないからである。このような推論は、いかに魅力的だとしても、大きな問題がある。(a)も(b)も自明ではなく、またそれらを明らかに正しいものとするためにはかなりの論証が必要となり、我々は遠く離れた哲学的領域へと踏み込んでしまうことになる。いずれにせよ、それは進化倫理学の本ではなくなり、宗教哲学と世俗的な倫理理論に関する本になるであろう。このように述べたものの、ここまでの我々の議論からは、次のことが明らかであろう。すなわち、人類は進化の力により、（心理学的な特徴も含む）その特徴の多くを所有するということを前提に話を進めるということだ。しかし、この前提を受け入れるからといって、無神論や道徳的ニヒリズムを受け入れることにはならない。

進化倫理学の本に書かれているだろうと読者が考えるかもしれない第二の——そしておそらく表現するのがより難しい——議論は、生物学的ないし遺伝学的決定論の議論である。私の理解するところでは、それは次のような懸念だ。すなわち、(1)我々の進化の歴史によって我々個々人の遺伝的な組成が決まり、(2)我々の遺伝的な組成が、適切な強い意味で我々の行動を決定し、また(3)我々は決定された行為に対して道徳的に責任を負うことはできないのであるから、我々の進化の歴史は道徳的責任を掘り崩す、というものである。この議論は、先ほどのものと同様、一見すると魅力的に思われるかもしれない。しかし、私がこの議論を本書で取り上げなかった理由は、よくよく考えてみると、この議論はあらゆる意味で間違っているからである。本書を読めばわかるように、(1)と(2)

の主張は、進化論についての混乱から生じたものである。どんな生物学者に尋ねてもよいが、自然だけではほとんど何も決定されない。それはちょうど育ちだけではほとんど何も決定されないのと同じである。この二人は競争相手ではなく、協力相手なのだ。仮にあなたの遺伝的組成が他の誰かと区別できないとしても（実際には区別できるのだが）、目もくらむほどの環境的多様性によってあなたは他人から区別されるだろう。しかし、仮にその点を脇に置いておくとしても、遺伝子は宿命ではない。進化によってあなたは特定の感情や選好を持つよう傾向づけられているかもしれないが（かもしれない、である）、あなたはそうした選好に基づいて行為するかどうかを選ぶ能力を維持している。[1] あなたは次のように自分に言うことができる。「自分の息子にこの仕事をやらせたいのはやまやまだが、私はすべての応募者に対して公平に振舞わなければならないから、そうすべきではない」と。さらに(3)の主張でさえ、批判を免れているわけではない（とはいえ、この点については別の機会に譲ろう）。

遺伝子決定論の問題は不幸にも進化と人間本性の議論に取りついた悪霊のようなものであるとだけ言っておこう。[2] 私はそれに対する批判の山にもう一つ石を積み重ねることもできるが、山それ自身に語ってもらう方がよいと考えている。そのため、この問題に関してなかなか消えない疑念を抱いている読者に対しては、私からは（残念ながら）何も提供するものはない。[3] 長く休眠状態にあるこの〔決定論をめぐる〕争いを再訪しなくても、整理しなければならない争いはたくさんある。今この瞬間にも、人間本性の進化論的基盤に関する新しい洞察が得られているが、道徳理論はその歩みに追いつこうと必死になっている。問題の一部は、すでに見たように、生物学が道徳理論に影響を与えうる様々な仕方が混在していることである。この点についてはすでに整理をしたので、我々自身に関する生物学的な理解を我々自身に関する道徳的理解から隔てている溝を埋める作業を開始することができる。

第Ⅰ部　「利己的な遺伝子」から道徳的な存在へ

――ダーウィン以後の道徳心理学

優しい言葉だけよりも、優しい言葉と銃がある方が、ずっと多くのものが得られる。

——アル・カポネ

リチャード・ドーキンスは『利己的な遺伝子』の冒頭の一節で、シカゴの裏社会で長く豊かな人生を全うした一人のギャング（彼をソニーと呼ぼう）を我々に想像させる。ソニーがそのような環境で生き残るために持っていたに違いない性格の種類について考えるよう、ドーキンスは我々に求める。さて、ソニーが常に情に厚く、気前が良く、心優しいわけではなかったであろうと我々が推測することは理に適っているだろう。少なくとも、ソニーは粗暴であったに違いない。彼は他人の忠誠心を強く気にしていたに違いない。彼は策略をすばやく見抜いたに違いないし、競争相手に対して非情だっただろう。ドーキンスによれば、ソニーは根本において「容赦なく利己的」だったに違いない（『ザ・ソプラノズ』のファンであれば簡単に理解してくれるだろう）。しかし、ドーキンスの話の要点は、ソニーが我々の鏡像であるということだ。我々は、これらの性格をソニーに帰するつもりがあるなら、同様の性格を自分たち自身にも帰する心構えを持つべきなのだ。結局のところ、我々もそれなりに荒々しい近隣社会における生き残りなのである。ドーキンスは以下のように説明している。

数百万年の間、我々の遺伝子は非常に競争の激しい環境で生き残ってきた。しかし、これが可能であったのは、遺伝子が自己奉仕的であるがゆえにほかならない。また、〔遺伝子は〕創造的でもある。その途中で遺伝子は、遺伝子自身の生き残りと複製を確実にするために、巧妙な乗り物を発達させたのである。これらの乗り物の中にはきわめて簡素なものもあれば、他方ではほとんど奇跡のようなものまである。しかし簡素であろうと奇跡的であろうと、根底にある考えは同じだ。我々が周りで目にする生物の形態——鳥、ハチ、シダやキツネ——は結局のところ「遺伝子機械（gene-machine）」なのだ。そしてそれは我々も同様である。人間もまた遺伝子機械の一種にすぎないのだ。我々は軟体動物よりも立派に着飾り、ヒヒよりも上手にサンドイッチを作れるにもかかわらず、原則としては彼らと何ら差がないのだ。我々は単に、より多くの遺伝子を作るための、より精巧な手段であるだけなのだ。結局、我々は遺伝子のためにここにいるにすぎない。しかも、ドーキンスが記すように、「遺伝子がもつ利己性は、通常、個体の振舞いを利己的なものにする」ため、我々はそれぞれ見かけとは裏腹に根本的に容赦なく利己的なのだと信じるに足る理由がある。生物学者のマイケル・ギースリンは「利他主義者を引っ掻けば、偽善者が血を流すのを見るだろう」と書いている（Ghiselin 1974：274）。我々個々人は、自分の中に小さなギャングをかくまっているのだ。ほとんど申し訳なさそうに、ドーキンスは以下のように結論付ける。「我々はそうでないことを信じたいと願うかもしれないが、普遍的な愛や種全体の福利は、進化論的には意味の無い概念だ」。

にもかかわらず、我々が自身を振り返って観察すれば、ドーキンスの話には意味をなさない点がある。というのは、もし彼が正しければ、人々は正しい行ないをするということに決して興味を持たないだろうからだ（なすべき正しい行ないとは何かを知ることなど気にもかけないだろう）。人々は決して徳を賞賛しないだろうし、不正に反対して立ち上がりもしないだろう。見知らぬ人のために自分の福利を犠牲にすることもないだろう。もし人間が根本において容赦なく利己的であるなら、我々の目には、「他人の将来に関心を持ち、幸せな様子を見る喜び以外何ももたらさないにもかかわらず彼らの幸せを自分にとって不可欠なものとする」（Smith 2010/1759：9）能力を人間が持っているとするアダム・スミスの見解は理解しがたいものに映るに違いない。しかし、我々はスミスの見解を理解しがたいとは思わない。皮肉屋でさえも、人々は（なすべき正しい行ないとはどういうことか知らない人々でさえも）正しい行ないをすることへの恒常的な関心を実際にしばしば持つことを認めなければならない。驚くほど多くの人々が、貧しい人々や公民権のない人々のために活動している。二〇〇四年には一般の米国市民が二四〇億ドル以上のお金を全くの他人の援助のために寄付していることを考えてみてほしい（Hudson Institute 2007 : 14）。これが「容赦なく利己的な」生き物の集まりのなすことであるとはほとんど思われない。少なくとも、人々は自分たちの行ないが他者にどのように受け取られるかを気にしている。そして、よりいっそう目を惹くのは、人々が、自分の良心と合致した行為をすることについて深く気にしているように見えるという事実だ。文学の最も大きな主題の一つは、「罪に対して何の罰も受けずに済むこと」がもたらす精神的な危機である。自分が不正な行ないをしたということを単に知っているだけで、それ自体が罰となりうる。そのため、ひょっとするとギャングとの類比は不適当かもしれない。もしかすると人間は、生物学では説明のつかない形で自身の進化の起源を超越しているのかもしれない。それどころか、我々は人間とその周囲の自然界を隔てるものを見つけたのかもしれない。すなわち、或る（あるいは唯一の？）道徳的秩序を把握する我々の能力である。これが正しければ、生物学は道徳心理学の研究にとって無関係なものになるだろう。

ここまでの話をまとめるとどうなるだろうか。一見道徳を排除しているように見える、人間についての生物学的な理解から私は話を始めた。次に私は、一見生物学的なものを排除しているように見える、人間についての道徳的な理解を提示した。そこで我々は決断をしなければならない。我々には以下のことができる。(a)生物学的な理解を採用して我々自身の道徳的な部分を説明し去ること、(b)道徳的な理解を採用して我々自身の生物学的な部分を説明し去ること、あるいは(c)生物学的な理解と道徳的な理解を調和させることだ。最後の選択肢は信じがたいものに聞こえるかもしれないが、ますます多くの分野を超えた理論家がそれを支持している（とはいえ、その考えが奇妙に思われないというわけではない。高名な霊長類研究者、フランス・ドゥ・ヴァール（1996 : 12）が書いているように「鳥や飛行機が完全に重力に影響を受けるにもかかわらず重力の法則に反しているように見えるのと同様に、道徳的な品性は、それ自体が自然選択の産物であるにもかかわらず、自然選択に真っ向から反しているように見えるかもしれない」）。実際、本書の目的の一つは、道徳的な品性（moral decency）は生物学的な起源をもつという考えを擁護するところにある。

我々の道徳的な本性と生物学的な本性の調和をはかる様々な手段を概説した、一連の実証的・哲学的な研究が増加していることに加えて、(c)以外の選択肢のうちの一つを採るコストは大きい。一方で我々は、進化論の知見が大きな影響を及ぼしている人間本性の理解へと、不可避的に向かっている。その強力な傾向は人類学、社会学、心理学、経済学、そして哲学に現れている。そのため、人間本性を理解するいかなる真剣な探究においても、生物学が捨て去られるとは考えづらい。他方で、我々の道徳的感受性を除外するどんな人間理解も、決定的に不完全である。こう言ったからといって、我々が常に善良であると言っているわけではなく、それどころか常に品性があると言っているわけですらない。我々の実践的な生活は道徳的思考によって消しがたく特徴づけられてきたと言っているのである。我々は道徳判断を下すし、正しい行ないとは何かについて熟考する。我々は道徳的感情（罪悪感や善意の心など）を経験し、犯罪者を罰し、有徳の人には報償を与えるのだ。

したがって、もし我々が我々の道徳的な本性あるいは生物学的説明の力に対して、（理論家として）目をつぶる覚悟がまだないなら、我々はそれらを調停する重責を負うのだ。どうすれば我々は自身についてのこれら二つの理解を調和させることができるのだろうか。この問いに答えようとすることが本書第Ⅰ部の課題だ。「答えようとすること」と私が言うのは、この分野（進化道徳心理学と呼べるかもしれない）はまだきわめて歴史が浅く、そして推測に基づくところが多いからだ。いくつかのきわめて基礎的な水準では合意が取れているように見えるにもかかわらず、読み進めればわかるように、深刻な論争が残っている。（本書における）我々の仕事の大半はこれらの論争を概観することにある。しかし、将来有望だと私が考える研究の方向を提示することも試みる。つまるところ、私も道徳性の進化に関わる自分なりの理論を持っているからだ。いずれにせよ以下の五章は、二つの一般的な問いを中心に統一されている。(1)なぜ自然選択は、道徳的に考え（しばしば）道徳的に振舞うヒト科の生物にとって有利に働いたと考えられるのか。そして、(2)道徳的に考え道徳的に振舞うヒトは、どのようにして自然選択により——既存の素材から——生み出されたのか。

第1章　自然選択と人間本性

腕の一振りで、自然選択による進化の思想は、生命・意味・目的の領域と、空間と時間、原因と結果、構造と物理法則の領域を統一してしまう。それは単に素晴しい思想であるだけではない。危険な思想でもあるのだ。

——ダニエル・デネット『ダーウィンの危険な思想』[1]

人間であるとは、堕ちゆく天使と上りゆく類人猿の出会う場だということだ。

——テリー・プラチェット『ホッグファーザー』

我々の道徳心理の発達において自然選択が果たす役割の問題を論じるにあたり、まずダーウィンの理論の基礎についての我々自身の記憶を新たにする必要がある。本章では、あまりに詳細な部分にはこだわらないこととしよう。重要なのは、進化が我々の道徳心（moral mind）の形成に決定的な役割を果たしていると、道徳心理学者たちに主張させるにいたった一般原則を浮き彫りにすることである。私は一般的な説明から始めることとする。実際、これはきわめて語りやすいのだ。その説明をしっかり行なったあと、その見方に対するいくつかのよくある誤解を晴らす。最後の節では、この理論がどうやって心理学にまで広がってきたのかを探究する。この心理学分野では、我々の身体同様に我々の心も、適応によるいくつもの機能を有していると主張されている。

ダーウィン革命とでも呼べるかもしれないものの中心、すなわち無数の細部と論争、改善と修正、フィールド研究とコンピュータ・モデルに囲まれた中心には、とても簡潔で見事な着想がある。その一端はダーウィン自身の言葉の中に垣間見られる。

1 基本的な説明

> 生存可能であるよりも多くの個体が生まれる。どの個体が生存し、どの個体が死ぬことになるか――どの変種あるいは種がその数を増やし、どれが数を減らしついには絶滅するのか――は、天秤皿にのせた一グレインの目方のような些少なことによって決まるのである。
> (Darwin 2003/1859 : 467)[ii]

この文章には三つの前提が隠されており、自然選択による進化の体系全体がその前提に基づいている。変異、生殖率の差異、遺伝の三つがそれである。詳しく見ていくことにしよう。

上記の文中では明言されないままになっているが、以下のことが背景に仮定されている。一定の集団内で繁殖する生物の数は、最終的に増大しすぎて環境資源が追いつかなくなるだろう。したがって、「生存可能であるより多くの個体が生まれる」。しかし、ダーウィンはすべての個体が平等につくられているわけではないことを暗に示している。速さ、強さ、体色――これらはある集団内で変異する。これらの変異のいくらか（いくらかだけではあるが）は、個々の個体が住む特定の環境で、次第にある個体の生殖成功度を変えるだろう。つまり、ある集団内での生殖率の差異が存在するだろうということだ。たとえば、偶然灰色になった一匹の蛾は自身の住む環境で捕食者から見落とされやすくなる一方、偶然白くなった蛾は同じ環境で容易にえさとなってしまう。その色の小さな差異、

「一グレインの目方」は、その個体の生存と生殖の可能性だけでなく、全体としての種の構成にも影響を与えるかもしれない。なぜか。もし我々が色の変化が遺伝しうると仮定するなら、子孫も同様にその色の変化を示す傾向にあるだろうからだ。そして灰色の蛾は白い蛾に対して繁殖における小さな優位をもっているため、（他のすべての条件が同じであるなら）個体数で優位に立つようになるだろう。母なる自然は、その環境内の白い蛾にとって「不利な選択をする」だろう。まとめると、生殖する生物の中で自然発生するいくらかの変異は、同じ環境内の同種の他の個体たちとの関連で、ある個体の生殖成功の割合を改善させるかもしれないということだ。これらの適応度を高めるような変異が子孫に伝わった場合、自然選択による進化が起きたことになる。[1]

この過程は単純かつ無心のものに聞こえるかもしれないが、その力はどれほど大げさに表現してもしきれないほどのものだ。進化生物学者のテオドシウス・ドブジャンスキーは、「生物学におけるいかなるものも、進化の視点からでなければ何ら意味をなさない」（1964：449）とさえ主張した。第一に、進化論は、我々が時代を通じ生物の世界を通じて観察してきた生物の構造の多様性の大半について、直接的で簡潔な説明を提供する。その説明は、たとえば遺伝子の働き程度の、ほとんど論争的でないものしか引き合いに出さない。十分な時間があれば、ある厳しい環境――おそらくは気難しい隣人もいる環境――の圧力によって、ムササビからクラゲ、アカマツまで様々なエキゾチックな形態が生じるだろう。

第二に、この理論はかつては導出できないと思われていたものを導出した。それは、設計者に頼らない設計の説明である。人間の目やフィンチのくちばしが周囲の環境に絶妙に適合しているということを誰が否定できようか。いかなる常識的な見方からしても、ある種の技師、すなわちどのようにしてある設計がその生物の他のはたらきと調和するのかを理解し、またどのようにして環境と生物の相互作用をその設計がとりもつのかをも理解していた存在が、その適合をもたらしたに違いないと思われるだろう。しかしその見方は、とりわけ我々が現在いる時代によって歪められている。もし仮に我々が「テープを巻き戻」して、それぞれの世代が徐々に変化し、少しずつ生殖成功度を増していく様子を観察することができたなら、たとえば人間の目の発達というのは、ほとんど特筆するところのないものだと我々は考えるだろう。哲学者のダニエル・デネット（1995）はその過程を、テニスのチャンピオンを選ぶことに喩える。どうしてすべてのテニストーナメントで常にチャンピオンが決まるのだろうか。簡単である。すべての試合が終わったのちに立っている者がチャンピオンなのだ。思い出してほしい。我々は生物の適応を進めないような九分九厘の遺伝的変異は目にしない。我々は「勝者」だけを見るのである。環境に上手く適応していない生き物が、哲学者のW・V・クワインが述べるように「自分の子孫を残す前に死んでしまう、悲しくも賞賛に値する傾向」（1969：126）をもつという単純な理由のために、設計における成功はいたるところで見られ、必然的なのだ。

最後に、進化論的説明の核となる論理は、器官の形状や骨格の強度に限定されず、観察可能な振舞いにまで、かなり円滑に拡張される。一九六〇年代初頭、コンラート・ローレンツやニコラス・ティンバーゲンの研究の後に続く生物学者たちが、動物の振舞いの根底にある構造を分析する方法、すなわち動物行動学として知られるようになった分野を開発した。ここでは、ある振舞いの、たとえば子ガモに見られる「刷り込み」という現象の、適応上の目的に重大な焦点が向けられている。(2) 動物行動学者の間では、究極的にその振舞いをもたらすにいたった、進化に関する一連の出来事——あるいは適応圧——が存在したと想定されている。仮に説明がありうるとすれば、まさにこのことによって振舞いが何のためのものであるかが説明されるのである。そして次にこれが、個体における振舞いの発現をもたらした発達への影響を理解するのに役立つかもしれない。

ここから、我々の主題である人間の道徳感覚までは、ほんの二、三歩で戻ってこられる（さしあたりは、道徳感覚を、道徳判断を下し、道徳的な感情を経験する傾向と考えることにする）。もし——私はこのもしを強調するが——

ある人が、我々の道徳感覚は自然選択による進化の産物であると主張したいとするなら、その主張の一般的な形は以下のようなものに違いない。遺伝子変異の過程を通じて、いくらかの個体（おそらくは初期のヒト科の生物）は道徳感覚に近い何かを発達させた。ひょっとするとその進化上の先駆物とほんの少ししか違いがなかったかもしれないにもかかわらず、その感覚はその所有者が生き残り、ほんのわずかだったとしてもその所有者が他の仲間よりも多く繁殖することを可能にしたのだ。自然選択の過程に制約がなかったため、この過程はこの道徳感覚を有した個体が優位を占める個体群を生み出した。

しかし、ここで二つのことを強調させてほしい。第一に、この主張は一般的な図式程度のものでしかない。この主張をわずかでももっともらしくするのに必要な細部はすべて省略されている。後の章において、我々はこれらの細部について詳しく見ることにする。第二に、自然選択による進化は我々の道徳感覚の発達にあくまで間接的にのみ寄与している、と主張することもできる。そこから二つの立場が生じてくる。

のちほど我々が議論する立場の一つによれば、我々の道徳感覚は、直接的に選び出されたいくつかの他のシステムのいわば「副産物」だったとされる。比較として、人間の血の色について考えてみよう。人間の血の赤さが直接的に選択されたものだとは誰も考えないだろう。直接的に選択されたのは血液の酸素運搬性だ。赤さは「おまけでついて来た」のである。それは血液の偶然的な性質だ。(3) 同様に、我々の道徳感覚は他の認知的な適応——たとえば、我々の行為の結果について推測する能力——の偶然的な性質なのだと主張したいと願う人もいる。

それと関連した別の立場では、我々の道徳感覚は自然選択の法則に従って進化したとされる。しかし、我々の道徳感覚が本来提供していた機能はより新しい機能によって（環境の状況の変化のために）置き換えられてしまっている。そしてその新しい機能は今度はその構造を変えることができるのである。この手の生物学的な手管のよく知られた例は、人間の肺の構造だ。一部の生物学者は、人間の肺はもともとは大昔に、捕食性の魚が獲物を追いかけるのに役立つよう進化したのだと主張する（Farmer 1997）。しかし一度これらの魚の先祖が陸上への侵攻を始めると、それらの「浮き袋」は呼吸に上手く役立ったのだ。そこで、我々の道徳感覚は本来、現在の目的とは全く関係の無いある目的に資するために発達してきた、と主張する者もいるかもしれない(4)。これらの見解の正確な構造については、あとで詳しく述べる。その前に、ダーウィンの理論へのいくつかのよくある誤解について釘を刺しておくことにしたい。

2　いくつかのよくある誤解

自然選択による進化の理論は、あらゆる生物のすべての特徴は適応の結果であるという主張を含意しない。この理論は、我々の観察する生物の構造のいくらか（多数と主張する人もいる）は自然選択の圧力の結果ではないとする理論と矛盾しない。いくらかは無作為な遺伝子変異の結果だ。他のものは生物学者が創始者効果と呼ぶものの結果である。それによれば、切り離された亜母集団で優位を占めている特徴（たとえば体色）は、この亜集団の創始者によってもたらされた恣意的な特徴である。たとえば、緑の翼を持ったフィンチの群れがフィンチの母集団から切り離されるが、その母集団の中では緑の翼を持ったものはほんの一握りであったとする。「緑色の羽」は生殖の成功に影響を与えないと仮定しても、進化におけるこの変化は自然選択の結果でないにもかかわらず、「緑色の羽」がこの〔切り離された〕集団内で支配的になっていくことが観察される場合があるだろう。また、生物の変化のいくつかは、遺伝的なボトルネック（genetic bottleneck）の結果である。創始者効果のように、集団がかなり突然収縮した場合（たとえば地震の後）に遺伝的なボトルネックが発生すると、母集団の遺伝子の部分集合のみが残る。

ここでいったん立ち止まり、自然選択とは異なるこれらの進化の過程が我々の探究に対してどんな意味をもつかを指摘することは有益だろう。たとえば、我々の道徳感覚は進化したが、その進化は自然選択の結果ではないのだと主張することができる。このような話によれば、我々の道徳感覚は適応の産物ではない。道徳感覚が存在するのは「緑色の羽」がもたらされたのと同じくらい単純な過程の結果なのかもしれない。仮にこれがその通りだとしたなら、我々の道徳感覚の（生物学的な）目的を探すのは無益だろう。そこには目的はないからである。我々が先に進む際に、これらの異なる選択肢についても頭に入れておくことが重要だ。

ダーウィンの理論についての別のよくある誤解の一つは、進化上の変化はある意味で、将来を見越した、あるいは意図的なものである、というものだ。問題の一端は用語法からきている。長い時間をかけて生物が環境に適応すると言うことは、母なる自然、あるいは生物たち自身が、その構造を変えることで積極的に適応の問題を解決するのだという誤解を大いに招くのである。よくある例では、高い木の葉に届くためには長い首が必要だとキリンが考えたので、キリンは——ほら！——長い首を手に入れたのだ、と論じられる。もちろんこれは、真実には程遠い。自然選択は、たまたま存在している変異体を「利用する」ことしかできず、変異は概してＤＮＡ複製の際の遺伝子の「過ち」の結果であるため、どの変異体が存在するかはきわめて無作為であるということを、我々は思い出さなければならない。これは、一部の生物が巧みに環境に適応していることを否定するものではない。だが大抵の場合、さらに綿密に調べてみると、それらの適応上の「解決」は驚くほどその場しのぎのものである。最も効果的な、信頼できる、あるいは経済的な解決法を設計するかわりに、母なる自然は他の現存するデザインの要素や部分（こっちの骨、あっちの靭帯）をあわてて集めて、生物が生き残れるようにしているように見える。ダニエル・デネット（1995 : 211）はそれらを「ひねくれたようにこみいった解決法」と呼んでいる。自然選択が働く際に用いられる原材料が遺伝子変異であるなら、これはまさしく我々が観察すると予期されるはずのもの、すなわち修繕（tinkering）である。母なる自然は賢いかもしれない。にもかかわらず、彼女は修繕屋（tinkerer）なのである。[iii]

3　修繕屋としての母なる自然

我々の道徳心は自然選択の産物であるという考えに対する抵抗感の少なくとも一部は、自然選択はその力にもかかわらず、道徳的思考ほど豊かで感情的で力強い思考様式をもたらすことなど、けっしてできないのではないか、という深い疑念からきている。母なる自然ははっきり言ってそれほど賢くないのだ。生物学者たちがこの疑念を取り除くために用いてきた方法の一つは、その厳格さにもかかわらずきわめて独創的で予測のつかない結果を生むような、他のより馴染みのある過程について我々に考えさせるというものだ。我々の抵抗感を和らげるために生物学者と哲学者が一般に用いる方法は以下のものである。

あなたに割り当てられる課題は、自作のペトラルカのソネットを書くことだ。あなたが忘れている場合のために言っておくと、ペトラルカのソネットとは一四行からなる詩のことである。一つ二つの例外は許されるが、それぞれの行は一〇の音節を含まねばならず、さらに一つおきの音節にアクセントがないといけない。適切な押韻構成は、*a-b-b-a/a-b-b-a/c-d-e-c-d-e* だ。テーマについてはあなたに任せるが、前半の八行で問題ないしジレンマが説明され、残りの六行でその問題の解決が試みられるという形式になることが期待されている。

私は賭けてもよいが、あなたはそのような課題を完成させるという考えを楽しいとは思わないだろう。あまりに制限が強すぎるのだ。あなたがいくらか手早くお気に入りのテーマを思いつけたとしても、あなたの時間すべてを間違いなく費やすことになるのは、そのテーマをソネットの厳格な枠内に収めることである。明らかに、あなたがあらかじめ韻を踏んでいる言葉（「bird」、「heart」、「start」、「blurred」）を決めてしまうと、課題の完成はほとんど不可能になるだろう。むしろあなたは、全般的な方向を決めて進むしかないのだ。紙にいくつかの言葉を書いてみて、多くの調整を行なう覚悟をしないといけない。もちろんあなたは、最初の方の努力の大半はゴミ箱行きになると考えておくべきである。「deranged」と韻を踏む単語を見つけるだけでは不十分である。その単語は局所的にも（つまり文法的にも）そして全体的にも（つまりテーマ的にも）適合していなければならない。場合によっては、とりわけ効果的な言い回しをするために、一節まるごと再構成する必要が生じるかもしれない。この課題は不愉快なものに思われるかもしれないが、もし仮にあなたがそれを続けたなら、そしてもし仮にあなたが自らの詩的な想像力を詩の形にしようと格闘したなら、私は賭けてもよいが、あなたには驚きの発見があるだろう。必ずしもあなたは「やっぱり私は詩人なのだ！」と高らかに宣言しはしないだろう。だが、あなたが作った詩の数行はきわめて独創的で予想もつかなかったものであるだろうし、詩の音楽的な響きは月並みかもしれないが、それはいくつかのきわめて独創的な思考を表現しているだろう（この点について私を疑うなら、もちろん、あなたはその代償として自分でソネットを書かなければならない）。しかし、そのような課題が予測しなかった結果をもたらしそうな理由は、まさにその形式上の制約にあるのだ。詩の「エネルギー」は特定の方向へ、しばしば不自然な方向へ導かれていなければならない。数学者のスタニスワフ・ウラムが言うように、詩の形式は「新たな連想を強制し、大抵は、思考の決まりきったつながりや連続からの逸脱を保証する。それは逆説的にではあるが、独創性を自動的に生み出す一種の仕組みになるのだ」（1975 : 180）。あなたがコンピュータのデリートキーをすり減らしながら、すべてのお決まりの表現を（単にそれらが適合しないために）削除する過程の中で、最終的にピッタリ当てはまる何かが出てくるのである。それは韻律に適合し、韻を整え、全体的なテーマを進展させるのである。なんと巧みなことか！　また、そのような制約がなかったなら、あなたがその表現を思いつく可能性はほとんどなかったに違いない。

この小さな例の重要な点は、解決策を生み出すうえでの形式や法則の、想像もできないような力を強調しているところだ。確かに、ソネットを書くことと種を設計することには様々な点で相違がある。最も顕著なのは、進化の場合においては詩人の役割に似たものがないという点だ。「修繕屋」の隠喩は単なる隠喩でしかない。どちらの例にも選択はあるが、進化の場合に言えるのはせいぜい、種はすでに概説したような過程によって選択されているということだけだ。それでも、この隠喩は示唆に富んでいる。まさに我々がソネットを書く際に複数の言葉をいじくる（tinker）ように、母なる自然は遺伝子変異によって利用可能になった異なる複数のデザインを「いじくる」のである。もちろん、あなたの考えつく言葉の圧倒的多数がそうであるように、生物の変異の大半は、すでに定められた厳しい枠組みに適合しない。そのような変異は、局所的にも適合しないし（それらは生物の内的構造と相容れない）、全体的にも適合しない（それらは、その生物がもつ、周りの生物と比べた場合の生殖率を減じる）。しかし時折、既存の構造のわずかな変更が適合することがある。母なる自然の修繕が効果を生むのだ。そして、ソネットを書く場合のように、その独創性は驚異的なものになりうる。水掻きのついた足、反響定位〔コウモリなどが超音波を発してその反響で自分の位置を知ること〕、有害な毒、光合成がそうだ。おそらくは思考までもがそうである。

そのため、おそらく我々はリチャード・ドーキンスの助言を聞くべきだろう。「『かくかくしかじかが漸進的な選択によって進化してきたなんて信じられない』などと決して言ってはならないし、そんなことを誰かが言うのを真面目に受け取ってはならない。私はこの手の誤謬を『個人の不信感に基づく議論』と呼んできた。これまでに幾度となく、それは知的な大失態の経験の前触れであることが証明されてきた」（1995 : 70）。(iv)

次節で我々はこうした初期の科学的な発展を土台にし、わくわくするような（そして論争的な）進化心理学の新分野を詳しく見ることにする。その名が示すように、進化心理学は、進化生物学者が生物の形態を研究するのと同じ方法でダーウィンの選択の原理を適用することによって、人間の精神を研究することを提案している。この場合、研究対象は人間の振舞いの様式、人間の思考や欲求の様式である。こうした研究は我々の中心的な関心に直接関係している。というのは、一部の理論家たちが進化した道徳感覚の証拠をしばしば見出すのは、進化心理学の領域内においてであるからだ。[5]

4　進化心理学と人間の本性

ダーウィンによる、人間の目の構造についての説明を受け入れることには、読者はおそらく何の問題も感じないだろう。人間の肺や肝臓、結腸、循環器系についても同様であろう。しかし「嫉妬」はどうだろうか。「友愛」は？　男性に暴力的な傾向があることや、女性が若く見られたいと思っていることについてはどうだろうか。「言語」についてはどうだろうか。あなたは「これらはまた別のことだ」と答えるだろう。しかしながら、「おそらく別のことではない」と進化心理学者は言う。

今日では、ダーウィンの進化論の考えは興味深い地位を占めている。一方で人間の身体的特徴（人間の心臓や人間の股関節）を説明しようとする際には、大半の人々は、自然選択による進化に訴えるのに何の問題も感じない。しかし他方で、人間の心理的特徴を説明しようとする際には、人々は自然選択による進化に訴えることを拒否する――仮にそのような考えが彼らに思い浮かんだとすればだが。一見して、人間の身体と人間の心との間には説明上の分裂がある。この分裂は生まれと育ちという長い間使われてきた区別によって永続化している（のではないかと私は考えている）。

人間の身体は、生まれつきそうなっているものであるが（たとえば、尾ひれの代わりに脚を生やすことを、人間は学んだりしない)、一方で人間の心は、育ちによってそうなったものであると、広く信じられている。たとえば、望ましい結婚相手とはどのようなものかということについて人々が持つ態度は、何よりもまず環境によって決定される、というように。しかしながら、身体と心との分裂は揺らぎつつある。この節において我々は、一部の人々が「心についての新しい科学」と呼んでいる、進化心理学について探究する。進化心理学は、心理学と進化生物学との統合を積極的に試みるものである。

一般に信じられていることとは裏腹に、進化心理学は次のように主張する。すなわち、人間の生理学と人間の心理学の両方が、共通の説明上の枠組みに支えられており、その共通の枠組みとは、自然選択である、と。進化心理学者によると、人間の心を完全に理解するためには、何百万年も前にそれを形成した選択圧を理解しなくてはならない。人間は、多くの人が一般的に考えているような「白紙状態」で産まれてくるわけではない。そうではなくて、人間の脳は心理学的な適応に満ちている、と進化生物学者は主張する。

進化的適応の例について考えてみよ、と言われたときに、我々の大半はもちろん、解剖学的特徴、たとえば水掻きのついたアヒルの足や迷彩柄になっているトカゲの皮膚などを思い浮かべる。通常の説明では、水掻きのついた足は、元々は遺伝子変異の結果生じたものであり、水掻きのついた足を持っていたアヒルは、(すべてのことを考慮すれば)水掻きを持っていたおかげで他のアヒルよりも子を多く産むことができたため、時間が経過した結果、水掻きのついた足は集団全体へと広まった、と説明される。進化心理学者は、これと同様の説明を精神的特徴についても提案する。遠い過去のある時点で、遺伝子変異の結果、ある種類の心理システムがある個体において生じた。このシステムは彼女の心、すなわち彼女の考え方や感じ方、推論の仕方や欲求の仕方を変化させた。そして彼女は、(すべてのことを考慮すれば)その心理システムを持っていたおかげで他の個体よりも子を多く産むことができたため、時間が経過した結果、この心理システムは集団全体へと広まった。大げさに言うと、水掻きのついた足がアヒルの本性の一部であるのと同じように、ある種類の考え方や推論の仕方、欲求の仕方は人間の本性の一部であると言ってもよいかもしれない。

我々の本題（つまり人間の道徳感覚）に戻ると、我々の問題は次のように表現できる。すなわち、「道徳感覚を持っていることは人間の本性の一部であり、その人間の本性は自然選択による進化によって最も上手く説明することができるものなのだろうか」と。以下で見るように、この質問に答えるためには、我々の道徳感覚が解決するために設計されたところの或る種類の適応問題を（もしそういった問題が存在するならば）注意深く見ていく必要があるだろう。たとえば、水掻きのついた足は、水（面）を効率的に移動するという問題の解決に役立った。もし我々の道徳感覚がある種類の適応であるならば、そのような道徳感覚を持っていたことが或る特定の適応問題を解決するのに（あるいは、ほかの個体よりも効率的に解決するのに）役立ったことを示す、良い証拠があるはずである。しかしこの話をするにはまだ早すぎる。進化心理学の詳細をもっと詳しく見てみよう。

5　進化した心の道具箱

進化心理学者は次のような仮説を立てている。すなわち、「人間の心には、進化を経てきた多くの（非常に多くの、と言う人もいる）様々な心理的メカニズムが備わっている」という仮説である。進化心理学者は心を「すべての目的に適う、単一の『問題解決機』を持つもの」として見るのではなく、我々が身体を見るのと大体同じような見方で見ている。周知のように、身体は、世界の中で身体が経験するあらゆる事態に対応するための単一の解剖学的メカニズムを持っているわけではない。そうではなくて、様々な問題に対処するための様々なメカニズムを持っている。たとえば、毒素を濾し取るための肝臓、酸素を取り込むための肺、細菌やウイルスを倒すための抗体、などといったように。なるほど個々のメカニズムのなしうることは非常に限られているが（消化器官を使って人の話を聴くことは全くできない）、この損失は、〔個々のメカニズムのなしうることがもたらす〕利益によって十分に相殺される。なすべき仕事が一つしかないならば、個々の器官はそれを能率的に、経済的に、確実になすことができるだろう。[6]そして、もしある器官が機能しなくなったとしても（たとえば失明するなど）、その他の器官の大半は機能し続けることができるだろう。

進化心理学者は「これこそが我々が人間の心を理解するための方法である」と主張する。[7] 身体と同様に、心もまた様々な仕事を処理するためには様々なメカニズムを必要とする。結局のところ、この理解に対するもう一つの選択肢、すなわちすべての目的に適う単一の心理的メカニズムというものは、進化心理学者に言わせれば、受け入れがたいものである。

> ある単一の一般的な物質によって、立体的に見たり、手を操作したり、結婚相手を引きつけたり、子どもを育てたり、捕食者から逃れたり、獲物の裏をかいたり、等といったことが、ある程度の「特化」なしでできる、という考えは、説得力を欠いている。「脳がこれらの問題を解決できるのは、脳の『可塑性』が高いからだ」と主張することは、「脳はこれらの問題を魔法によって解決している」と主張することと何ら変わらない。
> (Pinker 2002 : 75)[v]

そこで、我々に残されるのは、一部の心理学者が心の「モジュール」説と呼ぶところのもの、つまり、多数の別個の問題を解決するために設計された多数の別個のモジュールということになる。すなわち、多数の別個の問題を扱うための多数の別個の「道具」である。これは進化論的な説明だ。なぜなら、自然選択がその設計の原因となっているからである。では、これらのモジュールとは何なのだろうか。

　進化心理学の第一人者であるデイヴィッド・バスによると、進化した心理的モジュール、あるいはメカニズムとは、「生物内に存在する一連の手続のことである。その手続は情報の個々の部分を取り込むように設計されており、そして決定規則に従ってその情報を変質させ、出力する。その出力は、歴史的には適応問題を解決するのに役立ってきた」（2007：52）。これはどういう意味だろうか。まず、「一連の手続」〔という表現〕によって、周囲の環境からメカニズムへと情報を伝える際には多くの下位システムが介在しているだろうということをバスは認めている。視覚システム、聴覚システム、論理的推論の連鎖、これらすべてがメカニズムへの情報伝達を行なっているだろう。それにもかかわらず、このメカニズムは「特定の一片の情報」しか取り込むことができないように設計されている。たとえば、結婚相手を選ぶためのメカニズムは、草の色や、ベリーの味や、雲の流れる速さについての情報の処理を行なわないだろう。そうではなくて、このメカニズムは結婚相手を選ぶ際に重要となる情報のみを取り込み、処理するように設計されており、そしてどの情報が重要であるかは、機能している「決定規則」によって決められている（とされる）。このような規則は「もし……ならば、……せよ」という節に相当するものである（と考えられる）。たとえば、もしメカニズムがこれこれを受けつけたならば、あれこれをしなさい、あるいは、これこれと思いなさい、といったように。[8] これらの規則は、他の無数の事柄については情報処理を行なわない（ちょうど、あなたの家の鍵で無数の錠を開けられないのと同様に）ため、このメカニズムは専用の、あるいは領域特定的なものであると言える。

　最後に、このメカニズムの存在（他のメカニズムと対立するものとしてのこのメカニズム）は、次の事実によって説明される。すなわち、ヒト科の脳がもつ既存の素材を所与とした場合、このメカニズムは、我々ヒトの祖先が直面した適応問題を解決するのに役立っていた、ということである。この最後の部分が非常に重要である。進化心理学者が心の中に詰まっていると主張する心理的メカニズムは、我々が今日直面する問題に対応して進化したわけではない。このメカニズムは今日における同様の問題を解決するのに役立つかもしれないが、それは我々がそのメカニズムを持っている理由にはならない。我々がそのメカニズムを持っているのは、我々の遠い祖先が直面した、頻繁に起こった問題をそのメカニズムが解決してきたからである。そして、これらのメカニズムは集団の中で「選択によって排除」されずにきたため、今日の集団も今なおこのメカニズムを持っている。進化心理学がよく言うように、現代の我々の頭蓋骨の中には、石器時代の心が入っているのである。

6 (さらに)いくつかのよくある誤解

想像に難くないことだが、話題が人間の本性(とその本性の進化的起源とされているもの)に移ると、景色が一転して、地雷だらけのものとなる。上で述べた、よりわかりやすい生物学的な説明から、いろいろな疑わしいことを知らぬまに結論づけがちなことが容易にわかるだろう。私は少し時間を割いて、いくつかの危険な誤りを警告したいと思う。その誤りとは、(1)「適応」と「適応的であること」を混同すること、(2)「説明」と「正当化」を混同すること、(3)進化論的な説明の射程を誤解すること、(4)遺伝子決定論という誘惑に屈すること、である。

(1)「適応」と「適応的であること」を混同する

この領域において最も陥りやすい混同の一つは、適応と適応的であることとの区別についてのものである(そして、この区別は現にある)。単純に言えば、適応的であることは適応であるとは限らないし、適応は必ずしも適応的であることとは限らない。いくつか例を挙げればわかりやすいだろう。年に一度身体検査を受けるためにかかりつけの医師の所に行くのは、それが生存や生殖の確率を高める限りにおいて適応的である。しかしながら、「医師の所へ行く」というメカニズムを心が有している、つまり誰が医師であるかを判別し、医師の助言を求めるように身体を促すように心が方向づけられていると結論づける人は誰もいないだろう。医師の所に行くことは、言うなれば、学習によって身についた行動である――少なくともそれを学習した人にとっては。要するに、単にその行動が生物学上適応的であるからというだけで、その行動は心理的な適応である（より慎重に言えば、心理的な適応から生じた）と結論づけないように気をつけなければならない。

適応が必ずしも適応的ではないという主張は、おそらくよりわかりにくいだろう。進化心理学者が、ある行動が心理的な適応（これをＡと呼ぶことにする）から生じたと主張するとき、これはＡが適応的な行動を生み出すということを主張しているわけではない。そうではなくて、その主張は、「Ａは、平均的に言って、Ａが生じた環境において競合するデザインよりも適応的である行動を生み出す傾向があった」ということである。しかし、進化によってＡが生じた環境は、我々の現在の環境と類似していないかもしれない。そのため、Ａが現在の環境において適応的であるという保証はない。次のように考えてみよう。大半の推計によると、我々の種の歴史のうち九九パーセントは、アフリカのサバンナの厳しい条件下での狩猟や採集から成っている。そのため、進化によって生じた心理メカニズムは、そういった条件に応じて進化したものである。しかし、今度はその「石器時代の心」を、現代の世界の人の頭蓋骨に移植したと想像してみよう。現代の世界には、オフィスの小部屋や公共交通機関の迷宮や、出会い系サイト、陪審員としての義務、グーグルやフェイスブック、ＧＰＳやＡＴＭが存在している。（適応問題に対する）石器時代の解決法の中に、現在の世界の問題に対しては役に立たないものがあったとしても、それは驚くべきことだろうか。

序文で述べた例、つまり高脂質の食物を我々が好んでいることに戻ろう。きわめて当然なことだが、原始人は十分な食糧を得るという問題に常に直面していた。この問題に対する一つの解決法は、食べるものをより厳しく選別することであっただろう。高脂質の食物を好むことが、カロリー摂取量を高める確率を上げ、そうすることでエネルギーの貯蔵量を増やした、等々である。しかし、これと同じ解決法、つまり高脂質の食物を強く好むことは、ヒト科の発展の過程においては非常に適応的であったが、チーズバーガーやチョコレート・ドーナツが豊富な環境においては、全く適応的でない。一度述べたことだが、覚えておくべきことは、かれこれが心理的適応であると主張される場合、その主張は何よりもまず、次のようなものとして理解すべきだということだ。すなわち、その主張は我々の進化が生じた過去についてのもの、つまり、我々の遠い祖先が頻繁に直面した適応問題に対する特定の心理的解決法についてのものである、と。その解決法が我々の今日の環境によく適合しているかどうかはまた別の問題である。

(2)「説明」と「正当化」を混同する

現代の進化心理学の説明に対する通俗的な反論のうちのいくつかは、その説明の意図を取り違えていることから生じているのではないかと考える人がいたとしてもおかしくない。進化心理学を批判する人の中には、進化心理学の説明は、その説明の対象となっているその行動を支持したり、正当化したりしているのに等しい、と誤解する人がいる。たとえば、男性がもつ「複数の性的パートナーがいる方を好む」という傾向（そのような傾向が存在すると仮定する）は性選択圧によって説明されると聞くと、このような説明は男性にとっての言い訳になるためのものであるとつい考えたくなる（「なんで彼が悪いんだ？　悪いのは彼の遺伝子だよ！」というように）。しかし、このような誘惑には断固として抗わなくてはならない。昔のことわざにあるように、「理解することは許すことではない」。

単純に言えば、進化心理学者は説明しようとしているのであって、弁護しようとしているのではない。進化心理学者は、観察される人間行動をもたらすような因果の過程を記述しようとしているのだ。彼らはその過程もしくは行動に価値を付与しているのではない。たとえば、進化心理学者は男性がふしだらであることが良いとか悪いとか、有徳であるとか悪徳であるとかいったことを主張してはいない。そのような主張は、良さや悪さ、美徳や悪徳の本質を理解しようとしている人に任せてある、もしくは任せておくべきである。そのため、「進化心理学者は、心理メカニズムを『適応強化的な』、『効果的な』、『確実な』、もしくは『有害な』ものとして記述している」と聞くことがあったとしても、そのような形容詞のいずれも、単なる生物学的な文脈を超えてそのメカニズムに対して価値（や負の価値）を帰せようとしていると考えるべきではない。もし我々が、すべてのことを考慮したうえであるメカニズムが良いかどうかということを知ろうとするのなら、我々はおそらく生物学を超えて考えなければならないだろう。以上の議論から明らかなように、説明と正当化との区別は、道徳の領域において特定の重要性をもつものである。そこで、この問題については第II部において再び扱う。

（3）進化論的な説明の射程を誤解する

自分がしたことについて、なぜ自分がそのようなことをしたのかを理解したいのであれば、間接的で抽象的な説明の最たるものを求めているのでない限り、進化心理学に頼るのはお門違いだろう。それはなぜなのかを見るために、一つのアナロジーを考えてみよう。あなたがどんな種類の音楽が好きなのかを私が知りたいのであれば（もちろん、あなたのヒントなしで）、私はあなたの属する層の人々の大半がどんな種類の音楽を好んでいるかを知るために統計調査を行なうかもしれない。世論調査に基づいて、あなたの属する層の人々のうち七三パーセントがヒップホップを好んでいることが判明したとしよう。では、あなたがヒップホップを好んでいることについて、私はどのくらい確信をもってよいだろうか。まあ、いくらかは確信をもつことができるだろう。思うに、コインを投げて決めるよりはましだろう。しかし、あなたが育つ過程、特に一〇代の頃に触れてきた音楽の種類（あなたの親が聴いていたもの、あなたのきょうだいが聴いていたもの）を調査する方がもっと良い方法であろう。特に、あなたの友人が何を聴いていたかを私は知りたいと思う。こういった種類の詳細な情報が、あなたがどんな種類の音楽を好んでいるかを推測するのに不可欠なものになる。統計調査は領域を絞るのに役立つかもしれないが、それは大まかなものにすぎない。

同様に、人間行動に関する進化心理学的な説明は、この意味で世論調査のようなものである。そうした説明は、大まかな傾向を測っているのである。それらは人々の大部分がどのようであるかを推測している。実際には、進化心理学による説明は、これよりもさらに一般的なものである。進化心理学による説明は、人々の大部分がある特定の状況下でどのようであるかを推測する。進化心理学を最も熱心に擁護している人であっても、人間の心の適応力が非常に高いことを認めるだろう。我々は素晴らしい学習者である（たとえ我々は忘れっぽいことでも悪名高いとしても）。これはつまり、心理的な適応は環境からの入力に決定的に依存しているということであり、この点はいくら強調してもしすぎることはない。だからこそ、あなたが行なうことについて、なぜあなたがそれを行なうかを知るためには、あなたの置かれている環境を知る必要があるのだ。進化心理学者が仮定する進化論的適応は、せいぜい、あなたについての確率的な記述をする枠組みを与えうるにすぎない。あなたはこれこれの特定の環境からの入力がある（あるいは、ない）ところでは、あれよりもこれを好む確率が高いだろう、ああ考えるよりもこう考える確率が高いだろう、といったように。しかしこれは、非常に「低解像度」の像である。これはその人物の木炭画の輪郭線のようなものである。「写真のように精巧な」像を得るためには、あなたの環境についての豊かな細部すべてを知る必要がある。以上のように、人間の心についての進化論的な説明の射程は非常に限られている。この説明は、せいぜいのところ、集団という水準での傾向にすぎず、あなたが、それも豊かな細部すべてを含んだあなたが、どうしてそうなっているのかについて多くを語るものではない。

（4）遺伝子決定論という誘惑に屈する

私は序文でもこの誘惑に対して警告を行なったが、これはもう一度繰り返すに値する。たしかにあなたの心の構造は、（少なくとも、進化心理学によれば）部分的にはその人の遺伝子の産物であり、また、あなたがその遺伝子を持っている理由は部分的には進化の歴史によって説明されるものの、あなたに開かれた行為の仕方が一つしかないという意味であなたの行動を決定するものは、この中には何もない。（そのため、「ダーウィンが俺にそうさせたんだ！」という言い訳をあなたが有効利用できる可能性は低い。）なぜなら、端的に言って、ＡＢＣという遺伝子の配列とＸＹＺという行動を結びつける因果関係が存在しないからである。ＡＢＣという遺伝子配列は、他の遺伝子構造、習得した行動、現在の環境からの入力やそれ以外の要素に左右されるが、その遺伝子配列に応じた一定範囲の行動を引き起こす傾向がある。生物学者のポール・エーリックが強調しているように、人は「非常に小さな、自己複製する遺伝子の囚人」（2002：Preface）ではない。エーリックいわく、遺伝子はその人に大声で命令するものではない。「せいぜい、ささやき声で提案するものにすぎない」。次のことを覚えておいてほしい。ある人の遺伝子は、その人がどういう種類の人であるかを表すが、それは全く大まかな輪郭にすぎない。その人を取り巻く環境（その人の親、友人、文化）が、様々な場面においてその人がどう反応するかを決定するのに重大な役割を果たしている。

実際、ある人が子ども時代に受けた教育がその人の行動に与えるとてつもなく大きな影響に我々が注目するならば、遺伝子決定論は環境決定論ほどには気にしなくてもよいのではないか、と考えざるをえない。環境決定論とは、その人の行動は、その人が育てられた環境によって決定される（もしくは、言うなれば、強い影響を受ける）というものである。法廷に入り込む様々な言い訳を見てみよう。「自分が虐待されたのが原因だという言い訳、トゥインキー・ディフェンス〔ジャンクフードを食べすぎたことで、精神に異常にきたした、という抗弁〕、ブラック・レイジ〔白人が優遇され黒人が抑圧されている社会においては、黒人は異常な行動をとるようになる、という抗弁〕、ポルノグラフィ中毒、社会病理、メディアにおける暴力シーン、ロック音楽の歌詞、異文化の風習」(Pinker 2002 : 178)[vi]。実際には、遺伝子決定論（もしくは、生物学的決定論）に対する不安は、より深い哲学的な謎の一徴候なのであり、これは哲学者が今なお果敢に取り組んでいる問題の一つである。その問題とは、道徳的責任の問題である。遺伝子によって引き起こされた行動は、環境によって引き起こされた行動に比べて、道徳的に問題が多い（あるいは少ない）わけではない。道徳的に問題の多い考えは、少なくとも哲学者にとっては、〔何かに〕引き起こされた行動という概念そのものである。結局のところ、ある人の行動の原因を、その人の頭蓋骨の外側にある何らかの（諸）力と結びつけることは、究極的には不可能なのだろうか。ピンカーが主張するところでは、「もし我々がそれでも人々に対して彼らが行なった行動の責任を負わせたいのなら、その場合、遺伝子や脳、進化、メディアの映像、自己不信、育ちの悪さ、口穢い女性に育てられたことなどのいずれを含むにせよ、我々が正当と感じる何らかの因果的説明が存在するにもかかわらず、責任を負わせることになるだろう」(2002 : 180)[vii]。結論としては、進化心理学の将来がどのようなものであろうと、それは決定論という亡霊によって生み出される一連の哲学的な問題とともに生じたり、消えたりするものではない。もしある人の遺伝子がその人に大声で命令していたとしても（実際はそうでないのだが）、それは進化心理学が不完全な科学的仮説であるということを示すことにはならない。〔進化心理学は〕不安を引き起こすものであるか――その通り。虚偽であるか――そうではない。

では、避けるべき誤りを振り返ってみよう。第一に、心理的な適応の探究は、適応的な行動の探究ではなく、我々の種の進化という長い期間において適応的であった、心理的な特徴の探究である。第二に、人間の行動のある部分を進化という枠組みを用いて説明することは、その行動を正当化する（もしくは、支持したり、推奨したり、賞賛したりする）ことではない。第三に、進化論的見地から人間が、集団として、彼らが行なっているように行動する傾向があるのはなぜかを説明することは、あなたもしくは私がある瞬間にその行動をとったのはなぜかということについて、説明——すなわち、興味深い細部にいたるまでの説明——を与えるものではない。最後に、人は、遺伝子の中に「輪郭を与えられている」（程度でしかないような）仕方で行動するべく、運命づけられているわけではない。遺伝子は、せいぜいのところ、その人の脳を通じて、行動の方向性を提案するにすぎない。

では、これらの誤りは、我々の主要な問題、すなわち人間の道徳感覚の進化にどのように関係するのだろうか。第一に、この環境において生物学的に適応的な行動を生み出していないからといって、我々の道徳感覚は心理的な適応ではないと結論づけるのは誤りであろう。第二に、もし我々の道徳感覚が実際に適応であり、ある振舞い（Bと呼ぶことにする）が実際に部分的には道徳感覚から生じたものであったとしても、そこから自動的にBは善いとか有徳であるとかいった結論を出すことはできない。（逆に、Bが道徳感覚から生じたものでなかったとしても、Bが悪いとか悪徳であるとかいった結論を出すことはできない。）そして最後に、このことがまだ明白でない場合があっては困るので書いておくが、道徳感覚を持っていることは道徳的な振舞いをすることを保証しない。より重要なことであるが、すべての人が道徳的に行動したり、正しい道徳判断を下したりするわけではないからといって、我々の道徳感覚が心理的適応ではないと結論づけるのも誤りであろう。つまるところ、我々の目が時に我々を欺くことがあるからといって、我々の視覚系が適応ではないと結論づけることはできないのである。進化した道徳感覚が存在することは、（たとえば同じ出来事について）異なった道徳判断が存在することと矛盾しないばかりか、道徳的な振舞いにかなり広い多様性が存在することとも矛盾しない。これはあまりよく理解されていない点である。心理的適応は、もし存在するとしても、思考や行動における普遍的な類似性を——あるいは、普遍的に近い類似性さえも

――含意しているわけではない。こうした普遍的な類似性は、我々の心を形成するのに環境が何の役割も果たしていないとすれば正しいかもしれない。しかし、我々はまさに逆のことが真であること〔環境が心の形成に大きな役割を果たしていること〕を知っている。

7 本章のまとめ

この章において、進化論的適応、特に心理的適応を理解するための基礎となる理論を提示することを試みた。すべての適応は、以下のことを共通に有している。すなわち、それは遺伝子の突然変異から始まり、そしてその突然変異はその遺伝子の所有者を生殖に関して有利にさせる傾向があるので、その変異がどんなに小さいものであろうと、その変異は最終的には集団全体に広まった、ということである。進化心理学の中心的教義は以下である。すなわち、身体と同様に、心もまた多くの適応を含んでおり、それらの適応の一つ一つはある種類の頻繁に起こる適応問題に対処しようとする際に、その個体を助けるように設計されている。我々の注目の焦点をさらに絞ると、道徳感覚は進化によって身についたという説を擁護する人が、どのようにして自説の正しさを論証しようとしているのかがわかる。すなわち、そのような感覚は〔人類という〕種の他の個体に比べて我々の祖先を、生殖に関して（どんなにわずかであろうと）有利にさせた、というわけである。道徳感覚は、その機能は心の持つほかの機能と区別されるものである、という意味でおそらくは特化された機能である。このことは、たとえそれが他の下位システムの働きを利用するものであったとしても、なお当てはまるものである。

しかしながら、我々の本題に取りかかる前に用意しなければならない、基本的要素が他にも存在する。なぜなら、実のところ、自然選択は道徳的思考を生み出すべく「準備して」きたようだからである。

ダーウィン以来、生物学者は、人間以外の動物の行動の中に、少なくとも大まかに言って道徳的振舞いとして記述することができるであろう行動を観察してきた。共有や自己犠牲、協力、等々である。しかし、そのような観察結果は、明らかに自然選択の競争的な性質とはそぐわないように思える。実際、働きバチが自分の群れを守るために自らを犠牲にする光景は、ダーウィンを非常に悩ませた。彼の理論には、この「特別な難問」を説明する術がなかったからである。このような行動は、単に「克服できない」だけでなく、自然選択の「理論全体にとって致命的な」(2003/1859：236) ものであるとダーウィンは恐れた。しかし最近の一連の新発見を通して、現代の生物学はこの不安をすでに解消している。自然選択は、実際にこういった行動を説明しうる。このことが我々の目的にとって意味するのは、古代の人類が登場した時点で、彼らはすでに、生まれつき、道徳的な振舞いに近い行動をもたらす心理的メカニズムを有していた、ということである——たとえそれらの行動が真に道徳的な振舞いからどれほど隔たっていたとしても。次章では、最近の新発見を詳しく見ていき、我々の種に特有であるような道徳心を我々が身につける以前に、自然選択が初期の心に何を加えたのだろうかということを考察する。

文献案内

Barkow, Jerome, Leda Cosmides, and John Tooby (1995) *The Adapted Mind : Evolutionary Psychology and Generation of Culture* (Oxford University Press).

Buller, David (2006) *Adapting Minds : Evolutionary Psychology and the Persistent Quest for Human Nature* (Bradford Books, MIT).

Carruthers, Peter, Stephen Laurence, and Stephen Stich (eds.) (2005/6) *The Innate Mind*, vols. 1 and 2 (Oxford University Press).

Darwin, Charles (2003/1859) *On the Origin of Species* (Signet Classics).（チャールズ・ダーウィン『種の起原 上・下』八杉龍一訳、岩

波文庫、一九九〇年）
Darwin, Charles（2009/1871）*The Descent of Man*（Dover Publications）.（チャールズ・ダーウィン『人間の由来 上・下』長谷川眞理子訳、講談社学術文庫、二〇一六年）
Dawkins, Richard（1995）*The Selfish Gene*（Oxford University Press）.（リチャード・ドーキンス『利己的な遺伝子』日高敏雄訳、紀伊國屋書店、二〇〇六年）
Dennett, Daniel C.（1995）*Darwin's Dangerous Idea : Evolution and the Meanings of Life*（Simon & Schuster）.（ダニエル・C・デネット『ダーウィンの危険な思想——生命の意味と進化』山口泰司監訳、青土社、二〇〇〇年）
Ehrlich, Paul R.（2002）*Human Natures : Genes, Cultures, and the Human Prospect*（Penguin）.
Lorenz, Konrad, and Robert D. Martin（1997）*The Natural Science of the Human Species : An Introduction to Comparative Behavioral Research*（MIT Press）.
Mayr, Ernst（2002）*What Evolution Is*（Basic Books）.
Pinker, Steven（1997）*How the Mind Works*（Norton）.（スティーブン・ピンカー『心の仕組み 上・下』椋田直子訳、ちくま学芸文庫、二〇一三年）
Pinker, Steven（2002）*The Blank Slate : The Modern Denial of Human Nature*（Viking）.（スティーブン・ピンカー『人間の本性を考える——心は「空白の石版」か 上・中・下』山下篤子訳、日本放送出版協会、二〇〇四年）

第2章　正しさの（最も初期の）起源

一族と呼んでもよい、ネットワークと呼んでもよい、部族と呼んでもよい、家族と呼んでもよい。あなたがそれを何と呼ぼうが、またあなたが何者であろうが、あなたにはそれが必要である。

——ジェーン・ハワード『家族』

コミットメントは、それが疑いなくなされるときではなく、疑わしいにもかかわらずなされるときに、最も健全である。

——ロロ・メイ『創造する勇気』

ダーウィンの擁護者たちは、いくつかの説明をせねばならない。前章で述べた理論によれば、個体の生存と生殖の能力を増加させる傾向のある遺伝子変異は、他の条件が等しければ、最終的には集団全体に広がるだろうということだった。このことは、個体の生存と生殖の能力を減じさせる傾向のある遺伝子変異は最終的に集団から消し去られるだろう、ということを含意すると思われる。すると世界に目を向けたとき、我々は、他の個体の生殖における優位のためにきまって自らの生殖における優位を犠牲にするような個体を観察しないはずだ。というのも、いったいどのようにしてそのような個体が集団の中で居場所を得ることが、ましてや多数を占めることができるだろうか。つまるところ、ダーウィン自身が、「いかなる不利な変異も、その度合が最も小さいものであっても、厳格に滅ぼされるだろう」と主張していなかっただろうか。すると、我々が観察するはずの世界は、純粋な利己主義者たちの世界である。これは十分に明らかだと思われる。しかし、一つだけ問題が存在する。これは我々の観察している世界とは異なるのだ！

人間の振舞いは脇において――それは、挙げきれないほど多くの協力行動、分かち合い、自己犠牲の行ないを含んでいる――、人間でない動物のみに焦点を絞ろう。学校に行くような年の子どもなら誰でも、子犬や子ガモ、子猫や子グマ、子馬や子豚にはみんなお母さんとお父さんがいて、お母さんとお父さんは自分たちの赤ちゃんを大事にすることを知っている。しかも、学校に行くような年の子どもたちはあなたに、鳥は（そしてヒヒ、クマ、甲虫でさえも）兄弟姉妹を大事にしているとも言うだろう。そしてその子どもたちは正しいだろう。しかし、このすべてにおいて、自己利益はどこに行ったのだろうか。ダーウィンの理論によれば、個体は自身を益する仕方でのみ振舞うはずではなかったのか。

さらに不都合なこともある。チスイコウモリはきまって食物（つまり血）を、その夜に食物を得られなかった他のコウモリ（血縁の場合もあれば、そうでない場合もある）に与える（Wilkinson 1984）。ジリスやサバンナモンキーはきまって、他の者たちに陸上の捕食者のことを警告することで自らの命を危険に晒す（Seyfarth and Cheney 1984）。ジリスがコヨーテに遭遇すると、ジリスはしばしば高い音程の鳴き声を出して、他のジリスたちが安全な場所に逃げられるようにする。当然コヨーテの注意を警告者に引きつけることは、危険である（Dunford 1977）。高名な霊長類学者のフランス・ドゥ・ヴァールは、霊長類の間での同情、養育、共感の何千もの例を記録してきた（たとえば de Waal 1989, 1996, 2006）[1]。鳥の間でも、シロビタイアフリカハチクイは、ルリツグミやアメリカカケスのように、仲間のひな鳥の一団を育てるのを手伝うために生殖を遅らせたり時には諦めたりする（Emlem and Wrege 1988）。社会性昆虫の群体（アリ、ハチ、シロアリ、ジガバチ）はおそらく、ダーウィン主義の理論に対して最もはっきりした障壁を提示している。これらの個体は生殖するかわりに、巣と女王を支えることに一生を捧げるのだ。

明らかに、世界には偶発的な利他主義者のみならず、純粋な利他主義者もいるのだ！　すると我々は（創造説を宣伝する或るウェブサイトのように）ダーウィンの理論は「ひどく欠陥がある」と結論すべきなのか。もしそうであるとすれば、我々は進化論を我々の道徳的衝動の説明としては放棄すべきなのか。これら両方の質問に対する答えは、否である。本章では、進化生物学のいくつかの新発見（すなわち、包括適応度と互恵的利他性）がいかにして上述の種々の援助行動を説明するのかを検討する。さらに重要なことには、我々はこれらの新発見がいかにして、我々が道徳的行動だと考える人間の行動のうち、少なくともその一部を説明しうるかを探究するつもりである。第3章で私は、我々の道徳的生活に関してこれらの新発見では説明できない点を指摘することを試みる。というのは、包括適応度と互恵的利他性によってある程度までは我々の道徳的生活を説明できるという点についてはほとんどの理論家が同意するけれども、これらによって道徳的生活を完全に説明できるかどうかについては議論が残るからである。

1　団結すれば頑張れる？

おそらくダーウィン主義者たちには、難問から抜け出す簡単な方法が一つ存在する。彼らは、自然界における援助行動は、個体ではなく集団に益するために進化したのだ、と論じるかもしれない。確かに、より大きな善を目指して働く個体の集団は、利己主義者の集団に対して生殖において有利であるだろう。たとえば、警告を発する傾向性をもつ個体を含むジリスの集団は、長い時間がたてば、もう一つのリスの集団、すなわち、それらのうち誰も他の者に近くにいるコヨーテのことを警告しようとしないような集団よりも、多くのコヨーテとの遭遇を切り抜けるだろう。（「自分のことは自分で」という場合、全員が苦しむことになる。）すると自然な結果として、（適度に）自己犠牲的な個体の集団が選択されるであろう。ダーウィンにとって理屈は申し分なかった。「常にお互いに助けを与え、共通の善のために自身を犠牲にする用意が常にあるような多くの構成員をふくむ部族ならば、他のほとんどの部族に対して勝っているであろう。そしてこれが自然選択であるだろう」（2009/1871 : 537）。

残念なことに、近年の進化生物学はほとんどこの逃げ道を閉ざしてしまっている。一九六〇年代中頃に、群選択という考えはかなり深刻な挫折を被った。数人の著名な生物学者――最も特筆すべきは、G・C・ウィリアムズ（1966）とJ・メイナード＝スミス（1974）――が、群選択は、よく言っても一つの非常に弱い進化上の力であることを（多くの人が満足するような仕方で）示した。確かに、普通でないような実験条件、すなわち、諸要因が注意深く調整されたような実験条件下では、群選択は何らかの有意な進化上の結果を生み出すかもしれない。しかしながら、これらの条件は、非常に稀な場合にしか、自然界において満たされると期待できない。（そのことがこれらの状況が「普通でない」所以である。）詳細まで立ち入らずに言えば、援助行動の説明としての群選択の問題点とは、こうである。援助的な個体の集団はほとんど常に、集団内の突然変異的な利己主義者たちに弱い。ドーキンスはそれを「内部からの転覆」と呼んだ。利己主義者たちは、定義上、究極的に自身の善を促進するような仕方で行為する。それゆえ援助的な個体の集団の中に一体の利己主義者が（おそらく、突然変異によって）現れた場合、彼は同胞の気前のよさを、彼自身の善のために利用するだろう。「彼自身の善」が生殖における有利さに変換されると仮定すると、利己主義的変異が援助的な個体たちを絶滅に追いやるのは時間の問題だろう。このモデルでは、気の良い奴は一番にならない。彼らは絶滅するのだ。

しかしながら、群選択の「完全消滅」を報告するのは時期尚早である。一部の生物学者と哲学者は、群選択は進化論的説明において、正統派の見解が認めるような役割よりも大きな役割を果たすと主張し続けている（例としてSober and Wilson 1998）。たとえば、包括適応度と互恵的利他性は、実は群選択の特殊な事例であると論じる者もいる。ただこれは、我々にとってはありがたいことに、我々が追う必要のある議論ではない。なぜなら、これらの作用が群選択の事例とみなされるかどうかにかかわらず、それらが有力な生物学的作用であることはほとんど疑いえないからだ。そこで次に、これらの作用がどのように働くかを明らかにしよう。

2 包括適応度と「遺伝子目線」の観点

よく知られているように、リチャード・ドーキンスは遺伝子を「利己的」と描写した。文字通りに受け取るなら、これはもちろん意味をなさない。遺伝子は足の指の爪が利己的でないのと同様、利己的ではない。利己的であるためには自己利益的な動機が必要であり、そして遺伝子は、いかにそれが洗練されていようと、いかなる動機も持たない——利己的な動機であれ、その他の動機であれ。しかしドーキンスの要点は異なる。遺伝子を利己的なものとして——それら自身の善に「関心をもつ」ものとして——見ることは、自然選択が働くレベルを見出すのに役立つ。そしてこれが今度は、ほとんどの（生物学的な）説明の仕事がなされる場所を明らかにする。もしあなたがある大きなスキャンダルの仕組みを理解したいならば、ジャーナリストはあなたにこう言うだろう。お金の動きを追え、と。目下の事例では、もしあなたが進化の働きを理解したいならば、生物学者はあなたにこう言うだろう。遺伝子の動きを追え、と。以下がその理由である。

自然選択の理論は、前章でも提示したように、（デネットによれば）「身体にとってよいものは遺伝子にとってよく、逆もまた然りである……身体の運命と遺伝子の運命は固く結びついている」（1995 : 325）という考えを後押しした。結局のところ、あるガゼルをより速く走れるようにするような遺伝子変異は、最終的には、それらの遺伝子の複製を持ったガゼルの増加につながるだろう。しかし、遺伝子にとってよいことが個体にとってよくない場合、もしくは逆の場合、何が起こるのだろうか。あるガゼルの個体が、彼女の兄弟を捕食者から守るために食事を抜く場合には、何が起こっているのか。彼女の兄弟は彼女の遺伝子の五〇パーセントを共有しているため、このような行ないは彼女の遺伝子が生き残ることを促進するが、それは確実に彼女自身の生存を脅かす。彼女の遺伝子にとってよいことは、彼女にとってよくはないのだ。あなたはこのような個体は、彼女に特有なゲノムとともに、絶滅へ向かうと考えるかもしれない。しかし、そうではない。

一九六四年、ウィリアム・ハミルトンは、個体の利益がその遺伝子の利益と衝突する場合には自然選択は遺伝子に報いる傾向があることを証明した。例のガゼルの兄弟は彼女の遺伝子の五〇パーセントを共有しており、また親族を助けることの原因となっている（諸）遺伝子はそれらの遺伝子の中にありそうなので、彼女の兄弟の生存を促進することは、彼女自身の遺伝子（の複製）を複製するもう一つの方法である。その彼女自身の遺伝子は、親族を助けることの原因となっている（諸）遺伝子を含む。それゆえ、身体にとってよくないかもしれないものは、依然として遺伝子にとってよくありうる。そしてそれが、進化のエンジンを動かすものなのだ。ドーキンスはその要点を鮮やかな仕方で理解する方法を提供した。すなわち、我々の遺伝子は今あるものと同様の身体をより多く作るためにここに存在しているのではない。そうではなく、我々の身体が今あるものと同様の遺伝子をより多く作るためにここに存在しているのだ。身体は、単に遺伝子がさらなる遺伝子を作るための手段にすぎない。

この「遺伝子目線」の観点を採ることの最も直接的な帰結は、それが血縁者の生物学的価値に光を当てるということだ。繰り返すが、我々の血縁者は我々の遺伝子を、様々な程度に共有している。そして、自然選択は、厳密に言えば、個体を複製することではなく遺伝子を複製することによって作用するため、ある遺伝子の複製が私によって複製されるのか血縁者によって複製されるのかは、それらが複製されるというかぎり、問題とならない。これを理由に、生物学者たちは包括適応度について語る。この概念をドーキンスは次の仕方で描写する。

ある生物の包括適応度はそれ自身の性質ではなく、その行為もしくは影響の性質である。包括適応度の計算は、ある個体自身の生殖における成功と、その個体の血縁者の生殖における成功に対するその個体の影響の和を用いて行なわれ、血縁者のそれぞれについては適切な近縁度の係数によって重みづけされる。

(Dawkins 1982 : 186)

この概念を把握するために、ふたたびジリスにおける警告の呼びかけを検討しよう。

もしあるジリスの個体が、何らかのちょっとした遺伝子変異によって、捕食者の付近にいる誰に対しても警告の呼びかけを発するように傾向づけられたならば、その遺伝子変異は暗い未来に直面する。なぜか。もし我々が、その警告の呼びかけから利益を受ける個体たちの大半がその変異を有していないと想定しうるならば、警告の呼びかけをするコストは、その変異を持つ個体たちの利益によって相殺されないからだ。変異を持たないジリスは――そしてそれゆえ、他の者に対して警告する傾向性を持たないジリスは――警告されるという利益を、警告を行なうことに伴う危険を冒すことなしに享受するのである。それゆえ、無差別な警告発信者はすぐさま絶滅に追いやられる。しかし、少しだけ筋書きを変えよう。あるジリスの個体を、捕食者のいるところで警告の呼びかけを発するのだが、しかしその個体が血縁者の存在を感知する場合にのみそうするように傾向づけるような遺伝子変異を想像してみよう。その個体は攻撃されるという大きな危険を冒すけれども、もしその個体が何とかして生き延びその変異を子孫に受け渡すならば、時間の経過を経ると、あらゆるジリスの個体にとっての警告を呼びかけるコストは、その変異をもたらす遺伝子が得る利益によって相殺されるだろう。そしてその利益は、場合によっては遺伝的血縁者のうちに存在するのだ。警告を呼びかけない個体たちも警告による偶発的な利益を（ちょうどいい時機にちょうどい場所にいることで）受けるかもしれないが、彼らは最終的には、絶滅までいかなくとも、少なくとも群の中で少数派の地位にまで追いやられるだろう。区別を行なう警告発信者がもつ遺伝子は、無差別な警告発信者と非警告発信者の双方の遺伝子に比べて包括適応度において有利である。(2)

ハミルトンによれば、これは、生物学の領域において広く見られるはずの現象のほんの一例である。包括適応度理論によれば、自然選択は、ハミルトンの法則（と我々が現在考えているもの）が満たされているほぼあらゆる事例において、援助行動を支持するだろう。ハミルトンの法則とは次のようなものである。

$$c < rb$$

この法則が述べているのは、いかなる援助的な行為についても、ある血縁者に対する利益 b に、行為者と受け手の遺伝的近縁度 r（親、子ども、兄弟は〇・五、祖父母、孫、異父母兄弟、叔父、叔母、等は〇・二五）をかけ合わせたものが、その行為を行なうコスト c よりも大きいということである。（利益とコストは生殖における成功によって測られる。）具体的に言えば、このことが意味するのは、もしある種類の行動がその個体の同父母兄弟に対して、それを生み出すコストの二倍より大きな利益を生むならば、自然選択がその手の行動に有利に働くことが予測されるということである。この法則は、たとえば、無差別な警告発信者が最終的には絶滅に追いやられるであろう理由を明らかにする。受け手の近縁度の係数が非常に小さいので、その行動のコストが受け手に対する利益を上回ってしまうのだ。

その一方で、この法則は我々がこの章の導入とした事例を難なく説明するはずである。たとえば、シロビタイアフリカハチクイ、ルリツグミ、アメリカカケスなどは、他の個体のひなを育てる際に、選択的に他の個体を援助するということが明らかになっている。すなわち、受け手はほとんど常に、提供者に対して遺伝的な関係を持つ

(Emlen and Wrege 1988)。ニホンザルにおいては、攻撃から他の個体を守ることや食べ物を分け合うことはほとんど血縁者に限定して生ずる（Chapais et al. 2001）。包括適応度の理論は、社会性昆虫の群体における不妊という謎もまた解消する。遺伝くじの通常でないめぐり合わせにより、膜翅目（アリ、ハチ、スズメバチ、ハバチ）においてメスは姉妹と七五パーセントにも及ぶ遺伝的物質を共有することがありうるが、子孫とは五〇パーセントだけである。ハミルトンの法則によれば、これほど高い近縁性の係数があれば、自然選択は、彼ら自身が生殖しないというコストの上でさえも、姉妹に益する行動へと強く有利に働くだろう。遺伝子目線の視点を採ることは、以上からすると、人間でない動物たちの間での種々の援助行動の根源を明らかにするはずである。

この節を締めくくる前に、この議論の過程において生じるかもしれない疑問に触れさせてほしい。我々は、血縁者を援助する動物たちは彼らの遺伝子を増進することに積極的な関心を持っている、と想定する必要があるだろうか。もちろんその必要はない。人間でない動物——かなりの割合の人間は言うに及ばず——は、まさに彼らが遺伝に関する諸概念を持っていないがゆえに、彼らの遺伝的遺産に全く気がついてない。（そして実際にそうした諸概念を持つ人々でさえ、彼らの遺伝的遺産に全く関心がないかもしれない。）

自然選択は知る必要性を基礎[i]に作用すると言ってよいかもしれない。ある与えられた適応問題を解決する（血縁者を贔屓するというように）ためには、自然選択はすでにあるものを用いて作用せねばならず、そしてその与えられたものというのは普通そう多くはない。ほとんどの事例では、実質的な熟考、たとえば、戦いにおいて誰を助けるべきかというような熟考は、ありえないことである。ここで我々が話しているのは、鳥の脳のような小さな脳についてなのだ！　かわりに、解決策は荒削りなものになりがちであり、ほんの限られた程度の柔軟性しか許容しない。しかし、これがあるべき姿なのである。遺伝子目線の視点からは、生物に対して必要以上の実行権を与える必要は全くない。重要なのは遺伝子の複製を最大化することであって、ＩＱテストで高得点を出すことではないのだ。包括適応度に関する限り、本当に必要なことは、血縁者だと認知することによって引き起こされる特別な動機づけのシステムだけである――それはもしそう呼びたければ、本能である。生物の観点からは、なぜとかどのようにという疑問は全く必要がない。ほとんどの哺乳類においては、彼らの行動は血縁者の認知によって内的に制約されているというだけで十分なのである。

3　汝の隣人を愛せ――しかし汝の家族を真っ先に愛せ

我々自身〔人類〕に目を転じると、我々は包括適応度の理論が予測するような種々の家族に対する偏愛を観察するだろうか。その通り、観察する。実際、この点が論を要するようにはほとんど思われない。困った事が起きた場合には家族が最優先であるというのは、ほとんど自明の理である[3]。とはいえ、研究者によって観察されるいくつかの大まかな傾向には、触れておく価値がある。つまるところ、大まかな傾向こそが、家族に対する援助行動を含む我々の道徳生活の説明において、進化が一つの役割を果たしてきたという考えに支持を与えるのである。もし包括適応度の理論が正しいならば、我々は人間の間に、他人よりも家族を偏愛する傾向のみならず、遺伝的近縁度に従って援助を調整する傾向をも観察するはずである。言い換えれば、ある人に対してあなたが関係している程度がより（遺伝的に）密接であればそれだけ、あなたが援助を提供する傾向がありそうである。この考えを確かめるために、研究者たちは包括適応度の理論を様々な試験にかけてきた。

ある研究（Essock-Vitale and McGuire 1985）では、研究者たちはロサンゼルスの三〇〇人の成人女性にインタビューを行なった。彼女たちは約五〇〇〇の援助を受けた例と援助を与えた例を述べた。予想されたように、その女性たちは遠い親族よりも近い親族に、より援助を受けたり与えたりしがちであり、そしてこの傾向は居住地の近接さにおける違いを調整してもなお残った。別の研究（Burnstein et al. 1994）では、研究者たちは被験者たちに、被験者たちが誰を助けるか（そして誰を助けないか）を決定しなければならないような仮想的なシナリオについて考えるよう依頼した。シナリオのいくつかは、生きるか死ぬかの決定を含んでいた。他のものは、いくつかの物を店で買うことのような、より重要でない決定を含んでいた。ここでも研究者たちは、一人の被験者が誰を助けることを選択するかはほとんど常に遺伝的近縁度に対応しているということを見出した。兄弟はいとこよりも選ばれた。母親は祖母よりも選ばれた。甥は又従兄弟よりも選ばれた。

援助はもちろん、様々な形態で行なわれる。金銭的援助を考えてみよう。包括適応度の理論によれば、人々が遺言書を作成し、誰が彼らの財を受け取るべきかを決める場合、我々は上述と同じパターンを見出すはずである。他の条件が等しければ、あなたが遺贈者と（遺伝的に）より密接に関係していればいるほど、あなたが受け取る資産の分け前はより大きくなる。一九八七年に心理学者たちがカナダのブリティッシュ・コロンビアの無作為に選ばれた死者一〇〇〇人の遺産を調べたとき、彼らが見出したのはまさにこのことであった（M. S. Smith et al. 1987）。調べられた死者の資産のうち、五五パーセントが遺伝的に関係のある血縁者に遺贈されていた。重要なことに、血縁者に遺贈されたうちの八四パーセントもが、直接の子孫や兄弟のもとに渡った。姪と甥と孫は、血縁者に遺贈されたうちのたった一五パーセントのみを受け取った。いとこが受け取ったのは一パーセント以下だった。配偶者は死者の資産の約三七パーセントを受け取った。このことは、配偶者はお互いと血縁関係のある子孫に資産を分配するものと考えてよいという事実によって説明されうる。すべてを計算に入れると、血縁者と、血縁者の面倒をみると予期される人々（たとえば配偶者）が死者の資産の九二パーセント以上を受け取った。血縁関係でない人が受け取ったのは八パーセントに満たなかった。

これらの研究が示唆しているのは、血縁者に対して見られる偏愛という点では、人間は他の種と強く似ているということである。進化心理学によると、表層のレベルでのこの類似は、遺伝子目線のレベルで働く力によって最もよく説明される。すなわち、包括適応度である。自分自身を除いて誰も助けなかったか、もしくは誰でも全員助けるかしたような人類の最初期の一員たちは、最終的には進化的に行き詰まることになった。他方、我々は、血縁者を特別扱いするように傾向づける遺伝子変異を持っていた初期の人類の子孫である。これらの個体が最もうまくやっていったために、彼らは子孫にこの行動の傾向を引き継ぎ、子孫がまた彼らの子孫に引き継ぎ、彼らの子孫がそのまた子孫に引き継ぎ……最終的に、我々に引き継がれた。もしこの説明が正しい考え方であるならば、典型的な道徳的行動の少なくとも一部の特徴をもつような行動に関して、非常に単純なダーウィン主義的説明が存在することになる。すなわちその行動とは、血縁者を気遣い、援助することである。あなたがここに道徳的な要素を見出さないなら、以下のような立場に身を置いてみてほしい。

あなたは地元の公共プールの救命員である。スタッフ不足から、あなたは二つのプールを見守る必要があり、それらは隣り合っている（あなたの救命員席はそれらの間に位置している）。ある日、あなたの弟がプールにいる。突然、悲鳴が響き渡る。あなたはすぐさま、東のプールで溺れている幼い男の子と、西のプールで溺れている幼い女の子を見つける。その幼い男の子はあなたの弟であると、あなたはわかった。幼い女の子の方は知らない子である。さて、あなたは何をするだろうかということはしばし置いておいて、次のことを考えてみよう。あなたは何をすべきか。何が道徳的になすべき正しいことだろうか。

私は、あなたはこのように言うだろうと思う。「私は私の弟をまず助けようと試みるべきだ」。もしくは、「私の弟を先に助けることは、道徳的に正当化される」。実際あなたは、幼い女の子を先に助けることは道徳的に不正だとさえ主張するかもしれない。いずれにしても、我々が「道徳は家族を特別扱いすることを認めており、それどころかそれを要請さえする」と言ったとしても、道徳という観念を拡大解釈しているとは思われない(4)。しかし、これがまさに包括適応度の理論が予見することなのである。血縁者を特別扱いすることは進化論的に有意義である。我々がその理由を言うこと――そのような扱いを擁護する何らかの説得力ある倫理的な論証を提示すること――ができないということもまた、驚くべきことではない。遺伝子目線の視点からすると、大事なことは、我々を、時折、血縁者に益するような仕方で行為させることであって、なぜ我々が血縁者に益するような仕方で行為すべきかを考えさせることではない。（もし我々が何らかの意見を必要としているならば、進化はおそらくそれを我々に与えたことだろう。）より直接的な問題解決策は、理性的な思考の働きを迂回し、生物に強力な情動を備えつけることである。なぜなら情動の方が動機づけにいっそう確かに結びついているからである。つまるところ、ジョーンズに他の部屋にヘビがいると単に伝えることは、ジョーンズがたまたまヘビを恐れるのでなければ、ジョーンズを逃げさせはしないだろう。情動と人間の道徳におけるその役割という主題は、次章で論じることになる。それゆえ、さらなる議論はその時まで先送りにすることにしよう。

4　偽陽性とコアシステム

私はいま、自然選択が――包括適応度の過程を経ることで――我々の道徳的生活の一部、すなわち我々が家族の構成員を援助し、深く気遣うという傾向を説明しうるということを論じた。それゆえ、血縁者でない人々に対するあらゆる援助は何らかの他の過程によって説明されなくてはならないと想定するのは、自然なことである。実は、現実はこれよりも複雑である。包括適応度の過程が、一部の血縁者でない人々に対するいくらかの援助行動を説明してもおかしくないと考えるための理由が二つ存在するのだ。まず、我々は包括適応度が生み出すある下位の問題に焦点をあてなければならない。すなわち、血縁者を特別扱いするためには、生物は誰が彼らの血縁者なのかを知らねばならないという問題である。ほとんどの種において、血縁者は匂いによって同定される。人間の嗅覚は他の種に比べるとはるかに発達していない。では、いかにして我々の初期の先祖たちはこの障壁を乗り越えたのだろうか。我々が知る限り遺伝子検査はまだなかった。言語もおそらく使えなかった――少なくとも我々の最も初期の先祖たちには。しかしそれにもかかわらず、問題は解決された。どのようにしてか。哲学者のリチャード・ジョイスは次のように提案する。

ある初期のヒト科の生物が、ちょっとした遺伝子変異の結果として、彼女の近くで生活している人々に対して特別な関心を持つようになったと仮定しよう。たとえば、彼女の最も近い隣人たちが困っている際、彼女は本能的に彼らを助けることを欲する。彼女が分け与えられる食料を持っていれば、彼女は本能的に彼らとそれを分け合いたいと欲するのである。この遺伝子変異がいかにして上述の下位の問題を解決したのだろうか。考えはこうである。このような個体は、自分の隣人が自身に対してもつ遺伝的関係についてのいかなる判断もなさないにもかかわらず(つまるところ、彼女は遺伝子について何を知っているだろうか)、彼女の血縁者を助ける傾向にあるだろう。なぜなら、彼女の近くの隣人はたぶん彼女の血縁者だろうからである。もし我々の祖先がその時間のほとんどをともにした人々が、たまたま自分の血縁者であった場合、それらの人々を気遣う傾向は、当人の包括適応度を向上させるための手頃だがしかしかなり頼れる手段である。次のことを思い出そう。母なる自然は倹約家の修繕屋である。もしある適応問題に対する解決策が手頃に手に入るなら、自然選択はそれをとる可能性が高い。しかし、このことが血縁者でない人々に何の関係があるのだろうか。

もし我々が実際、近くで生活している人々を気遣い援助する心理的な傾向を本当に受け継いだとしたら、時折の偽陽性が予期されるはずである——特に、アフリカのサバンナでの生活から、ぎゅうぎゅう詰めの都市での生活に切り替わった現代では。ぎゅうぎゅう詰めの都市での生活においては、あなたは幾年にもわたって同じ人々と密接な関係にあるが、その人たちの多数はあなたの血縁者ではない（たとえば、近くの隣人、店員、教会に集まる仲間）。しかし我々が仮定している心理的メカニズムはそれ自身では血縁者と血縁者でない人々を区別しないため、あなたはこれらの個人をまるで彼らがあなたの血縁者であるかのように気遣うだろうと予期される。確かに、これらの個人が家族ではないと知っていることはあなたの愛着を減らすかもしれないが、それにもかかわらずあなたの愛着は実在する。このことはまた、なぜ養子と彼らの親との間の感情的な結びつきが、子どもと彼らの生物学的な親との間の感情的な結びつきと同様に強いのかも説明するだろう。

包括適応度の過程が一部の血縁者でない人々に対するいくらかの援助行動を説明してもおかしくない二つ目の理由は、それらの過程が、自然選択によって後に他の課題に転用されることになった構造を生み出す原因となっている、ということだ。他の課題とは、血縁者でない人々を助けるといったようなことである。自然選択は本質的に保守的な過程であり、古い構造から新しい解決策を間に合わせで作り出すということが思い起こされるならば、核となる心理的システムが、後に道徳的（もしくは準道徳的）行動を可能にするような地点にまで至ったのは、包括適応度のおかげであるといってもおかしくはない。つまり、初期の人類が（包括適応度のおかげで）すでに彼らに最も近い者たちを気遣うよう傾向づけられていたために、次のようなことを想像するのはそう難しくないのだ。それは、いくつかのさらなる変異が、通常の環境的圧力の助力を得て、より広範な人々（そして動植物）を気遣う傾向を生み出すということである。

どんな種類の「通常の環境的圧力」を私は念頭においているのか。まず第一に、協力行動への圧力である。初期のヒト科生物に対する協力行動への選択圧が、一部の理論家たちが道徳への道のりの決定的な転回点とみなすものへと導いた。それはすなわち、互恵的利他性（reciprocal altruism）である。

5 「利他性」についての手短な注意

ここまで私は、「利他性（altruism）」という語を利用したくなかった。生物学的な議論においては理論家たちがそれを日常的に用いているという事実にもかかわらずである。私がそうしたくないのは、私（そして他の哲学者たち）がある種の用語上の不注意とみなすものに起因している。それほど形式張っていない状況では、我々はチスイコウモリやジリスを利他的だと描写してもすむ。しかしチスイコウモリが利他的であると真剣に想定することは、(a)チスイコウモリは何らかの動機をもち、(b)それらの動機のうちには他者関心的なものがある、ということを含意する。(a)も(b)も擁護するのは容易ではない。私は、普通の意味に従って、利他的であることは、ある種類の動機——すなわち、誰かをその人自身のために助ける理由もしくは欲求を必要とすると理解している。それゆえ私は、何者かが利他的になるのはその行為によってではなく、動機によってであると想定している。つまるところ、私が利他的であるがしかし（予見できない出来事のせいで）誰かを助けそこなうということはありうるし、（ふたたび、予見できない出来事のせいで）誰かを助けるがしかし利他的ではないということもありうる。あなたが、人の役に立つということと利他性とを区別していなければ、このことは理解しにくいだろう。

この点に関して私が正しいかどうかはさておき、議論のために私はここで、利他性は生物の動機に依存するという想定にもとづいて進むつもりである。もしある生物がいかなる「他者関心的な」動機ももたないならば、その生物は（厳密に言って）利他的ではない——たとえその生物がきまって他者を助けるとしても。また、ある生物が

（たとえば、その生物がゴキブリであるがゆえに）動機を全くもたないなら、明らかにその生物は利他的ではない[5]。私はまた、典型的な人間は、少なくとも時々は利他的であるとも想定するつもりである。（私は人間でない動物がときに利他的であるかどうかについては特定の立場を採らないつもりである。）我々の道徳生活において利他性が果たす役割は、次章で述べる。いま重要なことは、次のことを理解することである。生物学者たちは頻繁に利他性という概念を用いる（たとえば、互恵的利他性）けれども、我々はそれらが普通の意味での利他性を意味していると想定しないよう慎重になるべきだ、ということである。不幸なことに、名称を変えるには遅きに失しているので、私は伝統に従い、次節で紹介する生物学的過程を互恵的利他性と呼ぶつもりである。おそらくなすべき最善のことは次のことだ。あなたが「互恵的利他性」という単語を目にするとき、それを互恵性（reciprocity）と読み換えることである。

6　互恵的利他性

我々は皆、「僕の背中を掻いてくれ、そしたら君の背中を掻いてやる」という表現を知っている。しかしあなたはこの考えがもつ威力を理解していないかもしれない。この考えの実践が労働争議を調停し、法案を通過させ、政治派閥を権力の座へと押し上げ、政治派閥を権力の座から追いやってきたと言っても過言ではないだろう。それは企業のヒエラルキーを再編し、結婚を維持し、戦争を回避しさえしてきた。この考えは、我々が必要とするか欲するものが、その状況においては独力では入手できないために得られない、といった場合に魅力を持つ。しかし、友人や家族の助けがない場合でも、我々の状況に希望がないことはない。思い出そう。他の人も彼ら自身のニーズを持っているのだ。

考えてみよう。農家Aは冬に備えて十分な食料を確保するために彼の農地の収穫をする必要があるが、農家Aはそれを一人ではできない。農家Aの隣人農家B（親戚ではない）は農家Aの作物に関心があるが、農家Bは幾分不愉快なやつなので、農家Aを助けることには関心がない。しかしながら、農家Bは、彼は彼で問題を抱えている。農家Bは冬に備えて十分な食料を確保するために彼の農地の収穫をする必要があるが、一人ではできないのだ。農家Aは農家Bの作物に関心があるが、彼自身もいやなやつなので、農家Bを助けることには関心がない。

いまや農家Aと農家Bがなすべきことはきわめて明らかであるはずだ。お互い助け合うことに合意することだ！もし農家Bが今週、農家Aが作物を収穫するのを助けることに同意したならば、農家Aは来週、農家Bが彼の作物を収穫するのを助けることに同意すべきだ。こうして、二週目の終わりには、両方が冬に備えて十分な食料を持つことになる。それは何も、彼らが友達にならなければならないとか、ましてやお互いを好きにならなければならないというわけではない。よく言われるように、それは単にビジネスである。しかし本当の利益をもたらすビジネスである。というのは、二人合わせると、農家Aと農家Bは、たとえば、お互いを助けることに同意できなかった農家Cと農家Dよりもかなりうまくやれるからだ。（実際、この事例において同意に失敗することは農家Cと農家Dにとって命とりかもしれない！）生物学者のロバート・トリヴァース（1971）はこの現象を互恵的利他性と呼んだ。ハミルトンが包括適応度について論じたことと同様に、トリヴァースは、互恵的利他性は〔以下で述べる〕いくつかの条件が満たされるならば生物学の領域全体で発展するだろうと論じた。まず第一に、非血縁者に現時点で利益を施すコストは、何らかの未来の利益のお返しによって確実に上回らなければならない。（他の条件は主に生物が、関連した事実――たとえば誰が何を誰にいつ与えたかというようなこと――の経過を記憶する能力に関わる。悲しいかな、このことが生物学上の種族のかなり多くの一群を締め出すことになる。）フィールド生物学者によると、この条件が満たされたところでは、互恵的利他性の諸事例が観察されている。

たとえば、チスイコウモリにおける食料の分け合いのパターンが示すには、食料の分け合いの大部分は母親と子の間で起こる（だいたい七〇パーセント）一方で、食料の分け合いのかなりの割合は非血縁者間で生じる（だいたい三〇パーセント）。明らかに、包括適応度はここで働く唯一の力ではない。より綿密な研究によれば、非血縁者間での食料の分け合いは過去のつきあい方に直接に依存している（Wilkinson 1990）。あるチスイコウモリ（Xと呼ぼう）が別のチスイコウモリ（Yと呼ぼう）と過去に食料を分け合った可能性が高ければそれだけ、未来においてYがXを助ける確率は高くなる。チスイコウモリは、結果的に、バディシステム〔事故防止のため二人一組で活動すること〕をもつ。そしてこのバディシステムを維持することは、生死に関わる問題である。食料なしに二晩すごすことは、チスイコウモリにとってはかなり致命的なことだからだ。

おそらく、人間以外の動物における互恵的利他性の最もはっきりした例は、類人猿やサルにおいて観察されるグルーミング〔毛づくろい〕行動である。我々にとっては、「僕の背中を掻いてくれ、そしたら君の背中を掻いてやる」という格言は比喩的表現である。ある種の類人猿とサルにとっては、それは真面目な要求である。サバンナモンキーは、たとえば、外的な寄生生物を常に処理しなければならない。それらの寄生生物のいくつかは彼の命を奪いかねないためだ。しかし彼は自分の体の弱いかもしれない部分すべてに手を伸ばすことができない（あなたは背中の真ん中に日焼け止めを塗ろうと試みたことがあるだろうか?）。そこで、彼はグルーマー、つまり三〇分ほどかけて彼の頭と背中から寄生生物を注意深く取り除いてくれる別のサルを必要とする。三〇分は大した時間ではないと思われるかもしれないが、その時間は、狩りをしたり食べ物を探しまわったり、つがいの相手になるかもしれない相手の気を引いたり、若いサルの面倒をみたり――言い換えれば、自分自身の生殖における適応度を向上させるために使いうる時間なのだ。もしグルーミング行動が厳密に家族のうちでのみ生じるならば、包括適応度の過程に訴えるだけでよかっただろう。しかし生物学者たちは繰り返し、サルが非血縁者をグルーミングするのを観察している。なぜか。チスイコウモリの事例の場合と同様に、ここでは何か他のものが作用しているのだ。作用しているものは、生物学者によれば、互恵的利他性である。研究に次ぐ研究において（もっとも最近では、Schino 2007）、霊長類学者たちは、サル（P）が別のサル（Q）を今グルーミングするかどうかは、Qが過去にPをグルーミングしたかどうかに直接に関係しているということを観察している。さらに、グルーミングにかけられる時間の長さは、過去のやりとりにおいてかけられた時間に比例するのだ。

別の研究において、動物学者のクレイグ・パッカー[ii]（1977）によれば、あるサバンナモンキー（R）が助けを求めている血縁者でないサル（S）を助けようと思うか否かは、近い過去においてSがRをグルーミングしたかどうかに直接に関係している。SがRを最近グルーミングした場合には、Rが周りを見渡しSの苦痛の鳴き声のする方向に移動する確率がはるかに高くなった。対照的に、Sが最近Rをグルーミングしなかった場合には、Rは単にその鳴き声を無視した。（興味深いことに、この差異は血縁者間では見られない。そこでは、助けを求める鳴き声はグルーミングが行なわれたか否かにかかわらず反応される。）そこで、サバンナモンキーは「記録をつけている」ように見える。そして記録をつけることには十分な理由がある。隣人に親切を施すことには見返りがあるのだ。等しく重要なのは、コストである。社会的ヒエラルキーの頂点にいるいくらかの支配的な個体は例外として、「グルーミングの親切」にお返しをしないサバンナモンキーは、病気にかかる見込みが著しく高くなるのだ。

それゆえ、一般的な規則としては、相互的な協力は関わっている全員にとって、相互的な裏切りよりもよい。相互的協力とは、個体が何らかの未来の利益のお返しに他者を益することによって成り立つと言えるだろう。相互的な裏切りは、個体が何らかの未来の利益のお返しに他者を益することを拒否することに存する。もし農家Aと農家Bがお互いを助けようとしないならば、農家Aと農家Bは絶望的な未来に直面する。明らかに、相互的協力ははるかによい選択肢である。しかし、事はこれで終わりではない。

相互的協力は相互に裏切るよりも全員に高い報酬をもたらすけれども、どの個体も別のある状況のもとではよりいっそう得をする。それは他の人々が協力しているときに、裏切ることである。これが悪名高いフリーライダーである。もし、農家Bが農家Aの作物の収穫を手伝ったのに農家Aが親切を返さないなら、農家Aはかなりの利益を、犠牲（恩恵を返すこと）を払わずに受け取ったことになる。すなわち、もし、これが一回だけの出来事であるなら（たとえば、農家Aがすぐさま彼の収穫物をまとめて大陸の反対側に引っ越すという理由で）、我々は、農家Aはこの組合わせの下で、相互協力の場合よりもよくやったと言わなければならないだろう。農家Bに関する限り、この組み合わせは相互に協力しない場合よりもずっと悪い。なぜなら彼は農家Aのためにかなりの犠牲を払ったが、お返しに何も得ていないからだ。我々はそれゆえ、もう二つの一般的な規則をリストに加えることができる。まず、いかなる任意の個体にとっても最もよい組み合わせとは、他の人々が協力しているのに彼女は裏切る（言い換えれば、援助を受け、しかも他人を助けない）というものである。二つ目に、どの個体にとっても最悪の組み合わせとは、自分は協力するが他の人々は裏切るというものである。

おそらく、互恵的なやりとりの複雑さを最もよく理解する方法は、一九五〇年代にランド・コーポレーションのメリル・フラッドとメルヴィン・ドレッシャーによって最初に考察された、「囚人のジレンマ」ゲームを考えることだろう。このゲーム自体は、お金、M&M's〔アメリカの粒状のチョコレート〕、交配の相手など、それぞれの参加者が欲する何らかの利益が存在する限り、何によっても行なうことができる。もともとの例では、ジャックとジルは逮捕されており（たとえば、店で略奪したので）、別々の拘置部屋に入れられている。ジャックとジルは一緒に略奪に参加していたけれども、ジャックとジルはお互いを知らない。警官が次のような申し出をジャックに行なう。

もし君がジルをその犯罪を行なった者として認め、ジルが黙秘するなら、私は今すぐ君を釈放し、君の目撃証

図 2-1　囚人のジレンマにおいてジャックとジルが受け取る報いの一覧

		ジル	
		黙秘（協力）	ジャックが犯人だと言う（裏切り）
ジャック	黙秘（協力）	ジャック：懲役 2 年 ジル：懲役 2 年	ジャック：懲役 10 年 ジル：釈放
ジャック	ジルが犯人だと言う（裏切り）	ジャック：釈放 ジル：懲役 10 年	ジャック：懲役 5 年 ジル：懲役 5 年

言にもとづいて、ジルに最大限の刑（刑務所で一〇年間）を科すだろう。もし君が黙秘し、ジルが君を犯人として認めるなら、私は君に最大限の刑を科し、ジルを今すぐ釈放するだろう。もし君がジルを犯人だと認めジルも君を犯人だと認めるなら、君たちのそれぞれが刑務所で五年の刑を受けるようにするだろう。もし君たち両方が黙秘するなら、私は君たちに最小限の刑（刑務所で二年）を科すことしかできないだろう。私が廊下を歩いて行って同じ申し出をジルにする間に、どうしたいか考えておくように。

図2-1は、ジャックとジルへの様々な「報い」を図示したものである。

もし我々が、ジャックが可能な限り刑期を避けたいと欲しており、かつジルも可能な限り刑期を避けたいと欲していると想定するなら、ジャックはどうすべきだろうか。次のように考えてみよう。もし、（ジャックに知られずに）ジルが黙っていることに決めるなら、ジャックはジル〔が犯人〕だと認めるほうがよりうまくいくだろう。なぜなら自由になることは刑務所での二年に勝るからである。もしジルが〔犯人は〕ジャックだと認める場合でも、やはりジャックはジル〔が犯人〕だと認めたほうがよりうまくいくだろう。なぜなら刑務所での五年は刑務所での一〇年に勝るからである。言い換えれば、ジルが何をしようと決めようとも、ジャックは裏切る方がうまくいくのである。ゲーム理論家によれば、裏切ることがこれらの状況のもとでは「強い意味で支配的」だと言われる。すなわち、すべての状況において、裏切ることが個人の利益を最大化する。すると、何が囚人のジレンマをジレンマにするのか。これは我々がジルに注意を向けると明白になる。

我々は、刑期を可能な限り避けたいと欲しているという点でジルはジャックと全く同様だと想定している。また、仮定により、ジルはジャックと同様の処遇を提示されている。もしジルがジャックと同じ熟慮のプロセスを経るならば、彼女もまた、裏切ることが戦略として完全に優位に立つと認識するだろう。しかしもしジルがこの戦略にもとづいて行為しジャックもこの戦略にもとづいて行為するなら、両者は彼らが共に黙っている場合よりも悪い結果に陥るだろう。ジャックが何をしようと、ジルは裏切った方が得になる。なぜなら確かにジャックとジルはそれぞれ、刑務所での二年を刑務所での五年よりも上位に順位づけるだろうからである。囚人のジレンマがとても見事に示しているジレンマとは、こうである。合理的な計算は裏切ることを推奨するが、皆がこの仕方で計算する場合には、つまり皆が裏切る場合には、皆が彼もしくは彼女がなしえたよりもまずくなる。皆が頂点を目指すならば、結局皆が底辺近くで終わるのだ。

要点をより一般的に述べるならば、我々が見て取ることができるのは、どの思慮深い個人の観点からでも、裏切ることは常に最も魅力的な選択肢だということである。裏切ることによって、あなたは少なくとも隣人の手助けを逆手に取る機会をもつ。協力することによって、あなたはその機会を諦めるのである。さらに、裏切ることによって、あなたは自分が他者に利用されることを防ぐ（つまるところ、誰が信頼に値するであろうか）。協力は、対照的に、報いなしに与えるというリスクをほとんど常に伴う。そして抜き差しならない環境、つまり資源が乏しく時間が限られている環境では、報いなしに与えることは高い代償を強いうる。しかしこの考え方は、全員に採用されたならば、全員を引き下げる。裏切ることの報酬を理解しそれにしたがって行為する合理的個人のみから成る集団は、何らかの手段によって協力することで意見が一致している個人の集団よりも、かなり状況が不利になる。言い換えれば、そのような社会的環境は、継続した協力的なやりとりに取り組むことのできる個人たちによる侵略を受けやすいと思われる。

トリヴァースの仮説によれば、自然選択は個体を（たとえ時々であるにせよ）協力行動へと傾向づける突然変異を利用した。もし我々が、ある特定の環境では、コストと利益の割合が比較的安定しており協力の機会がくり返し生じると想定するならば、そこにはある種類の互恵的利他性が進化するような選択圧が存在する。ある生物を他者との協力的なやりとりに参加するよう傾向づけるような遺伝子変異が進化するのは、このようなやりとりがきまって維持されうる場合である。しかしこのことは、（生物学的に）行なうよりも言う方がずっと簡単である。生物学者がすぐさま指摘するように、囚人のジレンマは（その見事さにもかかわらず、もしくはそれゆえに）、人間と人間以外の動物の領域の両方における、現実世界のやりとりの複雑さから我々の注意をそらしうる。おそらく最も明らかなことは、将来交流の機会がほとんどない他者との間の一回きりのやりとりは、明らかに例外であり原則ではないという事実である。放浪的な動物においてさえ、集団内の交流は頻繁であろうし参加者は知り合いであろう。このことは、囚人のジレンマ型のゲームの行なわれ方に新たな制約を加える。さらには、その事実はそれぞれのプレイヤーへの報酬を変える可能性もある。たとえば、反復されるゲームにおいては、相手が協力する際に裏切ることに伴う将来のコストには、一回きりのやりとりでは生じないようなものが存在するかもしれない。（我々のもともとの例と同様に、農家Aが裏切り、「現場から逃走する」ような状況と、農家Aは裏切るけれども農家Bの近くにとどまるような状況との違いを考えよう。後者の状況は炎上しやすいと、あなたは言うだろう。）次章で我々はこれらの詳細をより十分に探究するつもりである。とりわけ我々は、進化が——少なくとも人間において——協力的やりとりの維持の問題をそれによって解決したであろう技術的方法に目を向けるつもりである。これは明らかに我々を道徳の領域へと向かわせるだろう。

7　本章のまとめ

この章での私の目的は以下の考えを明らかにし、支持することであった。すなわち、自然選択の理論は、この世界において観察される援助行動の少なくともいくつかを説明する潜在的な力をもつ、という考えである。人間におけるそのような行動の例が道徳的行動であるという限りでは、進化は（その限りにおいて）人間の道徳の一部を説明することができる。たとえば、あなたは、我々は家族の構成員に対して厳格な道徳的責務をもつと主張するかもしれない。これは彼らの福利に対する我々の強い感情的な結びつきによって証拠づけられうる。包括適応度の理論は、我々の焦点を遺伝子目線のレベルに向け直すことによって、なぜ我々が家族の構成員に対してこうした強い道徳的責務をもつと考える傾向があるのかについての説明を提供しうる。こうした思考は、強い感情に刺激されて、確実に我々の祖先が血縁者を気遣い守るように傾向づけた。そして自分の血縁者を気遣い守ることによって我々は、ある意味で、我々の遺伝子の複製を気遣い守っていたのだ。家族への強い道徳的コミットメントは、つまるところ、高い生物学的な報酬をもつのである。

非血縁者への自己犠牲的な行動の例においてさえ、進化はいくらかの説明を提供しうる。一方で、それは、包括適応度の過程によって備えつけられた心理的システムは、血縁でない者から血縁者を見分けるのに十分なほど「きめ細かい」ものではない、という説明であろう。自然選択の観点からは、我々は、我々の近くに生活している人々に向けて調整されていれば十分であった。そこで、あなたの近所にいる人々の大勢が生物学的に自分と血縁にないという環境においても、やはりあなたは、自分には彼らの福利も守る道徳的義務があるとみなすだろう。他方で、非血縁者に対する自己犠牲的な行動は、我々が協力的な関係の維持に対して置く高い価値に関係するのかもしれない。我々は「我々のコミットメントを貫徹すること」や「約束を守ること」や「借りを返すこと」を道徳的な命令だとみなすだろう。しかしこれらの態度が人を協力関係の維持に傾向づける限り、それらは究極的には当人の生物学的な適応度の向上に役立っているのである。相互的な協力は利益になる。あなたは友人に少し助けてもらって生き、そして彼らはあなたから少し助けてもらって生きるのだ。

しかしながら、パズルの重要なピースはまだ残されている。私は道徳それ自体についてはほとんど述べていない。私は感情の役割を示唆したにすぎない。そして私は現実世界の協力的なやりとりの複雑さを示唆しただけにすぎない。次章で、我々はこれらの詳細を埋めるつもりであり、そうすることによってこうした最初期の道徳の起源と、我々が知り経験しているところの道徳との橋渡しを始めるつもりである。

文献案内

de Waal, Frans (1996) *Good Natured : The Origins of Right and Wrong in Humans and Other Animals* (Harvard University Press).（フランス・ドゥ・ヴァール『利己的なサル、他人を思いやるサル――モラルはなぜ生まれたのか』藤井留美訳、草思社、一九九八年）

Dugatkin, Lee Alan (2006) *The Altruism Equation : Seven Scientists Search for the Origins of Goodness* (Princeton University Press).

Hamilton, W. D. (1998) *The Narrow Roads of Gene Land : The Collected Papers of W. D. Hamilton. Evolution of Social Behaviour* (Oxford University Press).

Joyce, Richard (2006) *The Evolution of Morality* (MIT Press).

Maynard Smith, J. (1982) *Evolution and the Theory of Games* (Cambridge University Press).（J・メイナード－スミス『進化とゲーム理論――闘争の論理』寺本英・梯正之訳、産業図書、一九八五年）

Skyrms, Brian (1996) *Evolution of the Social Contract* (Cambridge University Press).

Sober, Elliott and David Sloan Wilson (1998) *Unto Others : The Evolution and Psychology of Unselfish Behavior* (Harvard University Press).

Trivers, R. L. (1985) *Social Evolution* (Benjamin/Cummings).（ロバート・トリヴァース『生物の社会進化』中嶋康裕・福井康雄・原田

泰志訳、産業図書、一九九一年）
Trivers, R. L. (2002) *Natural Selection and Social Theory : Selected Papers of Robert L. Trivers.* Evolution and Cognition Series (Oxford University Press)
Williams, G. C. (1966) *Adaptation and Natural Selection* (Princeton University Press).

第3章　穴居人の良心
――人間の道徳の進化

子貢が尋ねた。「自分の一生を導くことのできる一つの言葉はありますか」。

子曰く「それは互恵性ではないだろうか。自分の望まないことは他人にもしないことだ」。

――孔子[1]

善と悪、報酬と罰は理性的動物にとって唯一の動機である。これらは全人類を動かし導く拍車と手綱である。

――ジョン・ロック『教育論』

我々はようやく、道徳そのものの進化に取り組む準備ができた。この議論のための土台は整ったと思いたい。我々はダーウィンの理論の基本について論じた。我々は自然選択がいかにして適応問題への驚くべき解決策を生み出しうるかということを見てきた。我々は「遺伝子の目線」という視点を探究し、身内を助けることが標準的な生物学的命令であるということを見てきた。そして我々は相互的なやりとりの強みと危険な点を見てきた。今やこれらの初期段階を道徳そのものと結びつけるときである。この章では、いかにして自然選択が我々の道徳的な考えを生み出しえたかに関する概略を示したい。これから示していくことを私は「概略」と呼ぶが、それを蒸留《、》と呼んでもよいかもしれない。なぜならそれは、多様な考え方の一群の中から一つの物語を抽出することを試みるものだからだ。我々が先に進むにつれ、これらの考え方を区別する相違点を指摘することにしよう。しかしながら、より大きな目的は、これらの考え方の底流にある中心的な観念を示すことにある。

その観念とは、簡単に言うと、次のようなものだ。すなわち、道徳的思考は、道徳的感情と共に、自然選択が社会の調和を保証するために用いた方法であった。そしてこれが、ひいては、確実な互恵的なやりとりを発展させた。それゆえ、たとえば、ある行為を悪いと感じることや、ある行為が悪いとか道徳的に間違っていると思うことは、一つの目的にかなう。それは「我々を調和させる」ためであり、そしてそのことは長期的な生物学的利益をもたらす（と考えられる）。道徳的思考をする傾向にない人、あるいは道徳的感情を経験しない人は明らかに不利な状況にあった。なぜなら、（これから見ていくように）彼らは重要な互恵的関係を危険にさらしたからだ。この章の目標はこの観念を示し、論者たちの間の相違点を指摘することである。その観念の批判者たちによって挙げられた疑問や関心を説明することによってこの章を終えようと思う。

しかし、まず最初にやるべきことがある。人間の道徳の進化のもっともらしい記述を概説しようというかなる試みにとっても、道徳とは何か、あるいは、もっと言えば、我々が「道徳的に駆り立てられる」とき、我々は自らが何をしているとみなすのか、ということを明らかにする必要がある。重要な点は、正義や不正さや権利の性質についての基本的な哲学的問題を解決することではない。むしろ、重要なのは、我々のような道徳的な生物を道徳的にしているものをできる限り明確に特定することである。すなわち、進化が人間の道徳的能力の原因であると我々が主張したいのなら、我々はその能力がどのようなものかという明確なイメージを——進化と特段の関連づけを行なうことなく——持つべきである。ここで、道徳哲学が役に立つ。というのは、道徳哲学者は長い間、我々が道徳的思考をしているときに行なっているのは何であるかということを理解するための探究に関わってきたからだ。それでは、人間の道徳的能力のイメージを形成するところから始めよう。

1　道徳的生物はどういう意味で道徳的なのか

道徳的であるとは道徳的に振舞うということだと思う人がいるかもしれない。これは魅力的な考え方であるが、ほぼ確実に間違いである。もし我々が、道徳的に振舞うことを単に、一般に容認された道徳規範に則るように振舞うこと（たとえば、必要もないのに他者に危害を与えない、周りの者を助ける）と定義すれば、よく考えると道徳的とは言えないような多くの生物を道徳的なものとみなすように我々は強いられるだろう。たとえば、あるネズミが彼の周りのネズミを殺さないからというだけで、その理由から、そのネズミは道徳的であると言うことは拡大解釈であろう。（同じ論により、周りのネズミを実際に殺したからといってあるネズミをネズミ殺しと呼ぶのも奇妙なことである）。同様に、チスイコウモリが空腹の仲間と血を分け合うという理由から道徳的であると称することは、不適切に思える。もし私が、庭仕事を手伝ってくれるロボットを設計したとしたら、そのロボットは道徳的であるということになるだろうか。そうではないだろう。ここからわかることは、ある特定の生物が単に道徳的に振舞うこと（おそらくは歓迎される特性ではあるものの）は、その生物を道徳的と呼ぶのに十分ではない、ということだ。それどころか、それは必要ですらないかもしれない。もしあなたが個人的な利益のために嘘をついたとしても、それゆえあなたは道徳的人格ではないと結論を下すのは少し度を越しているだろう。確かにあなたがしたことは道徳に反することだったが、それでもあなたは道徳的だとみなされる。ここから明らかになるのは、道徳的であるということは、確かにある意味で行動と結びついているものの、単に道徳的に振舞うことと同じではないということだ。

このことは前の章での利他性の議論に似ている。そこでは私は、利他性は生物の行動によって決まるのではなく、生物の動機によって決まると主張した。類似したことがここでも提案されている。道徳的であることは、何よりもまず、生物の内面で起こっているものと関係していると言わなければならない。標準的な哲学的アプローチでは、我々の道徳的能力は道徳判断を下す能力として説明される。ここで私が、道徳判断の性質について哲学者たちの意見は大きく分かれていると言うなら、私は事態を控えめに記述していることになるだろう。おそらく——哲学的困難にあまり踏み込まずに——せいぜい言えることは、道徳判断は個人が行為や人や制度などに対して抱くある態度から成り立つということである。しかしながら、これではまだ不十分である。というのは、一部の見解によれば、こうした態度は、ジョーンズは死刑は間違っていると信じているという場合のように、本質的には信念であるからだ。他の見解では、こうした態度は、死刑、げーっ！と言う場合のように、ただの（信念のようなものではない）感情的態度の表明でしかない。そしてこれらの見解は単にその表層を論じただけにすぎない。以下のように言えれば十分であろう。すなわち、道徳判断がどのようなものであれ、（ほとんどの？）哲学者たちの意見が一致するのは少なくとも、それが単なる行動とは全くもって異なるものだということまでであると。我々の注意を大きくそらしてしまうのを避けるため、道徳判断については後ほど戻るとしよう。

ここで我々が述べようとしているのは我々の道徳的経験の表層レベルの特徴——特に、あるものが間違っていると判断を下す経験のそれである[1]。というのは、これこそが進化論による説明の対象になるべきと考えられる特徴であるからだ。話を進めるため、あなたもおそらく見覚えがあるであろう例に焦点をあてよう。ある日、あなたが大学構内を歩いているとき、「妊娠中絶は殺人だ！」と繰り返す学生集団のそばを通り過ぎるとする。彼らは中絶された胎児の写真と、世界の妊娠中絶の割合を描くグラフを掲げている。時折、彼らは通行人を議論に引き入れることがある。ここでは何が起こっているのだろうか。妊娠中絶は殺人であると彼らが主張するとき、彼らが行なっていることは何であると彼らは思っているのだろうか。

妊娠中絶は本当に殺人であるのか、という疑問はいったん棚上げするとしよう。それは妊娠中絶の道徳的地位についての疑問である。かわりにこれらの学生の心の中で何が起こっているのかということに焦点をあてる。彼らは自分たちが何をしていると思っているのか。さて、この疑問は少々愚かに思えるかもしれない。(明らかじゃないのか？　彼らは自分たちの道徳的見解を表明しているんだよ！)実際には、ここで起きていることは注意深い分析を要する。

はじめに、あなたは学生たちの主張から、自分たちは妊娠中絶をしたくないということ、すなわち彼ら自身は妊娠中絶をすることに強い反感をもっていると推察するかもしれない。これはおそらく無難な推察である一方で、重要な点を見逃している。妊娠中絶は殺人であると主張することで、学生たちは妊娠中絶はしたくないという強い願望を表現する以上のことをしている(と、少なくとも思っている)。つまるところ、もし彼らの主張によって、彼らがそれ以上のことを言うつもりがないなら、なぜ彼らはわざわざ大学構内にいる人々にそのことを宣伝しているのだろうか。それは私が大学構内にいる人々に以下のように主張するようなものである。私はロブスターの味が嫌いだ！　私はロブスターの味が嫌いだ！　ついでながらこれが、妊娠中絶の支持者たちが(時にバンパーのステッカーに見られるように)「もし妊娠中絶が嫌いなら、それをしなければよい」と主張すると、的外れになる理由である。妊娠中絶は殺人だ、と主張する際、学生活動家たちは妊娠中絶への反感を表現しているだけではない。それでは、そのとき、他に何が起こっているのか。

筋の通った提案の一つは以下のようなものである。すなわち、妊娠中絶は殺人だと主張することで、学生たちは、妊娠は禁じられている、誰によっても行なわれるべきではない、と主張しているのだ、というものである。おそらく、もしあなたがその学生たちに、あなた自身は妊娠中絶をするかと問えば、その答えはいいえであるだろう。しかし、もし道徳的主張が単に個人の心理的抑制の表明にすぎないのであれば、その答えは場合によるというものであるだろう。それはあなたの心理的抑制のあり方次第だということになる。しかし、もし学生活動家たちが、妊娠中絶は殺人だと主張する際にこのように考えているとしたら、実に驚くべきことであろう。

哲学者のリチャード・ジョイス（2006）によると、いかなる道徳的能力にとっても不可欠な要素の一つは、禁止というものを理解すること、すなわち、間違っているから行なうべきでないということを理解することだとされる。ジョイスが強調している区別とは、ある行為は禁止されていると判断することと、その行為をすることに対して気が進まないということの間の区別である。それらはしばしば一緒に生じるが、常にそうであるとは言えない。ジョイス（2006：50）は次のような例を挙げている。ある友人があなたに、あなたの好きな食事をかなりたくさん用意してくれている。それをほとんど食べ終えた頃に、友人がこう言う。「全部食べ切らなくてもいいよ」。あなたはこう言う（その食事はあなたの好物であり、特にお腹が空いているから）。「いいや。私は本当に全部食べたいんだ」。ジョイスの言いたいことはこうである。すなわち、何かをしたいと思うことは、重要な点において、何かをすべきだと判断することとは異なる、ということである。つまるところ、あなたはもう満腹であったかもしれない。全部食べないことで友人の感情を害すると考えたかもしれない。友人の感情を害することは避けるべきだと考えたがゆえに、あなたはこう考えたかもしれない。「私は食事を全部食べ切るべきだ」。前者の場合では、あなたの行動が道徳に似た何かによって動機づけられていると考える理由は一切ない。単に食事を楽しみ続けたいだけである。後者の場合では、あなたの動機は明らかに道徳的である。

ここでの大きな教訓は、禁止というものを理解しない生物は道徳感覚をもたないということだ。このことは以下のことを意味する。すなわち、たとえ種の一員が時々自分の仲間に益する（たとえばチスイコウモリ）としても、あるいは他の苦しんでいる仲間に同情を見せる（たとえばチンパンジー）としても、これだけではそれらを道徳的な生物だとみなすには不十分だということである。他者を親切に扱いたいという強い願望を持ち他者に危害を加えたいという願望を持たない生物、つまり心からすべての同胞を愛するような生物種は、ジョイスの見解では、道徳的生物だとはみなされないだろう。我々は申し分なく、このような生物種をよい、友好的だ、愛情に満ちているなどと評することができる。しかし、それらの生物がいくつかの行為を禁止されているものだとみなさないならば、我々はそれらの生物を道徳的だとみなすことができない[2]。我々の目的にとって、このことが意味するのは、我々の道徳感覚を説明するいかなる試みも、禁止に関するこの特別な理解の仕方を説明できなければならないということだ。人間の同情や共感や思いやりを説明することは、パッケージの一部ではあるけれども、それでは不十分なのだ。

欲求についての話は第二の所見をもたらす。妊娠中絶に抗議する人に次のように返答するとしよう。「しかし私は本当に妊娠中絶をしたいんです。実は、それは私が生涯にわたって求めてきたことの一つなのです。それでも、私にとって間違っているんでしょうか？」疑いの余地なく、その学生たちは以下のように主張するだろう。「間違っています！」（仮に中絶が不正であるとして）妊娠中絶の不正さは、実際に妊娠中絶をしたいと望む個々人にとっても消え去るものではない。妊娠中絶は、その学生たちの主張によると、あなたの欲求がどのようなものであろうと、殺人なのだ。すなわち、妊娠中絶を不正たらしめているものは、あなたや私や（おそらくは）いかなる人の欲求にも左右されない、ということである。妊娠中絶は間違っているからすべきではない、と誰かに言うことは、「あなたはそんなにたくさんフライドポテトを食べるべきではない」というような忠告ではない。そんなにたくさんフライドポテトを食べるべきではないという判断は、忠告される相手は長く健康的な人生を送りたいという理に適った前提に支えられている。妊娠中絶は殺人であるという主張はそのような前提に支えられていない。そして、それは他の行為にも当てはまる。我々が、道徳的に間違っているのでそのことはなされるべきでないと主張するとき、我々は以下のようなことを言おうとしていると思われる。すなわち、あなたの欲求や関心がいかなるものであろうと、それはなされるべきではない——以上、である。もし道徳判断がこのようなものでないならば、学生活動家たちは、積極的に妊娠中絶をすることを望む者や処罰されることを全く気にかけない者に直面したとき、妊娠中絶は殺人だという自分たちの判断を進んで見直すだろう。それゆえ、我々の道徳感覚を説明するには、道徳判断が我々の欲求とは区別される禁止というものに訴えかける際の意味を説明しなければならない。

仮に、その学生たちが処罰という脅威（たとえば永遠の地獄）を、相手を従わせるための手段として使用するとしても、これは、処罰という脅威が妊娠中絶を不正たらしめているものであると言うこととは全く異なる。それはものごとを逆さまに捉えることになるだろう。もし我々の道徳的見解を表明することがこのようなものであるとすると、奇妙なことになるだろう。次のように想像してみよう。すなわち、あなたはある隔離された国家の、野蛮で強大な独裁者であり、とあるこれといった特徴のない小作農に死んでほしいと願っている――なぜなら、たとえば、彼があなたを侮辱したから、ということにしよう（あなたは野蛮であることを思い出してほしい）。あなたは処罰の脅威に直面することはないわけだが、このことは、小作農を殺すことはそれゆえ不正ではないということを意味するだろうか。それは不条理だろう。もしあなたが試験においてカンニングをし、罰せられずにうまくやってのけるなら、あなたのカンニングは、その理由から、道徳的に許されるということを意味するのだろうか。そうではない。両方の場合において正しく言えることは、あなたは自分の悪事をうまくやってのけたということである。それはなお悪事であった。あなたはただ処罰されずに済んだにすぎない。悪事と犯罪行為を引き合いに出すことによって、私は道徳性と合法性は同じであると、言い換えれば、あることを間違いたらしめるものはそれが非合法であるということであると、示唆しようとしているのではない。その理由を確かめるため、妊娠中絶の抗議者たちの方へ注意を戻そう。

我々の抗議者たちがアメリカ合衆国において抗議しているとしよう。当然彼らは、初期および中期中絶が合衆国刑法のもとで保護されていることを知っていると考えられる。もし法がある行為の道徳性の唯一の決定要素であるとするならば、抗議者たちの活動を理解することは困難であろう。もし彼らが、法律はある意味において間違っていると考えているのでないとすれば、なぜ彼らは法律を変えようと努めているのだろうか。もし合法性が道徳性を（いわば）生み出すのだとしたら、我々はその抗議者たちを、（アメリカにおいて）道路の右側を運転する習慣に対して道徳的抗議を企てる人を評価するかのように評価するだろう。そのような人は全くもって混乱していると言えるだろう。アメリカの運転手に道路の右側を運転するよう要求する法律は、人々がいかに運転すべきかに関する深い形而上学的真理に由来するものではない。それは単に慣習であり、伝統を受け継いでいるにすぎない。しかし、我々は妊娠中絶の抗議者たちをそのようには評価しない。我々は彼らの道徳的（あるいはひょっとすると神学的）見解に反対するかもしれないが、彼らが全くもって混乱しているとは思わない。結論としては――そしてこれは道徳性についての私の第三の所見なのだが――我々の道徳判断の中心にある道徳的禁止は、人間の慣習とは異なると思われる、ということだ。我々は以下のように言うかもしれない。人間の法律的とりきめは、根底にある道徳的命令を反映すべきである、と。

妊娠中絶の例からもたらされうる第四の所見は、学生たちの道徳的見解と彼らの動機づけの間には密接なつながりがあることが予期される、というものだ。たとえば、学生活動家の一人が、同じ日の後ほどに、妊娠中絶のための診療所に向かっているのを見かけることがいかに当惑するものかを考えてみよう。

「あれ？――あなたは自分の道徳的見解を変えたのですか」とあなたは問う。

「いいえ、妊娠中絶はやはり殺人です」と彼女は言う。

「しかしそうは言うものの、あなたは妊娠中絶をするんですよね？」

「その通りです」と彼女は言う。

「それは……絶対に必要なことだからですか？」あなたは問う。

「いいえ。なんとなくです。」

ここでは三つの可能性がありうるだろう。彼女は妊娠中絶についての自身の道徳的見解に関して嘘をついているのか。あるいは彼女は恥知らずの偽善者であるのか（ひょっとすると反社会的傾向を伴うものかもしれない）。あるいは彼女は単純に殺人の概念についての理解を誤っているのか。道徳についての我々の暗黙の理解を考慮に入れると、ここでありえないであろうことは次の三つの組み合わせである。(a)彼女は心から妊娠中絶は殺人であると思っている。(b)彼女は殺人は不当な殺害を意味するということを理解している。そして、(c)彼女はほんのわずかでも、妊娠中絶するのを差し控えようという気になっていない。この組み合わせはありえないように思われる。なぜなら妊娠中絶は殺人であると心から思うことは、人はそれをすべきでないという信念を含意するからであり、また人はそれをすべきでないと思うことは、いかにわずかであろうと、それをしないように動機づけられるということを、論理的に意味しなくとも、暗に含むからである。これは、実際問題として妊娠中絶をしないだろうと言うことと同じではない。つまるところ、人々は頻繁に、自分が道徳に反すると思う仕方で行動することがあるからだ。しかし、少しもしぶらず、後悔や恥や罪の意識をもつ兆候なしに道徳に反する行動をとる人は、我々をして、彼女はその行為が道徳に反すると心から思っているのかと本気で疑わせるはずだ。このことが示唆しているのは、誠実な道徳判断は何らかの形で動機と結びついている、ということである。我々は、妊娠中絶は殺人であると繰り返して主張するものの自分がするかどうかには無頓着な人を理解するのに苦労するだろう。

　妊娠中絶の例から明らかになる、道徳についての五つ目の特徴は次のことである。すなわち、道徳的禁止――この場合は妊娠中絶における禁止――を知っていながら破る人は、（少なくとも我々の抗議者の心の中では）処罰に値する。彼女が実際に処罰されるかどうかということは別の問題である。重要な点は、妊娠中絶は禁止されているという判断において、その学生たちは、処罰が正当化されることを暗に認めているということである。この点を明確にするために、ジョイスは我々に以下のような生物を想像させる。すなわち、その生物は、ある行為はなされなければならない、またある行為はなされてはならない、と頻繁に主張するものの、しなければならないように行動することをある者が拒否するとき、その生物たちの間では、その者が自分のしたことに対して「報いを受ける」べきだという感覚がない、というものである。誰も、違反が報いを要求するとは考えないのだ。それゆえ、ジョイスは、「こうした生物は……正義という観念の中心的要素、つまり自分に相応しい報いを受けるということに関連する要素を欠いているに違いない」と考える（2006：67）。そこで、道徳的生物を道徳的たらしめているものの一部は、禁止された仕方で行動すると処罰に値し、一方で（たとえば）私心のない仕方で行動すると賞賛に値する、と考えることと関係がなくてはならない。

これは、我々がなされるべきである、あるいはなされるべきでないと考える、他の広い範囲の行為には当てはまらない。以下のことを考えてみてほしい。すなわち、私があなたに、（たとえば）演技がひどいという理由で、あなたが見ようと考えている映画を見に行くべきでないと言うとする。あなたはそれでも映画を見るとしよう。私はあなたの下した決定を無思慮あるいは愚かだとみなすかもしれない。しかし、私はあなたが映画を見に行ったことに対して処罰に値するとは思わないだろう。また、あなたが私に、暴風にやられるおそれがあるという理由で、自分の家をそんなに海岸近くに建てるべきでない、と言うとする。私が〔その忠告に従わずに〕自分の計画を進めたなら、あなたは私のことを愚かだと考えるかもしれない。しかし、私のことを罪深いとは思わないだろう。ところが、道徳的「べし」は違う。我々が、あなたは道徳的に考えてそのことをすべきでないと主張するとき、このことは、我々は（少なくともある人は）あなたの行為に対して処罰がなされることを保証するだろう、ということを暗示する。もし悪事を働くことがこのように処罰と密接に結びついていないなら、我々は、妊娠中絶の抗議者たちが、故意に妊娠中絶することを決めた人について、完全に中立の感情を抱くことを全く問題なく想像できるはずである。しかしもしそうだとすると、実際には非常に驚くべきことであろう。

この所見の背景には強調せねばならない区別がある。ある行為が反感を引き起こすだろうと思うことは、ある行為が反感に値すると思うこととは異なる。この区別は明確ではないかもしれないので、詳しく説明しよう。ある行為が反感を引き起こすだろうと思うことは、ただ以下のことを必要とするのみである。すなわち、ある種類の行為の後には通常別種の反応が――この場合では反感が――続くと信じることである。それは単に一つの規則性についての認識であり、他の規則性についての認識と異ならない。たとえば、雷鳴はきまって稲妻の後に起こるが、稲妻が雷鳴を正当化するとか〔雷鳴が起きることを〕保証すると考えるのはばかげているだろう。その二つは単に「規則的に結びついている」だけである。重要な点は次のことである。すなわち、我々は容易に以下のような生物、つまり、社会的規則性（タイプTの行為のあとには通常反感がくる）を認識することができるが、反感が正当化されている、あるいは保証されていると認識することはない生物を想像することができる、ということだ。つまり、社会的規則性を認識できることは、それのみによっては、道徳性を理解していることを意味しないということである。

ある者は、妊娠中絶は道徳的に禁止されていると考えることなしに、妊娠中絶にはきまって反感が後に生じると思うことができるだろう。そんなことがどうしたらありえるのだろうか？　おそらく、その人は妊娠中絶は殺人であると考えてはいないのだろう！　あるいはおそらく、その人は人間行動に関する専門家であるが、単純に道徳感覚を欠いているのかもしれない（おそらくその人は別の銀河系から来た心理学者なのかもしれない）。しかしながら、大事な点は、我々の道徳感覚に固有な特徴として、いくつかの反応はふさわしいものだとか、そうあって然るべきだという認識がある、ということだ。ジョイス（2006 : ch. 2）はこの区別を次のように見る。すなわち、ある行為が受け入れられている（accepted）と理解することと、その行為が受け入れられるべきだ（acceptable）と理解することは異なる。（その区別を少しの間あなたの心の中で展開してみてほしい。）この区別が含意する重要なことは、たとえ生物が社会的規則性についての認識を示したとしても（そして我々はこのことを多くの高等哺乳動物において観察するのだが）、それは自動的に、それらの生物が道徳的生物であるということにはつながらない、ということだ。それらが道徳的生物であるためには、行動の規則性以上のことを、つまり、ある種類の行動は「要求される」ものであるということを認識する必要があるだろう。

最後に、前の点に関連するが、我々のような生物は他者の態度を内面化すると思われる。この内面化するということは、我々が罪の感情について考えるとき、つまり自分の悪事が処罰に値すると感じるときに考えることの一部である。実際、その感情自体がその罰となりうる。これは我々が、彼は自らの良心の呵責に苦しんでいると言うときに意味することである。「あなたはどうやって自分自身と折り合いをつけて生きていくことができるのか？」と我々は自分の悪事に対して自責の念のない人に問う。「あなたは自分を恥じるべきだ！」道徳的生物であることの一部には、すると、感情についての規範が含まれるようである。罪あるいは恥は自身の（自認した）悪事に応じた適切な感情である。控えめに言っても、我々は、自身の悪事に対して罪や後悔を感じない人を、疑いの目をもって見る。そのような人々が一般に反社会的あるいは社会病質と分類されることは、おそらく驚くには当たらない。というのは、少なくとも不道徳な行為に対する抑制の一つとなる良心の呵責が欠けているからだ。（このことについては、次章でより詳しく扱う。）

罪と関連する行動要因に注意を払うことも重要である。我々が自分のしたことに罪の感情をいだくとき、我々は、たとえわずかだとしても、償いをすることを望む。我々が引き起こしたのがいかなる損害であっても、それを修復するため、我々は謝罪の必要性を感じる。その埋め合わせを実行する際に我々の自尊心が立ちはだかるかもしれないが、その感情は否定できない。そして、その感情は、我々が償いをするまで晴れないのが常である。何年もの間行方不明であった犯人は、通常、捕まえられたことに一種の安堵感を表明する。その安堵感の一部は、明らかに、もうこれ以上罪の重圧のもとで暮らさなくてもよいということから生じる。したがって、我々の道徳感覚についての説明は、進化論の文脈において、罪〔の意識〕が我々に償いをするよう強いるという事実を明確にすべきである。

簡単にまとめておこう。道徳的生物を道徳的たらしめるものには、いくつかのことが関係していると考えられる。以下のものが道徳判断の形成についての概念的真理を表すと思われる。(1)道徳的生物は禁止というものを理解する。(2)道徳的禁止は我々の欲求に依存しないように思われ、(3)法律のような人間の取り決めに依存するようにも思われない。むしろ、それらは主観的ではなく客観的なもののように思われる。[3] (4)道徳判断は動機と密接に結びついている。ある行為は間違っていると心から判断することは、少なくともその行為をするのを差し控えたいという欲求を含意しているようである。(5)道徳判断は功罪の観念を含意する。道徳的に禁止されていると知っていることをすることは、処罰が正当化されうるということを含意する。(6)我々のような道徳的生物は、自身の悪事に対して、ある特有の感情的反応を示し、そしてこの反応はしばしば我々を、その悪事の償いをするよう駆り立てる。

2 道徳性の進化

我々の道徳感覚の発達において進化が中心的役割を演じたと信じる理論家たちの間では、一般的な筋書きが作られている。本節の目的はその筋書きを辿ることである。しかし、この主題に直接入るかわりに、読者に一つのアナロジーを考えてもらいたいと思う。この事例は、進化心理学に由来するものではあるものの、道徳とは完全に無関係なものである。このアナロジーの目的は、もちろん、読者を道徳性の進化に関して準備させることである。より具体的に言えば、進化論においてよく見られる一つの教訓についてリハーサルをしておきたいと私は考えている。それはすなわち、我々が（生命体として）内在的に善い[ii]とみなすもの（これをAと呼ぼう）は、自然選択が内在的に善いと「みなす」もの（これをBと呼ぼう）とは異なる場合があるということである。しかし、我々の環境がたまたまもつ事情により、Aを追求することは、Bを確保するという結果を確実にもたらす。このことによって、なぜAに対する我々の態度が進化したかを説明することができる。この現象はおそらく我々が考えている以上によくあることである。そこで、上で述べたアナロジーを説明することにしよう。

我々のように性行為によって生殖を行なう生物にとっては、個体は、異性の中でも生殖不可能な個体と性交すること（あるいは性交しようとすること）によって時間を無駄にしないことが重要である。そこで、潜在的な性交の相手を魅了し確保するために相当な努力を費やす必要があることを考慮に入れると、こうした生物は、性交するに値する相手と、いわば、性交するに値しない相手を区別する方法を開発したものと予想できる。このような区別ができなかった個体がそれができた個体に〔生存競争において〕負けてしまうのは時間の問題にすぎなかったと思われる。そうすると、このような一般的な制約が初期の人類にどういう影響を与えたと考えられるだろうか。初期の人類の男性について考えてみよう。我々の先祖の女性の生殖能力のピークが現在の女性の生殖能力のピーク（すなわち一九歳から二五歳）と似たものと考えてよいとすると、ピークの生殖能力の年齢から外れた女性を好んで追い求める男性は、ピークの生殖能力の範囲内にある女性を好んで追い求める男性よりも〔生存競争において〕不利となるだろう。というのは、この年齢層から外れた女性と性交することで、（他の事柄がすべて等しいとすると）結果的に生存可能な子孫がより少なくなるからである。したがって、初期人類の男性には、最も生殖能力の高い〔年齢にある〕女性のみを魅了し追い求めるよう適応圧がかかったはずである。

しかし、このことは新しい問題を生み出す。初期人類の男性は、自分の近隣にいる女性がいつ最も高い生殖能力を備えているか、どうやってわかったのだろうか。早い話が、初期人類の女性は自分の相対的な生殖能力を宣言するラベルを身につけてはいなかったのである。彼女たちは自分の年齢を公言することもなかったが、これは暦の概念を持ち合わせていなかったという単純な理由からであった。初期人類の女性がセックスフェロモン（男性が嗅ぎ分けることのできる匂い）を放出していたというのはありえないことではないが、これを嗅ぎ分けるには親密な接触が必要であったはずで、この手の接触はまさに初期人類の男性がこれから行なうかどうかを決めようとしていた当のものである［ため、この仮説はうまくいかない］。すると、実際のところ初期人類の男性はどうやってこの問題を解決したのだろうか。

少し考えると、答えは明らかである。最も生殖能力の高い女性は、他のほとんどの女性（すなわち、思春期前および閉経後の女性）とは端的に違って見えるのである。初期人類の男性が特定の視覚的手がかりに基づき生殖能力のある女性とそうでない女性を区別したという考えに関して、進化心理学者たちはそれを支持する実証的論拠を提案し、また提供している。初期人類の（思春期後の）男性が、ある種類の突然変異の結果により、以下の身体的特徴の多くを備えた女性に対する強い選好を所有していたとしよう。左右対称の顔、はっきりした目鼻立ち、厚い唇、小さな鼻、大きな目、つやのある髪、大きな胸、腰と尻の比率が約〇・七。どうしてこれらの特徴が重要なのだろうか。答えは単純で、これらの特徴を備えた女性は健康で生殖能力を備えている可能性が最も高いからである。（それ以外の特徴ではなく）これらの特徴に対する欲求を備え、しかもこうした特徴を備えた女性を魅了できた男性は、そうでない男性よりも徐々に生殖率において勝っていっただろう。それはまさに、こうした女性はこれらの特徴を備えていない女性よりも生殖率において勝る可能性が高かったためである[4]。

だがここで重要な点を強調しておきたい。それは、こうした欲求をもつ男性が、これらの特徴と生殖能力との相関関係について何らかの知識を持つ必要は全くない——また、そのことに関心を持つ必要はなおさらない——ということである。我々が何度も見てきたように、自然選択は「知る必要性」に応じて作用する。そしてここでは、このような相関関係を男性が知る必要は全くないのだ。これらの特徴を備えた女性に魅力を感じるように男性を設計すれば、生殖上の成功は自ずから生じるのである。

というわけでこれは、生物学的に言えばそれ自体として善いものに重要性を見出さず、むしろ何か他の中間的な善に重要性を見出す心理的メカニズムに、自然選択が落ち着く一つの事例である。換言すれば、男性が内在的に価値があるとみなすもの（たとえば、はっきりした目鼻立ち、つやのある髪、大きな胸）は、自然選択が内在的に価値があると「みなす」もの（たとえば、女性の生殖能力）と同一ではないのである。当然、もし自然選択によって実際に男性が女性の生殖能力そのものに関心を持っていたとすると、我々は男性が避妊具の使用に対して強い嫌悪感を示すことを予期しないといけないはずである。というのは、避妊具の目的は女性が妊娠することを妨げることにより女性の生殖を積極的に阻害することだからである。しかし、これは我々が観察することと全く異なる。これらの特徴を備えた女性に対する欲求は、避妊具の使用のいかんにかかわらず、（かなりの程度）維持される。しかし、このズレは許容可能なものである。なぜなら、我々のような独特な生物学的諸性質をもつ生物にとっては、上述の特徴を備えた女性を追い求めることによって、他の事柄がすべて等しければ、生殖上の成功を達成するという結果が信頼できる程度にもたらされるからである。

この話をしっかり念頭におきつつ、道徳の話に戻ろう。前章で見たように、隣人と協力関係を確立し維持することの生物学的な価値は、初期人類の生存（および生殖上の成功）にとって決定的に重要であったと考えられる。包括適応度の過程を通じて、少なくともいくらかの援助を受けることは保証されたであろうが、これでは全く最適とは言えないだろう。人類学者や民族学者たちの仮説によれば、初期人類は三五人ほどの小さな集団で暮らしていた。そしてこれらの集団は他の集団と共存しており、合わせると全体で一五〇人ほどになったと考えられる。これらの人々の一部は血縁者として扱われたであろうが、かなりの人数の者は単なる隣人であったろう。これらの非血縁者に、援助を与えることと引き換えに援助してもらうことを日常的に期待できた個体は、そのような関係を築くことができないかそうする気のない個体に比べて、顕著な優位性を有していただろう。

しかしながら、男性が女性を区別する事例と同様に、何が生物学的に有利であるのかを見出すことと、それを日常的に手に入れることのできる個体を設計することは、同じことではない。人類初期の祖先たちが協力関係を確立することの長期的価値を計算できたと考えることはできない。これは、初期人類の男性が女性の出生率を計算していたという考えと同様、ありえない話である。しかも、この場合の適応上の二次的問題は、性交相手の選択の場合よりもさらに困難なものである。というのは、協力することに抵抗する圧力が常にあっただろうということを思い出す必要があるからである。前章で囚人のジレンマについて議論したことを思い出してほしい。囚人のジレンマゲームにおいて協力することは、最も魅力的な選択肢とは全く言えない。というのは、第一に、最も高い報酬（すなわち、他人の協力行動を悪用する）を諦めることになるからであり、第二に、自分が搾取される可能性を生み出すからである。もし初期人類が何が自分にとってよいかを推論する方法を知っているぐらい賢明であったなら、墓穴を掘ることを嫌がったであろう。しかし、囚人のジレンマゲームが非常に明快な仕方で明らかにしたように、誰もがこのような態度を取ると、みなが損をするのである。そこで、解決する必要のある適応問題はこうである。協力しない誘惑があるにもかかわらず、協力的な関係を確立し、維持するよう、個体を設計すること。

その解決策は（もうわかっただろうが）個々人に道徳的に考えさせるということだ。このはっきりした考えを最初に主張した哲学者の一人はマイケル・ルースで、彼はこう言っている。「我々のもつ生物学的目的のために我々が協力するように、進化は我々を正と不正や仲間を助ける必要などについての考えで満たしてきた」（1995：230–1）。協力は（少なくともそれが望ましい場合には）単に望ましいものなのではない。それは要請されていると我々がみなすものである。ルースによると、「道徳は、我々の生物学〔的システム〕が『利他性』を促進するために使っているものだ」。この考えの最近の擁護者は、リチャード・ジョイスで、我々の道徳感覚の進化の階梯について最も明確な説明をしている。以下の長い引用は目を通す価値のあるものだ。

> こう考えてみよう。ある行動の領域は、非常に頻繁に重要性をもったため、自然は、実践において成功するかどうかに関して、通常の人間の実践的知性のもつ貧弱な気紛れに左右されることを欲しなかった、と。その領域はたとえば、自分の仲間に対する特定の形態の協力行動に関係するものかもしれない。協力することで得られる利益――たとえば、評判の向上――は典型的な長期的価値であり、単にそれらの長期的な利点に気がつき欲求するだけでは目的が効果的に追求される保証はない。それは、長生きしたいという確固たる欲求によっては人が高脂肪の食べ物を諦める保証がないのと同じことである。そこで仮説として考えられるのは、自然選択はこの領域のために特別な動機づけの仕組みを選んだということだ。それがすなわち、道徳的な良心である。
>
> (Joyce 2006 : 111)

もし初期人類（彼をオッグと呼ぼう）が特定の行動（たとえば殺す、盗む、約束を破る）をしないことは自分にとってよいことだと信じていたなら、彼は通常はそれらの行動を避けるであろうが、より魅力的なよいこと、たとえば彼の隣人が隠したまま放置してある果物を目の前にして、時々彼が方針を変えるのを妨げるものは何もない。「盗まないことはもちろんよいことだ、しかしこれらの熟したパパイヤをごらんよ――うまそうだ！」つまり、オッグは信用できる隣人として頼りになる――ただし、頼りにならない場合を除けば、である。

しかし、協力関係がうまく行き、それぞれが真に利益を得るためには、それぞれが約束を果たし、より魅力的な選択肢が浮上しても約束を違えないという保証がなくてはならない。前章の農家Aと農家Bを思い出してほしい。

それぞれ互いの助けが必要だが、助けることは自身を搾取される危険にさらすことになる。互いに必要なのは相方がこの協定を守る気があるという保証だ。そして二人の個人のレベルで当てはまることは集団のレベルでも当てはまる。誰もが、自分が集団のために払った犠牲（侵入者への防御、狩りへの参加）は無駄にならないという保証を必要としている。ここで道徳が導入されるのである。

前節の議論の筋に沿って特徴づけられた道徳的思考の導入は、この欠けている保証を提供する。もしオッグが彼の隣人の（ほったらかしの）果物を盗むことが望ましいだけでなく禁じられていると信じており、そしてもしこの信念がオッグの動機づけと強く結びついていたら、このことはオッグがそのような行動をしない最善の保証となるだろう。(5) そしてそれらの行動をとらないことによって、オッグは協力関係を脅かすような特定の振舞いを避けることになる。ここで大事なことは、小さな集団においては、オッグの実際の〔約束を結んだ〕相手がオッグのことをどう思うかという点だけではない。潜在的な仲間がオッグのことをどう思うかという点もまた重要なのだ。我々はこれを評判と呼ぶ。(6) つまるところ、あなたは、他者をだましたり殺したりすることをいとわない人間を信頼できるだろうか。

しかしここで、我々が最初に話した教訓が重要になる。オッグが正・不正と協力関係との間にある相関関係についての知識をもっている——いわんや関心をもっている——必要は全くない。オッグはただ、何があろうともとにかくやってはいけないことがあるとだけ信じていればよい。彼はまた、そのような態度が生物学的な報酬を生むということも認識しなくてよい。（それどころか我々は、成功は実際のところそのような認識を一切もたないことにかかっているのだと主張するかもしれない。繰り返しになるが、大事なのは熟慮を妨げて協力に専心させることだ。）人間がある行動は禁じられていると考えるように（そして感じるように）設計されていれば、協力の成功はほうっておいても実現する。

正確には、あと少しで実現する。ここには解決すべきいくつかの細かい問題がある。おそらく最も差し迫った問題はこうだ。頭はよいが非道徳的な個体たちが道徳的な生物の集団を侵略し支配することを妨げるものは何なのか。[iii]道徳的でない行為を控えようという強い傾向性によって、〔道徳的な〕個体は危険なまでに無力になるのではないか。これらの、そしてその他の疑問が次の章で焦点となるだろう。この章の残りの部分では、私は二つのことを示したい。第一に、この道徳性の進化論的説明は興味深い仕方で、宗教的な信仰と儀式の進化についての仮説と類似している。第二に、より重要だが、道徳性の進化についてのこの最初の素描は、前節で概説された道徳的思考の表面的特徴をよく説明している。私がこれから論じるように、もしここで描かれた素描が正しければ、それらの特徴はまさに我々が目にすると予期されるものである。

囚人のジレンマの議論を思い出してほしい。他者が協力してくれるだろうという何らかの確証をあなたが得ている限りにおいて、他者との協力は真の利益をもたらしうる。つまり、他者を信用するには何らかの理由が必要だ。行動生態学者のウィリアム・アイアンズ（2001）はこう主張している。深い宗教的信仰に裏づけられた宗教的儀式はまさにそのような理由を与える。鍵となるのは、アイアンズによれば、合図（signaling）だ。いつも宗教的儀式に従事する人は、大きな犠牲を繰り返し払うことで、信仰に対する彼女の傾倒ぶりを他者に合図している。わざわざ重い衣装を着たり、祈りを捧げたり、特定の種類の食事しかとらなかったりしている人は、ある種類の忠実さを集団へと示すことで、この人は信頼できるという保証を他者に与えるのだ。人類学者のリチャード・ソーシスはこの説をこのように要約した。「集団の構成員の間での信頼と献身の度合いの上昇の結果として、宗教的集団は、共同の事業に損害を与える典型的なフリーライダーの問題を克服するのに通常必要とされる、コストのかかる監視の仕組みを最小化した」（2005：168）。言い換えれば、構成員は（貴重な）時間を、彼らの中の誰が信用できるか思い悩むのに割くことが減った。この仮説は多くの検証可能な予測をもたらす。一つだけ挙げると、よりコストのかかる強制を宗教的集団が構成員の振舞いに課せば課すほど、集団はそれだけ緊密になるはずというものだ。そして緊密さの証拠の一つはその集団の存続期間だろう。ソーシス（2005）は様々な一九世紀アメリカの共同社会を、構成員に課した要求とそれらの共同社会がどれだけ存続したかについて比較した。実に、ソーシスは、より大きな要求を構成員に課す共同社会ほどより長続きしたことを発見したのである。

我々はこれらの結果が（有効なものであるとして）道徳性の進化の問題にどのように影響するか断言できない。関係ないということになるかもしれない。しかし、もしそれらがつながっていたら、人々がいつも宗教と道徳との間に描く強いつながりを説明するのに役立つかもしれない。こうした人々が問うことには、どうやって、二つのうち片方なしにもう一方を持つことができるだろうか。ドナルド・ワールというワシントンD・C司教区のローマ・カトリック大司教が説教において述べているように、「倫理的思考はその宗教的な先祖から分離できない」[7]。おそらく宗教的集団とのつながりを感じる傾向性は、行為を正しいとか間違っているとみなす傾向性と部分的に同じなのだ。おそらく一方がもう一方の原因となっている。いずれにせよ、我々に言えるのはこの領域はほぼ全体が手つかずのまま残されているということだ。話題を私のもう一つのまとめの論点に移したい。

3　道徳判断の本質を説明する

第1節で我々は、道徳的思考について説明が必要な六つの特徴を挙げた。第一に我々が指摘したのは、道徳的思考は禁止の理解を必要とするということだ。妊娠中絶は間違っていると判断を下すことは、単に中絶をしたくないという欲求を表明するだけではない（仮にそういうつもりがあるとしたらだが）。それは中絶は禁じられていて、中絶をすべきでないと主張するということだ。この区別は実践的な差異を生む。というのは、ある行為を禁じられているとか間違っているとみなすことは、議論に終止符を打つことだからだ。それは「会話を打ち切る言葉」である。もし私がその行為は間違っていると信じるならば、それで終わりである。それをしてはならない。道徳的思考は私の他の様式の実践的熟慮に優越するものである。このことを我々の欲求と対比することには価値がある。

我々はたとえ猛烈に嫌っていること（たとえば、歯医者に行くことや風呂・トイレ掃除をすること）でも、やりたくないことを自らにさせることがとても得意である。しかし我々自身が反道徳的だと考えることを自らにさせるのは話が別だ。賭けてもよいが、私がどれだけ説得しても、あなたに隣人の車を盗ませたり近所に住む老夫婦を殴り倒したりさせることは、たとえあなたが捕まらないと私が保証したとしても、できない。もっとも、我々にはそんな〔反道徳的な〕ことができないというわけではない。悲しいかな、我々はそういうことができるのだ。重要な点はこうである。すなわち、したくないと（強く）望むことをするのと、（深刻に）反道徳的だと思うことをするのとには大きな差異があるようなのだ。ほとんどの人は、したくないと強く望むことをするよりも、深刻に間違っていると思うことをする方が相当な精神的な労力を要するということに頷くだろう。それは部分的には、我々が反道徳的な行動をとった後に自分自身と向き合って生きていくことがもつ心理的「コスト」に関係している。

ところでこの差異は、進化論的説明によると、決定的な生物学的結果をもたらす。というのは、我々のような生物における生殖上の成功が、我々が社会的なつながりを築き維持することに決定的に依存していると仮定するなら、我々が禁じられているとみなすことをすることへの根深い躊躇は、我々が確かに目にすると予期されるはずのものだからだ。生物が、道徳的な問題が現れたときに実践的熟慮よりも優越的に作動する心理的メカニズムをともなって設計されれば、個体が将来の協力的なやりとりを脅かすような仕方では行動しないだろうことが保証される。ジョイスが上で指摘したように、特定の行動をとりたくないとただ望むだけではあまりにも大きな思料の余地を認めてしまうことになる。つまるところ、（農家Aの場合のように）いったんすでに最初の取り決めによって利益を得てしまったら、約束を守ることはそこまで望ましく思えるものではないのだ。

このことはまた、禁じられた行ないがたとえ誰かがそれをすることを望んだとしても変わらず禁じられているという感覚をも説明する。我々は先ほど、あなたが妊娠中絶は間違っているから誰もすべきでないと判断するとしたら、この判断はたとえ中絶を積極的に望んでいる人に向けられたとしても依然として確固たるものだと指摘した。このことは、道徳判断の正しさは人々の欲求、関心、気分などには依存しないということを示唆していると思われる。行為の不正さは明らかに何か他のもの、より超越的なものを根拠としている。このことは、道徳的不正の認識はそれ以上の熟慮を中止させるという上記の主張に完全に合致する。それは我々の意思決定に優越するのだ。道徳判断がそのような仕方で実際に当人の欲求に左右されるような人は、彼の欲求が彼自身を打ち負かしたときにはいつでも反社会的な仕方で振舞うことによって彼の評判を損なう深刻な危険を有しているだろう。一般的に、ただ単に彼らの欲求が変わったからという理由でたやすく約束を反故にしたり隣人から物を盗んだり敵を殺したりできる人々は、協力関係を築き保持することがかなり困難であろう。[8]（囚人のジレンマ形式のゲームにおいてどんな種類の人を信用するか、自分でテストしてみてほしい。）

こうした観察に含まれているのは、道徳判断が我々の論じてきた道徳のもう一つの特色であるところの動機づけに密接につながっているという前提である。繰り返しになるが、もし我々が（我々のような生物にとっての）進化上の成功はまさしく社会的な取り決めの保持にかかっていると仮定するならば、道徳的思考が生物学的に重大な役割を演じるには、それは我々をつき動かさなければならない——たとえ「内部の抵抗」があったとしても。道徳的思考は無為であってはならない。それは空が青いだとかオッグは食べ方が汚いだとかいった思考と似ておらず、レッドベリーはうまいという思考にさえ似ていない。道徳的思考はかなり信頼のおける仕方で「意志を拘束する」べきものなのだ。そしてこれこそが我々が現実に見るものである。たとえば、中絶は殺人だと心から信じている人がいるなら、あなたはその日のあとに彼女が（任意の）中絶を受けるのを見ることはないと十分に確信できるだろう。道徳的思考が他にどのような特徴をもつにせよ、それは〔何よりもまず〕実践的だ。それは我々をつき動かす。そしてそれは我々を報復に向かわせもする。我々は前節で道徳的思考が功罪の観念を含意していると指摘した。次の章はこの観念がどのように罰、評判、そして罪悪感に関係するのか調べるのに当てられる。行動経済学と心理学から出てきたいくつかのより興味深い研究は、罰と評判の戦略的重要性に光を当てている。実際のところ、私自身の考え方は、部分的にはこれらの知見への応答の中で発展してきたと言える。

4 本章のまとめ

本章における私の狙いは、第一に道徳判断の重要な特徴を、第二にそれらの特徴の進化論的説明を述べることだった。道徳判断を下すことは、何よりもまず、禁止への言及を含んでいる。そしてこれらの禁止は単なる法的もしくは文化的な規範を超越するように見える。さらには、これらの規範に関する我々の認識には、それらに合致して行動するよう動機づけられることが含まれている。進化論はこれらの（そしてその他の）特徴を、社会的な相互交流の中で協力することの利点を強調することで説明できるとする。しかし、協力することの価値は、その説明によれば、単に我々のような生物が協力を欲するだけでは確保されない。そのかわりに、道徳判断の仕組みが、それに付随するすべての特徴を伴って、我々に道を外れさせない強力な仕組みとして進化したのだ。この説明は罰の構造についての分析によってさらなる支持を受けている。次の章では、我々は道徳的思考と生物学的進化の中で罰がどのように生じてきたかに目を向ける。

文献案内

Frank, Robert (1988) *Passions within Reason : The Strategic Role of the Emotions* (Norton).

Joyce, Richard (2006) *The Evolution of Morality* (MIT Press).

Ruse, Michael (1995) Evolutionary Ethics : A Phoenix Arisen. In P. Thomson (ed.), *Issues in Evolutionary Ethics* (SUNY Press).

Wilson, E. O. (1978) *On Human Nature* (Harvard University Press).（エドワード・O・ウィルソン『人間の本性について』岸由二訳、ちくま学芸文庫、一九九七年）

Wright, Robert (1995) *The Moral Animal : Why We Are the Way We Are. The New Science of Evolutionary Psychology* (Vintage).

第4章　公正な報い

ただ一つの望み、一つの情念が残るのみ
命の熱りをなお彼の血潮に保つもの、
それは復讐なり！

——トマス・ムーア『詩集』

前章で注目したように、道徳的思考の明確な特徴の一つは、道徳と処罰との関係である。誰かが誤って行動したと判断することは、彼は処罰に値すると判断することを含意している。道徳的思考の発達のいかなる説明もこの特徴を解明しなければならない。この章では処罰の問題を、他の関連事項である評判、道徳的感情とともに取り上げる。この章は、次章とともに、経済学と心理学における一連の実証的研究を参考にする。研究者が注目している問いの中には、次のものがある。いつ人は罰するのか。なぜ彼らは罰するのか。いかに処罰は個人または集団を益することになるのか。そして、いかに罰は人の評判と罪悪感に関係しているのか。

前章で概説された道徳性の進化論的説明は、この現象の大づかみな説明を与えている。第一に、もし個々人が禁止事項を犯すのは可罰的な犯罪だと考えるなら、これによって自分も他人も規律に従うようになるだろう。もし、私が禁じられている方法で行動した場合には、私のコミュニティが私にとって価値あるものを私から奪うだろうと私が知っていたら、正しいことをしようとする私の気持ちは強くなる。それはコミュニティの他のメンバーにとっても同様である。このようにして、一つの共通の枠組み——あるいは天秤（balance）と言ってもよいだろう——が確立される。処罰の脅威は裏切りへの誘惑に対する防波堤として働くのだ。

ところで、このことは純粋な囚人のジレンマゲームにおけるある限界をあらわにする。つまり、一回きりのバージョンでは、裏切りはあなたに大きな報酬をもたらすか、すべての人にごくわずかな報酬をもたらすかになる。しかし現実の人生における社会でのやりとりは、仮にもそれらが囚人のジレンマに似ているとすれば、何度も繰り返されるゲームに似ている。このことが結果をいかに変えるかを見るために、あなた自身を次のような状況に置いてみるとよい。

あなたと私は、囚人のジレンマゲームを一年にわたって行なう個々人からなる集団の中にあって、そこでは支払いは現金で行なわれると想像してほしい。（そして、賭けているものを死活的なものとするために、これがあなたの唯一の収入源であると想像してみてほしい。）誰が誰と、あるいは何回ゲームが行なわれるかの制限はないと想定しよう。ただし、我々は、ゲームが始まる前の一週間のあいだは参加者同士で交流することができるとする。あなたなら〔その間に〕何を探し求めるだろうか。どのような種類の人ならば魅力的な相方として、あなたの目に映るだろうか。どのような人ならば、あなたは避けるだろうか。あなたは明確な取り決めをしようとするだろうか。あなたと私が我々の第一ラウンドを一緒にプレイすると決めたと想像してほしい。我々は共に協力を約束する。しかしゲームが始まると、私は約束を破る。つまり、あなたは協力するけれど、私は裏切る。私は結構な額の小銭を受け取り、あなたは何も受け取らない。あなたはどのように感じるだろうか。あなたの最初の反応はどのようなものだろうか。あなたは手始めに辛辣な言葉を私に投げかけるかもしれない。だが、あなたは次のラウンドをどのようにプレイするだろうか。一つの選択肢は私と再びプレイすることだろう。しかしなぜそうするのだろうか。おそらく、あなたはそれを悪意からするのだろう。つまり、私に同じ手口で報復することを求めているのだろう。そして、あなたは私が愚かでないことを知っているから、あなたが裏切るだろうと私が予測することを、あなたは知っている。そこで、私が裏切ることをあなたは前もって予期することができるだろう。これは敗者の取引のように見えてくる。無駄なお金を注ぎ込むかわりに、私が約束を破った後に〔あなたが〕すべき最も賢明なことは、私を見捨て、私のことは忘れて、誰か新しい人を見つけることだ。しかしそこで止める理由はない。お金はほとんどかからないのだから、あなたはためらわずに、私が信頼に値しないと――聞いてくれる人になら誰にでも――指摘すべきだ。あなたはあざけりながら「彼は私を裏切った」と言うだろう。この情報が行き渡るのに長くはかからないだろう。これは無駄なゴシップのように聞こえるかもしれないが、しかし忘れてはならない。ほとんど情報が出回っていない状況であれば、参加者がいかに行動するかを決めるにあたって、そのゴシップを使う理由は十二分にある。人の言うことが大切なのは、それが人のすることに影響するからだ[1]。社会集団において処罰が果たす役割の重要性については、いくら強調してもしすぎることはない。罰したいという衝動を引き起こすにはそれほど多くを要しない。次の実験はいつ人が罰するかということと、罰することがもついくつかの驚くべき利点を明らかにするものである。

1 最後通牒ゲーム

最近の心理学研究は、報復的衝動がいかに大きな影響力をもつかを明らかにしている。今あなたが、心理学者が最後通牒ゲーム（Ultimatum Game）と呼ぶものに参加することに招待されていると想像してみてほしい。あなたには一ドル紙幣二〇枚が与えられる。あなたは別室にいる見知らぬ人と、それら二〇ドルをあなたの好きなように分けてよいと告げられる。あなたはその人とは今後決して会うことがないが、ただしその人は、あなたが分けねばならない総額は知っている。あなたは自分の好きなように、たとえば一ドル、五ドル、七ドル、一三ドルというように、彼に申し出ることができる。しかしいったんあなたが申し出れば、その見知らぬ人は、その申し出を受けるか、その申し出を断るかという選択肢を持っている。もし彼が申し出を断れば、誰もお金を全く得られない。〔その場合〕ゲームは終わりあなたは〔手ぶらで〕家に帰るだけとなる。さて、あなたはどんな申し出をするであろうか。読み続ける前に少し考えてみてほしい。

　賭けてもよいが（また、データによっても示されているが）、あなたは次のようにするだろう。もしあなたが、別の部屋にいる見知らぬ人が純粋に合理的である――つまり、何よりも彼自身の経済上の利得を求める――と信じるなら、あなたは一ドルだけを申し出るだろう。なぜか。なぜなら、純粋に合理的な行為者――自分の利益を最大化したいという欲求のみに動機づけられる者――は、もし自分が申し出を断れば何も得られなくなるため、何もないよりは一ドルを選好するであろうからだ。しかし、賭けてもよいが、これはあなたがするであろう申し出ではない。もしあなたがほとんどの人と同じであれば、あなたの申し出は約七ドルになるだろう。しかし、これはあなたにとって非合理的ではないだろうか。なぜあなたは全くの見知らぬ人に対して、自分の取り分になりうる金を与えようとしているのか。答えは単純である。それはあなたが次のことを（正しくも）信じているためである。すなわち、他の人は即座に得られる経済的利得以上のものによって動機づけられていること、つまり、人々は公平感によっても動機づけられていることである。そして、この公平感は人々が他人を罰するように駆り立てることができる。たとえ、それによって個人的な出費が伴ったとしてもである。あなたが多分三ドルの申し出をしないことの理由は、見知らぬ人がこの申し出を断ることをあなたが予見するからである。彼は、お金を受け取って不公平に扱われるより、むしろ否認や義憤を示すために三ドルを諦めるであろうことを、あなたは暗黙の裡に知っている。研究につぐ研究によって、まさにこのことが示されている。人々は七ドル以下の申し出だとほとんど断る。この公平感は非常に強いため、人々は他の見知らぬ人を不公平に扱う人を罰するためにさえ進んでお金を出すのである。

最後通牒ゲームの別バージョンでは、第三者である「観察者」に五〇ドルが与えられる。観察者は見知らぬ二人の間で行なわれるゲームを観察することになると伝えられる。このゲームにおいて、一人のプレイヤーである「配分者」は、彼ともう一人のプレイヤーである「受給者」の間で好きなように分けることのできる一〇〇ドルを所有する。しかしながら、最後通牒ゲームの場合とは異なり、受給者は配分者の申し出を受けるしかない（経済学者は言わずもがなの理由からこれを独裁者ゲームと呼んでいる）。だから、もし配分者が受給者に一ドルを与えるなら、それが受給者が受け取るものである。ただし、次のような新趣向がある。観察者はお金が受給者に配分される前に介入する選択肢を持っている。もし観察者がそうしたければ、配分者の持ち帰る額を減じるために、観察者自身の金をいくらか手放すことができる。すなわち、観察者が手放す一ドルごとに、配分者は三ドルを手放さなければならない。要するに、観察者は配分者に罰金を科す選択肢を有する。ただし、その罰金は観察者自身の懐から支払われることになる。

このゲームの結果は驚くべきものである。つまり、観察者が手放した額（すなわち罰金）は不正義の大きさに直接的に比例していたのだ。換言すれば、分け前が不平等であればあるほど、配分者に課される罰金が高くなった。実際、観察者は五〇ドル未満ならいかなる申し出であれ、お金を手放した。人々は常に自分の最大の利益を追い求めるという想定に照らして考えると、これらの結果は注目に値する。つまり、ある全く見知らぬ人を不公平に取り扱った別の全く見知らぬ人を罰するために、自分の金を手放す人がいるのだ。観察者が五〇ドルを持って立ち去るためにしなければならないことは、二人の見知らぬ人が取引している間、何もしないで座っていることだけである。それなのに、人々は何もしないで座っていることができないのだ。

2　公共財ゲーム

行動経済学者たちも、「公共財」実験と言われるものからこれとよく似た結果を導き出した。たとえば、アーネスト・フェールとサイモン・ガクター（2002）は最近、処罰を考慮にいれた一連の「公共財」実験を行なった。その実験がどのようなものかを以下に示そう。四人のグループの各メンバーが、貨幣二〇単位（ここでは、ドルということにしよう）を受け取り、好きなだけグループプロジェクトに「投資」する機会を与えられる。学生は投資しなかった分のお金を所有することが許される。しかし、特筆すべきことだが、学生には投資額の四〇パーセントの収益が保証されている。したがって、もしすべての学生が一〇ドルずつ投資すれば、彼らは、グループとしては、彼らの投資した四〇ドルに加えて一六ドルを得て、合計五六ドルを得るであろう。そして、グループの稼ぎは常にメンバーの間で（投資額に関係なく）均等に分割されるから、各人は二四ドルを手に入れるであろう。というのは、各人の一〇ドルの投資と四ドルの稼ぎとが、投資しなかった一〇ドルに加算されるからである。もしすべての学生がすべての額を投資したなら、各メンバーは二八ドルを手に入れるであろう。

しかしながら、次の重要なルールがある。つまり、投資は匿名で行なわれる。だから、私はあなたが（投資しているとすれば）どれくらい投資しているかを知らず、またあなたは私が（投資しているとすれば）どれくらい投資しているかを知らない。もし私が五ドルを投資して、しかし他の者は二〇ドルずつ投資するなら、私は二二・七五ドルを手に入れる。これは私の投資に対して三五五パーセントの収益である！　そこで、各人には仲間たちよりも少なく投資する動機がある（実際、私が他の人よりもかなり多くを投資すると、私はお金を失う可能性がある）。もちろん、誰も自分のお金を投資しないなら、自分の稼ぎを増やす機会はない。

さて、フェールとガクター（2002）は二組の実験を行なった。一組目の実験では、被験者はまさに上で述べられたようなゲームを六ラウンド行ない、そこではラウンドごとにグループの編成が変えられた。したがって、同じ人と二度一緒に組むことはなかった。二組目では、被験者が或る追加の選択権を持つことを除いては、上記のゲームと同じである。すなわち、各ラウンドの後に、他の特定のメンバーを罰する（ただし、罰する人は匿名である）という選択権である。そして処罰は次のようになされる。あなたがプレイヤーAを罰することに決めたとする――なぜなら、たとえば、A以外の人が一〇ドル投資したのに、Aは一ドルしか投資しなかったとわかったから――と、あなたはAに点数を割り当てる。Aに割り当てられたすべての点数ごとに、三ドルがAの稼ぎから差し引かれる。それと同時に一ドルがあなたの稼ぎから差し引かれる。経済学者はこの手の罰を利他的処罰と呼ぶ。なぜなら、このケースにおける処罰はあなたの稼ぎを減じるだけでなく、あなたはAと再び一緒になることはないため、Aからは何も取り戻すことができないことも意味しているからである。では、実験者はどのような結果を観察したのだろうか。

ずばり言えば、処罰には効果がある――少なくともこの状況においては。処罰を実施しない組の最終ラウンドでは、被験者の四分の三は五ドル以下を投資した。処罰を実施する組の最終ラウンドでは四分の三を超える被験者が一五ドル以上を投資した。さらに、処罰および処罰の脅威は或る傾向を促進した。つまり、ラウンドごとに投資額が増えたのである。処罰を実施しない組では、投資額はラウンドごとに減少した。

明らかに、処罰の脅威はこけおどしではなかった。一〇人中八人を超える被験者が一回以上処罰を行使した。また、三五パーセントの被験者が、少なくともゲームの六ラウンドのうち五回罰した。罰のパターンはまた、最後通牒ゲームでの知見に類似したパターンに従っていた。フェールとガクターは、あるプレイヤーの投資額が他のメンバーの平均投資額よりも少なくなればなるほど、その人はより多く罰せられることを発見した。だから、たとえば、あるプレイヤーの投資額が、他のメンバーたちの平均投資額よりも八ドルから一四ドル下回ったときには、これらのメンバーはその人を罰するために平均四ドルを払った。そのプレイヤーの投資額が平均額より一四ドルから二〇ドル下回ったときは、これらのメンバーはそのプレイヤーを罰するために平均九ドルを支払った。

フェールとガクターはまた、罰するという決定は被験者の感情によっても、少なくともいくらかは影響を受けると仮定した。処罰は計算に基づくというよりも軽蔑に起因するのではないかと彼らは考えたのである。被験者は、他の二名のメンバーとともに約一六ドルを投資するが、四番目の被験者は二ドルしか投資しないという状況を想像することを求められた。彼らは、このようなフリーライダーがいたらどのように感じるだろうか。被験者の半分は七段階のうち強さ六か七の怒りを感じると報告した。また、被験者の約四〇パーセントが強さ五の怒りを報告した。そして、驚くことではないが、怒りの強さは他の人の平均投資額からの逸脱と直接の相関があった。すなわち、個人の投資額が平均投資額を下回れば下回るほど、その人に対してより強い怒りが向けられたのだ。

同等に重要なのは怒りの予想であった。被験者たちは自分がフリーライダーである場合を想像するように求められた。もし彼らが偶然にも他のメンバーに出会ったら、他のメンバーはどのように感じるであろうか。被験者の四分の三は、他のメンバーは強さ六か七の怒りを感じるであろうと予想し、五分の一の被験者は強さ五の怒りを予想した。これらの予想は現実を上回っていることがわかった。人々が報告した怒りの強さのレベルは、人々が予想したほどのレベルではなかったのだ。このことは重要である。なぜなら、このことは他人の怒りについて、より過大評価する形で我々が誤ることを示唆しているからだ。つまり、我々は、他人が我々の行動をどのように受け止めるかについて敏感に意識しているのである。(2)

3　勝者は罰しない

しかしながら、処罰についての実験結果は、私の今までの議論によって示唆されるよりも複雑である。たとえば、最先端の研究をしている経済学者と生物学者の或るグループは、彼らの論文のタイトルが示すように、「勝者は罰しない」ことを示した（Dreber et al. 2008）。囚人のジレンマの修正バージョンでは、被験者には二つではなく三つの選択肢が与えられた。すなわち、協力する、裏切る、または罰する、である。裏切りは（いわば）他者の一ドルの犠牲の下に自分が一ドルを得ることを意味したが、処罰は他者に四ドル失わせるために、自ら一ドルを支払うことを意味した。被験者は同じ人と繰り返しのゲームをしたが、いつまでゲームが続くかは知らなかった。ドレバーらが発見したのは、「最も高い報酬を稼いだ上位五人のプレイヤーは、コストのかかる処罰を決して行なわなかった」（2008：349）ということである。勝者は前章で論じた人物のように、「しっぺ返し」戦術をとる傾向にあることがわかった[i]。つまり、彼らの裏切りに対する応答は裏切りであった。他方、敗者は裏切りに対してコストのかかる処罰で応答した。正確を期するために言えば、勝者も敗者も共に裏切りに対しては否認を表明した。ただ、勝利をもたらす戦略は、コストのかかる処罰ではなく、穏当な処罰（つまり、裏切り）だったのである。

これらの結果はフェールとガクターの結果と矛盾しているだろうか。そうとは限らない。ドレバーらは、協力する者たちは処罰が選択肢の一つである状況の方が、処罰が選択肢にない状況の場合よりも成功しやすいことを発見した。しかし、処罰の選択肢を採用することは、ほぼ常によくない考えである。そこで、ここにはある種の逆説がある。（こうした人為的な状況における）あなたの最善の望みは、処罰がときおり下される環境において、協力してプレイすることであろう。しかしそのためには、明らかに、罰する者が必要である。そして、罰する者はひどく損をする。実際のところ、処罰の選択肢がある場合の方が協力は増えるが、協力者に追加された利益は罰する者に追加された損失と相殺される。その結果、全参加者の報酬の総額は、処罰が選択肢にあっても無くても、ほとんど同じであった。これらの結果は、我々の道徳に関するより一般的な関心と、どのように関係しているだろうか。

注意すべき重要なことは、ここで検討中の主要な考えは、ある個人が道徳規範を犯したという判断は、彼が罰せられるべきだという判断を含む、というものではないということだ。主要な考えは、ある個人が道徳規範を犯したという判断は、彼が罰せられるに値するという判断を含むというものだ。この違いはわずかだと思えるかもしれないが、そうではない。なぜなら、自然選択が我々がもつような道徳感覚を支持することが真実だとしても、我々は人が反射的に他人を罰することを観察することはないはずだからだ。というのは、ドレバーらが示したと考えられるように、この戦略は失敗するからである。そのかわりに、我々はより少ないもの、より控えめなものを観察するはずである。そして、それが我々が実際に見るものなのだ。人々は素早く不正を見抜く。しかし彼らは盲目的に報復するのではない。高速道路で誰かの車が我々の前に割り込んだ場合、我々は報復として、自動的にスピードを上げて同じことをするのではない。我々は、その愚か者は割り込みされるに値すると考えることは躊躇しないが、我々が実際にそうすることは躊躇する。我々の否認は異なる仕方で（たとえば、ここでは書くことのできないひどい言葉を発したり、乱暴な手振りをしたりすることによって）処理される。多くの事例において、報復は感情や情動的な判断によって置き換えられているように思われる。一貫していると思われるのは、悪人を避ける傾向である。もし、我々が実にひどく不当な仕方で扱われたならば、報復の必要によって我々は駆り立てられることもある（たとえば、ハムレットを見よ）。しかし、その不正が決定的なものでないならば、我々は単に「その人を駄目なやつだと思って切り捨てる」。あるいは、ドレバーらが見いだしたように、我々は裏切りに対し、コストの多くかかる処罰ではなく、自らが裏切ることによって応答する。

しかしながら、処罰に関するこれらの研究のすべては、なぜ罰するのかという、より深遠な質問には答えていない。我々が他人を罰するとき、何が我々を突き動かしているのか。悪事を働く人に償わせることを、我々はいかにして（たとえば、自分自身に対して）正当化するのか。これらの疑問は、我々の道徳感覚における処罰の役割をより真剣に考えるように我々を促し、また我々の道徳感覚はやはり適応であったという考えを支持する一つの独立した論拠を提供するかもしれない。処罰の心理学は研究の非常に新しい領域であるが、いくつかの知見は示唆的である。

心理学者のケビン・カールスミス、ジョン・ダーレイ、ポール・ロビンソン（2002）は、次の実験によって、我々の「処罰に関する素朴な心理」の本質を摑もうとした。そのテストは処罰の決定にあたって、道徳規範の侵犯がもつどの特徴が、我々に最も影響を与えるかを見るものであった。もっと正確に言えば、このテストは処罰についての二つの競合する哲学理論のうちのいずれを人々が一般に支持しているのかを明らかにするようにデザインされていた。一つの処罰の哲学は、抑止モデルであって、「前方視的（forward-looking）」である。すなわち、我々は今後生じるよい結果のために罰する。それはこの犯罪者のみならず、潜在的な犯罪者が将来似たような違法行為をすることを抑止するものである。もう一つの処罰の哲学は応報または公正な報いモデルであって、「後方視的（backward-looking）」である。すなわち、不正が犯されたがゆえに、また悪事を働いた者は罰せられるに値するがゆえに、我々は罰する。罰は罪と釣り合っている。なぜなら、狙いは「不正を正す」ことだからである。興味深いことに、被験者がこれら二つの処罰のモデルを与えられたときに、被験者は概して「両方に肯定的な態度」を持ち、「他方を犠牲にして一方を好む傾向をそれほど示さなかった」（Carlsmith et al. 2002 : 294）。しかしながら、被験者が、特定の悪事の行為への応答として、実際に処罰（全然厳しくないものから非常に厳しいものまで、あるいは無罪から終身刑まで）を与える機会が与えられると、被験者は「主として公正な報いという動機から」行動した（2002 : 289）。つまり、被験者はほぼ排他的に公正な報いモデルによって特徴づけられる点（たとえば、罪の深刻さと情状酌量の欠如）に反応しており、抑止モデルによって特徴づけられる点（たとえば、〔犯罪の〕発覚の可能性と〔事件の〕知名度）を無視しているように見えた。結論は次の通りである。人々は異なる処罰の正当化に対して一般的な支持を表明するかもしれないが、特定の事例を扱うときには、ほとんど常に「処罰に値する罪を犯したかどうかに限定した立場」によって突き動かされている（2002：295）。

カールスミスらの研究結果は、前章で略述した道徳判断の哲学的理解と整合性がある。その理解によれば、道徳判断を行なう過程の一部には、道徳規範を侵犯した人は罰せられるに値するという判断が含まれる。目下の研究が示しているのは、道徳的憤慨によって罰したいという欲求が駆り立てられるということである。我々は、抑止となるから罰するのではない。我々は、罰せられる者がそれに値するから罰するのである。

しかしながら、処罰の無条件的な性格（すなわち、処罰に値するかどうかは処罰の結果に依存しない）は、処罰と道徳性の進化について何か深いものを示唆している。すなわち、もし人々が理性的説得によっては罰したいという欲求から抜け出せないなら、悪事を働いて捕まると、ほぼ確実に罰せられることになる（穏やかな処罰であれ、犠牲の大きい処罰であれ）。もしあなたが社会的または道徳的な規範を犯して捕まった場合、あなたの隣人が、あなたを罰することの無益さについての議論に耳を貸すなどと期待してはならない。あなたが処罰に値すると思う感覚は、ほとんど自動的である。結局のところ、フェールとガクター（2002）が見出したように、罰したいという欲求は、主として怒りが生んだものであって、理性によるものではない。そして怒りは自然に湧くものである。私の考えでは、これが意味することは、この種の社会的環境においては、個人には不正行為をした場合に捕まることを避けたいという相当な心理的圧力があるだろうということだ。そして、人はいかにしてそれを行なうか。何よりもまず、不正行為をするのを避けることである！　これが実質的には、フェールとガクターの研究における被験者たちが最終的に選んだ戦略である。処罰が選択肢の一つにあった場合、被験者は「真面目になり」始めた。彼らは自分の持ち金を少しだけ投資して他人が多く投資することを望むかわりに、グループに信頼を置くようになった。彼らは、それ以外の他のほぼどんな仕方で行為しても、懲罰的な報復が確実にもたらされるということを学んだ。（ドレバーらが示したように）懲罰的報復はコストがかかることは事実だが、(3) しかし、報復は協力的な取り決めを強めて確かなものにすることもできる。次の節でこの処罰の議論を罪の経験と関連づけたい。

4 罪（の意識）の利点

一年間続く囚人のジレンマゲームの例に戻ろう。前述の処罰の議論によって、私にとって他人の言動に気を配ることがいかに重要であるかということ（そして、私が実際に気を配っているとあなたは賭けてもよい。つまるところ、私はこのゲームを一年間するのだから）が、完全に明確になったはずである――もしこれまでまだ明確になっていなかったとすれば。〔私があなたを裏切った場合、〕他の人々は非難の声にすぐに気づくであろう。あなたと協力するという約束を破ったという理由で、私が大声で非難されたときには、〔私は〕被害最小化を図るのが賢明である。私はあなたが嘘をついていると責めるかもしれない。私は自分の裏切りは偶然だったと主張するかもしれない（「え、選択肢Dは裏切り（defection）を指していたんですか!?」）。多分最も効果的な対応は悔恨であろう。すなわち、私は愚かでした、間違っていました、申し訳ありません。そして最も重要なのは、もう、二度と、同じことは、起こしません、と言うことだ。

よりよいのは、もし悔恨か罪の意識を本当に感じることができるのであれば、それは私が口で言いうるあらゆることよりも私のイメージの回復につながるであろう。ソクラテスが言ったとされるように、「よい評判を得るための方法は、そう見られたいと思う存在に実際になるように努力することだ」[ii]。本当に罪の意識を感じることは、何よりもまず、私は本当に自らの処罰を経験しているということ、すなわち私の良心による処罰を経験しているということを、他者に知らせる。そして、これがあなたとコミュニティがまさに求めていることなのだ。つまるところ、もし私があなたへの約束を破ったなら、報復があなたの心に浮かぶ中心的な事柄の一つになるであろう。一つの理由は、処罰があなたにどのようなことをしてくれるかに関係している。報復は、不正を働いたことに対してその人に仕返ししたいという衝動である。我々の事例では、私と再びプレイすることを拒むこと、私の裏切りを他人に告げること、私を叩きのめすことを含むかもしれない。しかし、罰することの衝動はあなた自身の利益を守る。このことはあなたの心に浮かばないかもしれないが、処罰は不正行為者をグループから追放し（「何をしてもよいが、彼とだけはプレイするな」）、私によって再び裏切られる可能性を排除するか、あるいは、自分の行為を悪かったと思うように私を促すかのいずれかの目的に役立つ。最後の場合には、裏切りと精神的な害悪の間に一つの結びつきが生み出される。

このことは、あなたにとっていくつかの点でよいと言える。短期的には、私の強い悔恨の気持ちは、私に改心するように、また危害を償うように促すかもしれない。このことで、あなたは直接に利益を受けることができる。長期的には、非難されたという私の気持ちは、将来の約束違反について、ある種の内的なチェックとして機能する。この場合、あなたは直接的には、たとえば将来のゲームであなたとプレイするときに、また間接的には、グループにおける全体的な信頼レベルが損なわれないことによって、利益を受けうる。いずれの仕方でも、処罰は得になりうるのだ。

とはいえ、一般的な教訓はもう一度述べておく価値がある。処罰の仕組みとそれに対応する罪の意識を通じて、欺く人から効果的にグループを遠ざけることができ、そしてこのことがすべての人に恩恵をもたらす[4]。ゴシップは、誰と親しくして、誰を用心しなければならないかということを我々に知らせるのに役立つ。(このことはテレビのリアリティ番組の奇妙な魅力を説明するかもしれない。我々は陰口や裏切りや企みをいくら知っても知りすぎることはできない。我々がゴシップを「ジューシー(juicy)」と表現するもっともな理由がある。社会的な心に対してゴシップがもつ関係は、味蕾が脂っこい食べ物に対してもつ関係のようなものだからだ。)

これらすべては、罪の意識は他者の利益のためだけに役立つことを意味するのだろうか。そうではない。私の罪の感覚は、私自身の利益にも役立つことができる。ほとんどの場合、それは私自身の評判に対して私がしでかしたダメージを回復させるようにと私を駆り立てる。私は参加者のグループに再び入れるよう行動し、自分が結局は信頼に足る人物であることを示し、そして、私の〔罪の〕感情はこれらの過程を援助できる。強い悔恨を感じない人でもグループに再加入する方法を計算できるかもしれない。しかし、人々は驚くほど欺瞞に気づくことに長けている。人々は通常、単に「ふりだけをする」人と強く悔恨している人の違いを区別できる。自分の行動は悪かったと感じていると他人に発信する一番よい方法は、自分の行動は悪かったと本当に感じることだ。あなたはこうしたことに少しでも気づいていると想定する必要はないことを思い起こしてほしい。報復が必要だというあなたの感情、激しい悔恨という私の感情、これらは全く自動的である。そしてそれらの行動がもつ帰結がうまくいけば、それでよいのだ。もし私が約束を破れば大変なことになると私が信じるためには、報復したいというあなたの欲求は計算されたものでなく、心からのものでなければならない。同じように、もし私があなたに、私をこれからは信頼できるということを本当に納得させたいと思うならば、強い悔恨の感情を持っているふりをするだけでは不十分である。

経済学者のロバート・フランク(1988)の示唆するところによれば、まさに次の理由から、罪のような感情を持っているふりをすることは難しい。すなわち、こうした感情は、強い悔恨が本物であるという合図を他人に送るためのものだからである。我々の感情の一部をコントロールする能力を犠牲にするコストは、他人が我々に託す信頼によって十分に補償されているのである。

この節で私が示そうと試みてきたものは、道徳性の進化論的説明は、なぜ道徳的思考が処罰および罪に結びついているかについて、もっともらしい説明を提供するということである。不正を働かれたとき、報復すると脅かさなかったり、処罰が正当化されると考えなかった者は、多かれ少なかれ他人につけ入られる隙を生み出しているのだ。家族のように保護的な社会構造がない場合、そのような個人は、彼らの仲間内にあって明らかに不利な立場にあったであろう。同様に、罪の意識を経験することができない人、そして、（ほとんどのケースでは実際に強い悔恨を経験することによって）強い悔恨を十分に人々に示すことができなかった人は、似たように不利な立場にあった。なぜなら、彼は潜在的なパートナーを次第に寄せつけなくなるであろうからだ。

上で述べた話は支持の広がりを見せている。この話のいろいろなバージョンが、ウェブサイトや一般向けの科学雑誌に掲載されている。オンライン雑誌の『進化心理学』は、定期的にこの話の異なった側面を掘り下げるような学問的記事の特集を掲載している。『ニューヨーク・タイムズ』でさえ、日曜版別冊の特集記事においてこの話を詳述している。しかし、その流行は時期尚早だろうか。我々が賛美しているのは、単なるよい話なのか、あるいは本当の話なのだろうか。この話が現れてから、幾人かの理論家がその話の正当性を問題にしている。次節以降において、私は今しがた提示された説明に対するいくつかの反論を論じてみたい。一つの反論は、一見すると魅力的だが、その話を転覆させるほどのものではない。その反論は次のようなものである。すなわち、道徳的思考がもし先述の話に従って特別なグループにおいてたまたま進化したとしても、その集団は最終的には突然変異の不道徳者または非道徳者によって占領される、というものだ。別の二つの反論はそれほど簡単には追い払うことができない。第一に、この話は協力や約束破り等に対する我々の道徳的態度を説明する役割を十分に果たすが、たとえば我々自身や胎児や末期患者に対する我々の道徳的態度についてはそう簡単には説明できない。これらの主題が、囚人のジレンマ型のゲームをモデルにした説明によって理解できるとは考えにくい。第二に、我々の注意を異なる諸文化における道徳的態度に向けると、大きな多様性が認められる。つまり、これは一見したところでは、進化論的説明から予測されるものではない。そこで、進化論的な話が説明できる範囲は限られていると考える者もいる。すなわち、それはいくつかの他者に関わる感情（たとえば利他心）を説明するかもしれないが、我々が明らかに道徳的思考だとみなすものは特定の地域における訓練の結果である。手短に言えば、進化は、生得的な道徳感覚ではなく、我々に強力な学習メカニズムを与えたのだ。これらの反論を順に考えてみよう。

5　ライオンに囲まれた子羊か？

道徳的思考は、道徳に何の関心もない人々の間でも存続しうるのかという疑いを表明する人もいる。道徳的良心をもつ個体はまたとない機会（すなわち、他の誰かを犠牲にして、見つかることなく自分の利益を促進する機会）を利用したがらず、また、彼は常に協力すると思われているだろうから、彼は、道徳的良心をもっていないが道徳的感情をもっているふりをできる個体ほどはうまくやっていけないだろう。たとえその優位がわずかであったとしても、多くの世代を経て、この手の〔非道徳的な〕個体が集団を支配するようになるのだ。さらに、非道徳的な個体の集団が道徳的な個体に圧倒される仕方を思いつくことは困難である。そこで反対論は、道徳的思考は、自然選択によって進化してきた——からではなく——にもかかわらず存在するのだ、と結論づける。

この反論は一見説得力があるように思われるが、その力の大部分は、我々の道徳感覚の複雑さを過小評価した結果である。第一に、すでに示されたように、自然選択は、我々のような生物において、我々が血縁者だとみなす個体に対する思いやりの気持ちを有利なものとしただろう。実際に誰を血縁者とみなすかという問題には不可避的に不確実性が伴っていたため、我々の祖先は自分たちの周りにいる個体に対して共感するという、限定的ではあるけれども一般的な傾向を発展させてきたのだろう。したがって、道徳性の進化が生じたと考えられる個体の集団は、反対論の想定とは異なり、冷酷で計算高い個人主義者たちの集団ではなかったのだ。

第二に、我々の初期の祖先の間の社会的な交流のいかなる現実的なモデルも、繰り返しのゲーム、すなわち、核となる人々は同じである集団と交流する多くの機会を想定しなければならない。上で私が示そうとしたように、一年にわたる囚人のジレンマ型のゲームの連続により、その参加者の評判は速やかに明らかとなる。そして、評判こそがすべてなのだ。だから、我々の初期の祖先に対する適応への圧力には、たとえば善意があって信頼できるという体面を維持することへの圧力が加わるだろう。ところで、善意があって信頼できると思われるために、何が最も手頃で当てになる手段なのだろうか。それは実際に善意に溢れ、信頼に値することである！　進化は利益がコストを上回るのなら、間に合わせの解決策を好むということを、決して忘れてはならない。実践的熟慮は柔軟であるがゆえに、場合によっては我々はある種類の長期的な利益となる振舞いから逸脱してしまう。そのため、自然選択はこのシステムを選択的に覆す手段、すなわち道徳的良心を必要とした。ゆえに、我々の遺伝子に書き込まれているのは、他者が受け入れることのできる仕方で行動せよという命令である。我々の観点からすると、これは絶対的な規則であり、例外はない。これは重要な結果を達成するためのかなり手頃な手段である。しかし自然の視点からすると、その規則は実際には、我々のような生物が長期にわたり交流する仕方によって偶然に決まるのである。

だが、社会的に適切な仕方で行動する一般的な傾向は、私を搾取しようとする人々をも引きつけることにならないだろうか。おそらく引きつける。しかし我々はいくつかのことを思い出さねばならない。まず、一般的に言って、私は誰と交流するかを選択する力を保持しており、私の信頼を悪用する人に対しては、報復することができる。第二に、自分自身を信頼に値すると示すことは、相互的な利益を求めている他の協力的な個人を引きつけることにも資するだろう。ゆえに、もし私が「同じ考え方の」個人を探し求め、それと同時に、報復する（たとえば、相手の裏切りの後は協力することを拒否する）傾向をも公にすれば、私は搾取される可能性を減らし、長期間の協力関係から利することができることになる。

ゲーム理論家たちはこのアプローチを体現する戦略を明らかにしている。彼らはそれを「しっぺ返し」と呼ぶ。囚人のジレンマゲームにおいて、しっぺ返し戦略は単純である。最初のラウンドでは協力し、将来のラウンドではあなたのパートナーが前のラウンドでしたことを真似するのだ。あなたと私がプレイすることに同意したとしよう。私は最初は協力する。もしあなたも協力するなら、次のラウンドでは私は再び協力する。あなたが私に対して誠実にプレイする限り、我々は相互協力の利益を得て、時間を経るにつれ持続的な相互に有益な取り決めを確立する。しかしあなたが裏切るやいなや、私も次のラウンドで裏切る。言い換えると、私の信頼が悪用されるやいなや、我々の関係は壊れる。私は「してもらったこと」をやり返すか、関係を放棄するかのいずれかである。確かに、あなたはその特定のラウンドでは利益を得るであろうが、その関係を失うコストはおそらくつかのまの利益を超える可能性が高いだろう。だから、道徳的良心をもった個人は、反対論が想定するように、ライオンに囲まれた子羊ではない。道徳的良心はペテン師を避けたり、さらには罰したりすることを妨げない（「復讐するは我にあり。我が報復しよう」と神は言っている）。それは来る人全部を受け入れることを意味しているのでもない。自分に害を与えようとする人に対して、自己犠牲をする道徳的義務は誰にもないのだ。

6　道徳全体の説明になっているか?

上で提示された進化論による説明は、なぜ人間が一部の行動を道徳的に間違っているとみなすように傾向づけられているのかを説明することに関して、かなりよい仕事をしている。その手の行動で即座に思いつくのは、理由なしに約束を破ること、理由なしに隣人を殺すこと、自己利益を促進するために嘘をつくことである。進化論的説明によると、これらの行動は、社会の調和や信頼を減退させる可能性をもつ。それらは相互協力に必要な種類の雰囲気を脅かす。それらは間違っており、それゆえ禁止されるべきだと考えることによって、個々人はそれらの行為を差し控えるように強く動機づけられる。結果として、誰もそれらを間違っていると思わない場合や、人々が単にそれらを魅力的ではないと思う場合よりも、各人は利益を得ることになる。

しかし、道徳的と呼ばれるに値するように思われるが一見したところ社会の調和の保持に関係していない態度や感情もある。たとえば、我々は我々自身に対して道徳的義務をもっているともっともらしく主張する人もいるかもしれない。たとえば、あなたには自分の才能を発展させ、健康に気を遣い、自分の将来に関心をもつなどの義務がある。正当な理由なしにこれらの義務を果たさないなら、あなたは道徳的非難にさらされうる。しかし、なぜこうした自分に向けられた道徳的態度が社会の調和を保つために役立つと言えるのかは、明らかとは言いがたい。たとえば、才能を発展させようと思うことは、何かよいことだともっともらしくみなされるかもしれないが、なぜそれは道徳的に善いことだとみなされるべきなのだろうか。進化論的説明は答えてくれない。

また、胎児や末期患者に対する我々の道徳的態度についても考えてみよう。もし進化論的説明が正しければ、我々は胎児を傷つけたり、末期患者の死を早めたりすることを道徳の問題とみなすことはないだろう。というのは、胎児や末期患者は、進化論的説明の中心となっている種類の互恵的な関係に参加できるとは言えないからだ。このことは重要である。進化論的説明には、我々の行動が、我々が交流する人や、近い将来交流するであろう人に影響を及ぼしうるという前提があった。このことは、我々の道徳的思考の内容が、互恵的関係においてパートナーとなるかもしれない人に限定されるはずであるということを意味する。しかしこれが正しければ、我々はたとえば医師の幇助による自殺や、あるいは妊娠中絶についてさえ、道徳的に中立であるべきだということになる。なぜなら、末期患者や胎児がどのように扱われるかは、我々の協力関係に影響しないと思われるからだ。しかし、人々がこれらの問題について道徳的に中立ではないということは全くもって明らかである。実際のところ、もしこのやり方を押し進めるなら、進化論的説明では容易に捉えられない広範な道徳の問題を明るみに出すこともできる。具体例として、飢餓救済や児童売春や市民権や障害者の権利や動物虐待や公害や環境の悪化や遺伝子の増強について考えてみよう。たとえば、囚人のジレンマ型のゲームで裏切ることを心苦しく思うことと、仕事で黒人より白人を優遇することや子どもの遺伝子を操作することを心苦しく思うこととの間には、かなりの隔たりがあるように思われる。そこで、懸念されるのは、進化論的説明は著しく不完全ではないかということである。

もちろん、不完全というのはまだましな命運である。つまるところ、この見解の支持者は、埋められるべき細部があると想定して、細部を補うための仕事を始めるかもしれないからだ。そして仕事はすでに始まっている。標準的なアプローチでは、前述の解決困難なそれぞれの事例に対して、我々の道徳的態度は基礎的な進化論的説明から何らかの形で導出されるということを、示すことになるだろう。たとえば、環境を露骨に軽視することは、公共財全般に対する軽視に結びつくということが示されるかもしれないが、公共財に何の関心も示さない人は「社会に関心がある」人としての自分の評判を傷つけるリスクを冒すだろう。動物虐待を禁止することは、人々が面白半分に動物を傷つける傾向と面白半分に人を傷つける傾向の間で人々が思い描きがちな結びつきによって説明されるかもしれない。残酷な動物虐待には人々を怯えさせる側面がある。しかし、これはそのような残虐な行為が傍観者の心に誘発する次のような思いによって、少なくとも一部は説明されうる。そんなことをするなんてどのような種類の人なのだろうか。これは重要である。なぜなら、我々は一緒に協力関係に入りたいと思う人の種類について考えるとき、概して残酷な虐待をするような傾向のある個人を避けるからだ。したがって、動物虐待は（一般的な残虐行為と同様）道徳的に間違っているとみなされるようになるだろう。さてしかし、これは概略の域を超えるものではない。この見解を擁護するために証拠が提出できるかは、まだ明らかにされていないのである。

さらに興味をそそる提案が進化心理学の近年の研究からなされている。粗雑な言い方をすると、気前のよさは割に合うということだ。ある研究（Iredale et al. 2008）において、女性の配偶者選択に焦点が当てられた。その研究によると、女性は気前のよい男性に対して選好を示す。女性は「短期間の関係では英雄的なタイプを好むが、長期間の関係では利他主義者を好むように思われる」[5]と著者らは記している。著者らは「男性にとって、気前のよさは家庭を築き子どもを育てるのを助けるのに自分がふさわしいことを示す方法になりうる」と推測している。もしこれが正しければ、たとえば飢餓救済に寄付したり、ホームレスを支援したり、献血をしたりすることは一般的に賞賛に値するとみなされるという事実を説明することが可能になるかもしれない。もし祖先の女性が気前のよい傾向を示す男性に対して選好を示していたら、すべての条件が同じだとすると、その特徴を発展させた男性が集団を支配するようになるだろう。また、このことはそういった気前のよい行為がなぜ（少なくとも女性の傍観者の間では）道徳的に善いと考えられているのかも説明するかもしれない。

しかしこれですべてではない。ハーバード大学の進化動態プログラムの長であるマーティン・A・ノワックは、気前のよさは割に合うことを（再度）示唆する囚人のジレンマ型ゲームの数学的モデルを近年作り出した。彼は次のように述べる。

数学的分析によれば、勝利する戦略は気前がよく、希望に満ち、寛大である傾向をもつ。ここで気前がよいとは、相手よりも多くを得ることを求めないことを意味する。希望に満ちているとは、最初もしくは情報がないときには協力することを意味する。そして寛大とは、偶然の裏切り行為の後に協力関係を再構築しようと試みることを意味する。

(Nowak 2008 : 579)

ゆえに、善くあることはそれ自体が報いであるという古い格言とは反対に、善くあることは実際には別の、生物学的に重要な報いをもたらすかもしれないのである。ノワックの研究は、「もし私が、他人がパイの少し大きい取り分を食べることを喜んで認めるなら、人々は私とパイを共有したいと思うだろう。気前のよさは成功する取引を〔パイのように〕焼き上げるのだ」と示唆している (2008 : 579)。

もちろん、この仮説が成功しているかどうかを述べるのは甚だ時期尚早である。しかし研究の方向性が示唆しているのは、進化論のアプローチは不完全さを理由にした反対論に応答する手段をもつ可能性があるということである。しかしながら、進化論のアプローチに立ちはだかる、より深刻な問題が残っている。

7　普遍道徳か普遍理性か?

一部の理論家の間には、進化論的説明はそれが説明しようとしていることを説明できていないのではないかという懸念がある。この懸念を詳しく説明する一つの方法は次の通りである。もし、自然選択の過程を通じて、我々の祖先が道徳的に考える能力を進化させてきたのならば、またもしすべての現存する人々が同じ祖先をもつのならば、すべての人々が似通った道徳的信念を示すはずである。つまり、我々はある種類の普遍道徳を観察するはずなのだ。普遍道徳とは、人々がたまたま生活する場所がどこであろうと、同じ物事についてはそれに従って、一般的に同じ道徳判断を下すような道徳のことである。我々は、我々自身の国の中の道徳について意見の一致を見るだけでなく、すべての国にまたがる道徳上の意見の一致を観察するはずである。だから、あなたがアボリジニであろうと、アメリカ人であろうと、ブラジル人であろうと、バリ島民であろうと、あなたは殺人は一般的に間違っており、慈善行為は善いことである等々と考えるはずなのだ。

しかし他の文化のことをほんの少ししか知らない人でさえ、この主張には困難があることを知っている。実際のところ、道徳的態度は世界中で息をのむほど多岐にわたっている。食べ物や服装や宗教的儀式といったものに対する道徳的態度の違いを脇に置いたとしても、非常に基本的な道徳的な違いが残る。殺人を例にとってみよう。世界の多くの場所で女性は男性と同じ道徳的権利を認められている一方で、いくつかのアラブ文化では婚外交渉をした女性を殺すことは、道徳的に許されることであるばかりか、道徳的な義務でもあるのだ（Hauser 2006）。ルソン島のイロンゴット族においては、通過儀礼で少年たちは近隣の村の無辜の人の首を切ることを要求される（Rosaldo 1980）。実際、食人の風習は何世紀もの間いくつかの文化的伝統の基本的な一部だった。（子殺し、父殺し、きょうだい間の近親相姦といった）世界中で禁止されているはずだとあなたが確信している慣習を挙げてみてほしい。すると、民族誌の記録はおそらく、あなたが間違っていることを証明するだろう。道徳のことになると、世界というカバンには様々なものが入っている。ある人の悪徳は別の人の美徳であるのだ。

この多様性は、一部の理論家たちが我々の道徳心が異なった起源をもつと考える重要な理由である。哲学者のニール・レヴィの主張によれば、進化は「我々に道徳の前提条件を与えた」だけである。しかし進化それ自体では不十分である。我々が道徳的存在であるのは、この生の素材の文化的洗練の結果としてのみである」（Levy 2004:

205)。ゆえに、(普遍的な人間道徳というものがあるとした場合に)人間的な道徳の背後にある本当の力は、人間的な学習である。我々はちょうどどの数が奇数で、どの数が偶数であるかを学ぶように、周りの人からどの行為が正しくて、どの行為が間違っているのかを学ぶ。哲学者のウィリアム・ロットシェーファーと彼の同僚で生物学者のデイヴィッド・マーティンセンは、心理学者のマーティン・ホフマンによって議論された「模倣や記号を用いた学習と推論、および帰納的な道徳的訓練」を引用して、この考えを詳細に述べている。「帰納的な技法に基づいて、親は子どもの年齢に合ったやり方で、他者に対して彼らの振舞いがもつ、よい影響と害になる影響を指摘する」(Rottschaefer and Martinsen 1995 : 167)。これらの提案に基づくと、自然選択の役割は生の素材の供給者としての役割に格下げされる。

進化論的説明と、学習による説明(と、いくぶん誤解を招く仕方だが、私がそう呼んでいるもの)との間のある種の中間を占める立場が、哲学者のチャンドラ・スリパーダとスティーヴン・スティッチによって最近提唱されている。進化論的説明とは違って、スリパーダとスティッチ(S&S)のモデルは人間が生得的に道徳的に考える傾向をもつということを否定し、また、学習による説明とは違って、「万能の」推論メカニズムから人間の道徳心が発展するということを否定する。スリパーダとスティッチが提唱するのは、人間は生来ある種の「規則探知」システム、すなわち彼らが呼ぶところの規範習得システムを備えているということだ。議論のために、我々は規範を、してよいこととしてはならないことを決定する社会規則と考えてよいだろう。スティッチは明確に機械的な用語でそのシステムを説明している。

習得メカニズムの仕事は、違反すると通常は処罰をもって応じられる規範を周囲の文化から見つけ出し、それらの規範の内容を推察し、その情報を実行メカニズムへと送ることである。そしてその情報は規範のデータベースに蓄積される。実行メカニズムは、実際のもしくは熟考された何らかの行動が規範に違反している（もしくは要求されている）ということを推察し、そしてそれに従う内在的な（すなわち道具的でない）動機と、従わない人を罰する内在的な動機をつくり出すという仕事をする。

（Sripada and Stich 2008 : 228）

ゆえに、このシステムを備えた心は、その環境に独自のかたちで結びついた一連の道徳的信念を生み出すだろう。同時にそのような心は、道徳に分類されるかもしれない（もしくはされないかもしれない）が、いずれにせよ地域社会において（たとえば通りがかりに年長者にお辞儀をするといった）規制的な役割を果たす一連の規則を生み出すだろう。その理由は、S&Sモデルに基づくと、進化は我々が道徳的規則に敏感であるようにはしてこなかったからだ。進化は我々をより一般的な水準の規則（それを社会的規則と呼ぼう）に敏感であるようにしてきたのである。もし規則に従うことの適応的価値が十分大きいのなら、道徳的規則と社会のほかの規則の区別はさほど重要ではないということになる。

進化論的説明と比べたときの、スリパーダとスティッチの説明の明らかな長所は、それが世界の道徳の多様性をあっさりと説明するということだ。あなたがもつことになる道徳的信念は、あなたが自分の地域社会において見出す規則に直接依存して決まるだろう。これは学習による説明にも同様に当てはまるだろう。もし私の世話をする人が日常的に或る種の行動にはほうびを与え、ある種の行動は罰するなら、私が大人になったとき、地理的に離れた社会の道徳的態度ではなく、こうした道徳的態度を反映した仕方で考えたり行動したりする可能性が高いとしても、驚くべきことではない。進化論的説明に対するこれらの代案の二つ目の長所は、単純さである。これらの説明は進化論的説明より単純なのだ。様々なところで見てきたように、自然選択はきわめて保守的な過程である。進化生物学が再三再四明らかにしているのは、自然選択は我々が思い描きうるより洗練された代案ほどは効果的ではないにしても、適応の問題に対する単純で手頃な解決策を「好んで選ぶ」ということである。

確かに進化はこれらの代案の説明においても、一定の役割をもっている。ただ、その役割は著しく縮小している。進化は一般的な推論と学習のメカニズムの選択や、S&Sモデルのような複雑な規範習得システムの選択を説明するかもしれない。それはまた、(たとえば他人の苦しみを気にかけるなどの)一般的な動機の傾向も説明するかもしれない。しかし道徳についてのこの説明は、進化にそこまで決定的には依存していない(つまるところ、この説明に基づくと、宇宙人だって道徳的生物に発展することに同じくらい成功するだろう)。この説明に基づくと、人間が道徳的生物である主要な理由は、人間が推論する生物だからということになる。

次章では、これらの説明をもう少し詳細に探究し、この説明の経験的な側面を検討する。この章で私がやろうとしたことは、我々の道徳感覚をもたらしたかもしれない(私はかもしれないと強調する)過程を描き出すことであった。しかしながら、私は我々の道徳心の構造についてまだほとんど何も言っていない。これは我々が次章で探究することである。我々は科学の領域全体にわたる諸研究、すなわち道徳心の構造に対する我々の理解を向上させるのに役立つ研究について考える。たとえば、霊長類における道徳に似た行動の存在を示唆している、霊長類学のデータに注意深く目を向ける。我々は子どもがどのように道徳的に成長するかについての手がかりを求めて、乳児や幼児の行動を調査する。そして最後に、脳がどのように道徳を表象し処理しているかや、どのようにして道徳的反応を開始するかを明らかにしている、脳神経科学のデータを確認する。また、私は次々と生み出されるあらゆる情報にもかかわらず、我々は道徳心の構造をはっきり述べる立場にはまだないとも主張するだろう。せいぜいのところ、我々はもっともらしい理論の輪郭を作る立場に立つことができるぐらいだろう。

8　本章のまとめ

本章の目的は、人類が道徳的に考え行動する傾向、すなわち他の種類の思考や行動とは明確に区別される必要がある傾向をなぜ発展させてきたかについての、よく知られた歴史的な説明を提示することであった。その説明は本質的には、社会的な交流において協力することがもつ生物学的優位性に依拠している。

もし我々が一部の哲学者や心理学者が信じるように、道徳的思考（もしくはその初期の原型のようなもの）が初期人類の集団において何とかして足場を得たと仮定するなら、我々はなぜそれが集団全体に広がったのかを説明する物語を述べることができる。というのは、ある行動を道徳的に間違っているとみなしているがゆえに、それを行なうことはめったにないような個体の集団を、そうした行動を間違っているとはみなさず、おそらくは単に魅力的ではないとだけ考えるような個体の集団と比べた場合、前者の集団は後者の集団と違って、自らの生存を有利にする生物学的な利益を享受するということを、我々は見てとるからだ。このような相互交流のモデルとして、囚人のジレンマ型ゲームはこの仮説を裏づける。ただし、それは我々が参加者に誰と交流するのかを選ぶ能力と裏切り者を罰する傾向を与えた場合に限られる。これがどのようにして達成されるのかは、（次章で我々が探究するような）特定の感情の傾向性に依存するのかもしれない。この説明がその支持者にとって魅力的なのは、それが道徳に固有な特徴を捉えているからである。たとえば、不道徳な行動とは（単に魅力的でないだけでなく）禁止されている行動であり、いかなる特定の個人の関心や欲求にも依存しないという認識は、それらの不道徳な行動にコミットする人々に罪悪感をもたらし、ならず者を罰するのは正しいことだと他の人々が感じるようにするはずだ。

進化論的説明を批判する者たちは、世界中の道徳的態度に見られる多様性を強調する。進化論的説明が正しいのなら、実際の世界に見られるよりも多くの一貫性が観察されるはずではないかと彼らは問う。代案として、彼らは知性にはより一般的な学習メカニズムが先天的に備えつけられており、人間が道徳的生物に発展することを可能にしたのはこれらのメカニズムだと提唱する。我々がどのようにして現在の道徳心をもつようになったかについての議論は、道徳心がどのようなものであるかを、つまりその構造を我々が理解し始めるまで、解決しないだろう。次にこのことに目を向けよう。

文献案内

Frank, Robert (1988) *Passions within Reason : The Strategic Role of the Emotions* (Norton).

Iredale, W., M. Vugt, and R. Dunbar (2008) Showing Off in Humans : Male Generosity as Mating Signal. *Evolutionary Psychology*, 6/3 : 386–92.

Joyce, Richard (2006) *The Evolution of Morality* (MIT Press).

Levy, N. (2004) *What Makes Us Moral ? Crossing the Boundaries of Biology* (Oneworld).

Nowak, M. A. (2008) Generosity : A Winner's Advice. *Nature*, 456 : 579.

Rottschaefer, William A. and David Martinsen (1995) Really Taking Darwin Seriously : An Alternative to Michael Ruse's Darwinian Metaethics. In P. Thomson (ed.), *Issues in Evolutionary Ethics* (SUNY Press).

Ruse, Michael (1995) Evolutionary Ethics : A Phoenix Arisen. In P. Thomson (ed.), *Issues in Evolutionary Ethics* (SUNY Press).

Stich, S. (2008) Some Questions about The Evolution of Morality. *Philosophy and Phenomenological Research*, 77 (1): 228–36.

Wilson, E. O. (1978) *On Human Nature* (Harvard University Press).（エドワード・O・ウィルソン『人間の本性について』岸由二訳、ちくま学芸文庫、一九九七年）

Wright, Robert (1995) *The Moral Animal : Why We Are the Way We Are. The New Science of Evolutionary Psychology* (Vintage).

第5章　美徳と悪徳の科学

他人の苦しみを憐れむのは人間的であるにすぎない。苦しみを和らげるのは神的である。

――ホレース・マン『教育についての講義』

なぜ誰もが、腕を生やすことを学習するのではなく腕を生やすようにデザインされていることを、当たり前だと思っているのだろうか。道徳システムの発達の場合でも同じように、多岐にわたって詳細な応用可能性をもつ、いわば道徳判断のシステムと正義の理論とを、我々に発達させることを結果的に要請するような生物学的資質があると結論すべきだ。

――ノーム・チョムスキー『言語と政治』

子どもたちは時に残酷である。昆虫たちは火を扱える少年たちに囲まれたらもう終わりである。小さな女の子は物を盗んでも処罰を受けない。子どもたちは老けたベティおばさんに口づけしたり、クリスマスプレゼントが靴下だったりすることに対して、不快感を隠そうとはしない。彼らはからかったり、いじめたり、嫌がらせをしたりする。彼らはわんぱくデニス、バート・シンプソン、それに『ピーナッツ』のルーシーのようなキャラクターのインスピレーションの源となっている。だから、子どもが我々の道徳心に歴史的な根源があるという証拠の出どころとして好んで取り上げられると知れば驚くかもしれない。なぜか。彼らが道徳を理解する力は、正直なところ、驚異的だからである。彼らが普段正しいことをするにせよしないにせよ、子どもたちは一様に正しいことが何かを知っ
ているのだ。そしてこのことから心理学者は、おそらく道徳は教え込まれるものではないと推測するのである。お

そらく道徳は生得的なものなのだ。

そのように考える理由はこうである。子どもが非常に幼い頃からある種類の能力を示しうるとしよう。そして彼らがその能力と関連するあらゆる技能を周囲から学習したとは考えにくいとしよう。さて、その能力が外から来たのでなければ、それは内からのものであるはずだ。つまりその能力は生得的なものであるはずだ。それは子どもの「設計仕様」の一部であるはずだ。ところがこのことで新しい問いが浮上する。どのようにしてこの能力は生まれつきのものとなったのか。誰かが、あるいは何かがそれを「埋め込んだ」はずである。進化論的アプローチの擁護者は自然選択が、心の働きを形作る遺伝子のかたちで、それを埋め込んだのだと主張する。

両親や学校の教師が証言する逸話的な証拠に反して、注意深い研究が示唆するところでは、子どもたちは非常に幼い時から道徳的に豊かな成長の過程をたどる。わんぱくデニスはあなたが思っているよりもずっと道徳について知っているのだ。このことは、子どもたちが残酷でないということを意味するのではない。それは、このことが、議論の余地なく道徳的生物であるはずの大人が残酷でないことを意味しないのと同様である。このことが意味するのは、他に強力な外的影響がない限り、ほとんどの子どもは、保護者がいわゆる「道徳の訓練」を提供しようがしまいが、大人が典型的にもっているような一連の道徳的能力を発達させるということである。彼らは時に道徳的怪物のように振舞うかもしれないが、より綿密に観察してみると、彼らは我々が認めるよりもずっと道徳的環境に順応しているのだ。子どもの道徳心を研究することで我々が進化論的に受け継いだものについての洞察が得られる。

しかし、我々の道徳性がどこから来たのか理解したいと思うならば、我々は研究を幼児でとどめておくわけにはいかない。我々はもっと遡らなければならない。秀でた霊長類学者であるフランス・ドゥ・ヴァールによれば、「道徳性の礎石は明らかに人類に先立っている」(2005 : 225)。ドゥ・ヴァールは類人猿、オマキザル、ボノボ、チンパンジーといった霊長類の観察と自らの経験の著述に生涯を費やした。[i] こうした観察が重要なのは、霊長類は、我々と祖先を共有しているいとこだからである。それゆえ、彼らにおいて観察される事柄は、その遠い祖先の姿についての間接的な証拠をもたらす。ヒトが霊長類と共通して持っている特徴から、我々の遠い過去のことや、進化の道のりを方向づけた各種の適応がわかるのである。

さらに、我々は行動を司る器官、すなわち脳の構造を調査することでこの筋書きに確証を与えることができる。そのため、調査の道筋の三つ目は、道徳的世界において舵取りしようとするとき、脳がどのような働きをするのかを問題とする。脳の中には視覚や聴覚に特化したシステムがあるが、そのような仕方で道徳に特化した器官やシステムはない、という点ではかなりの合意が得られている。そのかわり、道徳心を支える複数のシステムがあるのではないかと考えられており、神経科医や脳神経科学者の業績を通じて、それらのシステムが全体に対してどのような役割を果たしているのかが判明し始めている。というのは、特定のシステムが適切に機能しなくなるか、あるいは完全に不在になると、結果として明確な道徳的欠損が生じるからである。そしてこのことによってその特定のシステムの機能についての洞察が得られるのだ。ここから、霊長類との比較研究を行ない、たとえば特定のシステムがどれだけ古いものか、そしてどのような種類の適応圧がそれらのシステムを選択させる役割を果たしたのかを特定することが可能になる。

よって本章のねらいは、道徳に関する生物学と心理学の心躍るような新発見を、発達心理学者、霊長類学者、そして脳神経科学者の視点から概観することにある。この見取り図を片手に、前章で描かれた思弁的な筋書きに立ち返り、どれほどうまく二つが一致するか見てみたい。

1　苦悩テスト

道徳心への道のりは、いわば苦悩（distress）から始まる。幼児は人生最初の数時間のうちにすでに一連の感情を経験するようだが、ある一つの感情がとくに際立っている。それは苦悩の感情である。幼児は自分自身の不快に対してのみならず、他者の不快に対しても苦悩の身振りを示す。幼児は、周りの人の苦悩を反映するよう傾向づけられているように思われる。泣くときには、世界（周りの新生児たち）と一緒に泣くのである。心理学者のナンシー・アイゼンバーグはこの感受性を「原初的な形態の感情移入」（Eisenberg and Mussen 1989 : 789）として解釈している。あなたや私が他者に感情移入するとき、我々は単に他者の苦悩の状態について信念を抱くようになるというだけでなく（これは共感とも呼ばれる）、その状態の「薄れたコピー」を実際に経験する。(ii) 我々は他者の痛みを感じるのだ。幼児は、おそらく隣人の感情についての信念をもっていないにもかかわらず、他者が感じていることに共鳴するようだ。この苦悩テストが道徳の出発点となる。なぜなら、他者の痛みを感じることはただちに我々を行動へと駆り立てるからだ。我々は苦痛を止めたいと願う。（これを道徳的感情と呼ぶのはおそらく時期尚早である、なぜなら苦痛を止めたいと願うのには利己的な理由がありうるからである。）

魅力的な一連の研究の中で、心理学者キャロライン・ザーン＝ワクスラーら（Zahn-Waxler et al. 1991）はこの反応が驚くほど幼い時期から始まることを示した。ザーン＝ワクスラーらが発見したのは、生後一四か月の子どもが、他人の苦悩に反応して苦悩を経験するだけでなく、苦悩している人を楽にしようと、誰かに促されることなく動くということだった。ザーン＝ワクスラーは子どもの家族に苦痛で顔をしかめたり泣いたりするふりをさせた。それに反応して子どもは、何らかの本能によってであるかのように、家族に手を当てたり、けがの場所を撫でたりしたのである。子どもがすでに反応の仕方を教えられていたか、適切な仕方で反応する他者を観察していたという事実によって説明されるならば、このような発見はそれほど驚くことではないだろう。しかし実際のところ、生後一四か月の子どもが言語を習得していることはありえない。そして、子どもたちを主に世話をしている人々が苦悩している姿を一度も見せたことがないにもかかわらず、彼らは同情的な反応をしたのである。

実際のところ、子どもたちが敏感なのは苦悩に対してだけではないように思われる。彼らは生まれながらの援助者であるようだ。たとえば、たった生後一四か月の子どもの付近に洗濯バサミを落っことしてみれば、あなたはその子の対応に驚くかもしれない。ハーバード大学の心理学者フェリックス・ワーネケンによれば、たとえ「まったく勧められたり褒められたりしなくとも」、その子は「そこまでハイハイして、洗濯バサミを拾い、あなたに返してくれるだろう」（Warneken and Tomasello 2009 : 397）。実験者が洗濯バサミを落っことすのではなく、投げ落とす場合には、幼児は通常回収しようとしない。別の実験では、ワーネケンと同僚たち（Warneken and Tomasello 2007）は、対象物が実験者には届かないが子どもには手の届くところに置かれた場合、幼児がどう対応するかをテストした。実験者が対象物を取ろうと試みた（が取れなかった）とき、幼児はきまって実験者が対象物を回収する手助けをした。興味深いことに、幼児が行なった手助けは報酬に影響されなかった。むしろ、幼児が手助けをしようとする傾向は実験者が対象物を取ろうと試みたか否かにのみ依存していた。実験者が対象物に手を伸ばさなければ、幼児は手助けをしなかったのだ。このことが少なくとも示唆しているのは、幼児は他者が目的をもつということだけでなく、他者が目的を達成するために手助けを必要としているということも認識することができた、ということである。

これらすべての事柄からある疑問が生じる。子どもたちが原初的な形態の感情移入を示し、しかもそれら感情移入の形態が言語を必要としないならば、おそらく感情移入はヒト以外にも見いだされるはずである。おそらく、苦悩への感受性は太古から続くシステムなのだ。いくつかの証拠がこの考えを支持している。

霊長類学者のフランス・ドゥ・ヴァールは苦悩への反応は類人猿に共通して見られると主張する。歩く練習をする乳児同様、木に登る練習をする幼い類人猿も時に落ちることがある。このとき、ドゥ・ヴァールによれば、泣き叫ぶ子どもは「すぐに他のサルたちに取り囲まれ、抱かれてあやされる。……おとなのサルが争いでライバルに負け、木の上で座って叫んでいるとき、他のサルたちは彼のところへ登っていって手を触れ落ち着かせる」(2005 : 183)。しかもこの反応は家族に限られない。この他者への反応には驚くほど極端なものもある。サルとネズミは他者の苦しみを与えるのを避けるために本当に食事を摂らない。ある実験(Masserman et al. 1964 ; Wechkin et al. 1964)では、サルはバーを押さなければ食事を受け取れないが、バーを押せばそれと同時に隣接するカゴにいる他のサルに電気ショックが与えられた。(サルたちは、すぐに両者の関連性を理解した。)行動をとる方のサルはこのようにして、飢えるか隣のサルに苦痛を引き起こすかという困難な選択を強制された。サルたちは通常五日間食事をしなかった。あるサルは一二日間食事をしなかった。

さてここで起きていることを説明するのに、このサルたちが食事を摂らなかったのは感情移入によるものだとまで言う必要はない。より単純で直接的な説明は、サルたちは自分自身のものにせよ他者のものにせよ、苦悩を好まないというものだ。端的に言えば、苦悩は苦悩を生み出すということである。このことはもちろん、他者の福利を直接気にかけているということとは異なる。[1] それでも、これらの発見は刺激的である。なぜなら、これは社会的感情(と呼べるかもしれないもの)が非常に古いシステム——これまで証明されてきた生物学的価値をもち、またこれからも価値をもつことを証明し続けるようなシステム——によって産出されていることを示唆しているからである。ドゥ・ヴァールの推測によれば、そうした感情は、我々の環境の中に苦悩を生み出す要素があることを警告するのに役立つ。「他者が恐怖や苦悩を見せるとき、あなたも心配するというのはおそらく理に適っている。地面にいる鳥の群れの一羽が突然飛び立てば、他の鳥もみな同じように飛び立つだろう……あとに残るものは餌食になるかもしれない［からだ］」(2005 : 187)。

感情移入する能力は我々が遺伝的に受け継いでいるものの一部であるという考え方は、全体として、前章でもたらされた進化論的説明と一致している。その説明によれば、道徳は個体間の協力的なとりきめを促進し保護するのに役立つ。人間が生まれつき他者の苦悩に際し苦悩にさらされるのならば、人間は可能な限り他者の苦悩を引き起こす行為を避けるべく対策を取るだろう。そのためにはいくらかの文化的訓練がとりわけ必要となるだろう。幼児はまだどのような行為が他者に苦悩を引き起こすのかを学ぶのに十分な経験をしていない。（これからまもなく見ていくように、これには、たとえば他者の視点に立つ能力が必要になるかもしれない。）しかし、ひとたびこの能力が備わり、他者がその人に信頼をおき始めれば、その人は「裏切り」の行為を（この説明によれば）感情的に避けたがるようになる。というのは、そのような行為は他者に苦悩を与えると予測されるからだ。こうした結びつきはどれも意識的である必要はない。これはいわば、大人が持っている洗練された道徳感覚の感情的な先駆なのだ。

人間が他者の苦悩を反映するよう傾向づけられているという考えのさらなる擁護は、認知心理学者と脳神経科学者の業績からもたらされる。感情移入における脳の役割は何なのか、と彼らは問う。どういった脳の（諸々の）システムが環境から重要な情報を取り入れ、その情報を処理し、反応を開始することに携わっているのだろうか。このことを十全に理解することは、控えめに言っても、恐ろしく困難である。宇宙の中で、ヒトの脳の複雑さに匹敵するものは（自然的なものにせよ、非自然的なものにせよ）ほとんどない。ヒトの脳は、一兆個以上の神経細胞の間に百兆から千兆の結合（すなわち神経シナプス）を持っている。それらすべてがボーリングのボールよりも小さいものの中に詰まっているのだ。この複雑さにもかかわらず、道徳の神経学的基礎を探る研究者は、苦心の結果いくつかの興味深い結果をもたらした。それは主として、オーソドックスとは言えない出どころ、すなわちサイコパス［の研究］に由来するものだった。脳について知る比較的効率のよい手段の一つは、他の精神的能力に影響しないある非常にはっきりとした認知的または行動的欠陥をもった個体を、その欠陥をもたない個体と比較することである。仮に異なっているとすれば、彼らの脳はどのように異なっているのだろうか。そしてそれらの差異から、脳の様々なシステムの機能について何がわかるのだろうか。ある場合には、目を見張るような違いはない。しかし別の場合には、その差異は一目瞭然である。

相貌失認とは、顔を認識することができないことを特徴とする脳神経科学的異常であるが、これを例に取ろう。相貌失認者は一連の視覚テストの多くに苦もなく合格するし、彼らの記憶力は目立って損なわれてはいない。しかし顔は全く忘れてしまいやすい。彼らは友人も、親戚も、自分自身さえも認識できないのだ(2)。相貌失認者は見ている人を完璧に描写することができる。彼らはただ、その人が誰なのかわからないだけなのだ。脳神経科学者が脳スキャンを相貌失認者たちに実施してみると、実際にあるものが彼らの脳において欠損していることが明らかになった。詳しく言えば、相貌失認者でない人には通常見られるが、脳神経科学者が相貌失認者には見つけられなかったのは、大脳皮質の後頭葉と側頭葉(記憶、注意そして知覚的意識を司る脳の一部分)の活動、および紡錘状回における処理だった。(これらの用語は試験には出さないのでご心配なく。)重要な点は、この実験に基づき、これら脳の異なる領域は顔の認識に決定的に重要だと今日考えられているということだ。同様の結果が現在、我々と最も近い親類であるチンパンジーにおいても示されている。そこで、我々の道徳的生についてサイコパスから何がわかるだろうか。

驚くべきことだと思えるかもしれないが、サイコパスが持っている欠陥はかなり局所的なものである。彼らの存在感あふれる人格とは裏腹に、サイコパスはほとんどの認知的課題についてはいたって通常である。彼らはあなたが合格できる心理的能力テストのほとんどすべてに、たとえ道徳的知識を査定するために設計されたテストであっても、合格できる。サイコパスはあなたと同様、何が正しいか(あるいは不正か)を識別するのに何の問題もない。

サイコパスをあなたや私のような人々から区別するのは、根本的には、感情的な欠陥である。サイコパスがサイコパスであるゆえんは、彼らが知っていないことにあるのではない。むしろ、彼らをサイコパスたらしめているのは、彼らが感じていないことなのだ。(「サイコパスは正を不正から区別できるが、それらを気にしない」という、『社会的・認知的・情動的脳神経科学』という学術誌における最近の論文のタイトルについて考えてみよ。)サイコパスには感情移入が欠けているのだ。あなたや私と違って彼らは、彼らの行為が他者に苦悩を与えるという信念を適正にもつことができるにもかかわらず、他者が感じる苦悩によって気分を害されることがない。より詳細に言うと、認知脳神経科学者のジェイムズ・ブレア(2005)によれば、サイコパスは服従的な合図を理解できない。(私が思うにサイコパスではないであろう)あなたが他人のしかめ面、ゆがんだ顔あるいは悲しそうな顔つきを見ると、あなたがその人を傷つけることを(わずかかもしれないが)抑制する役割を果たす一連の非自発的な感情現象が始まる。サイコパスはそうした合図を見逃してしまう。(3) それでも彼らは、自分が何をしているのかについて完全に理解している。彼らの頭は明晰だ。強いて言えば、彼らの心が混乱しているのである。もちろん、実際には彼らの心(臓)は関係がない。脳が問題なのである。

チューリッヒ大学の認知神経科学者タニア・ジンガー(2007)は感情移入を支える脳の部分の特定に着手した。前島と前帯状皮質という脳の二つの領域が際立っているように思われた。被験者が弱い電気ショックを受けると、痛みを管轄する脳の部分である体性感覚皮質に加えて、この二つの領域が活動的になった。一方、被験者の愛する人が電気ショックを受けたときには、体性感覚皮質は活動しなかったにもかかわらず、前島と前帯状皮質は変わらず活動した。独立した別の研究ではこれらの領域がそれぞれ、感情の抑制と葛藤の解決に決定的に重要であることが示された。精神神経科医のローレンス・タンクレディ(2005)は、前帯状皮質は脳の「調停者」だと述べる。というのは、前帯状皮質は問題解決と感情の自制を担うからである。この器官に対し、脳の奥深くにある前島が差し迫った危険を警告する。そこで、脳神経科学の視点では、感情移入は感情の抑制と意思決定をする脳のシステム同士の協調なのである。我々は、我々の環境中の合図（自分の伴侶が痛みで叫ぶなど）から感情的情報を入手する。そしてこれにより、行動の計画を形成する心の理性的な部分が起動するのだ。サイコパスは、これらの領域における活動が少ない。それゆえ、彼らの感情処理能力は欠損している。サイコパスは、気が散りやすく、感情の入力を不十分にしか受け取れない。サイコパスが環境から受け取る合図は、感情的合図として扱われず、そのため、サイコパスでない人とは異なり行動に影響が生じないのである。[4]

　道徳性についての脳神経科学的議論の多くは、抑制（inhibition）を中心としている。道徳的に優れた人は、たとえとりわけ耐え難い状況においても、自分自身を制御することができる。サイコパスはこの面においてひどく欠陥がある。脳の研究で明らかになったのは、暗い衝動を抑制する能力はいくつかの領域、とりわけ海馬、前帯状皮質、そして扁桃体の間の繊細なバランスによって成り立っているということだ。前帯状皮質と同様、海馬は攻撃を抑制するのに決定的な役割を果たす。そのため、海馬が損傷または縮小すると、脳の感情を司る中心部分による活動が抑制されず、結果として衝動的な、あるいはしばしば攻撃的な行動がもたらされる。このことは脳の前頭葉のほとんどについても当てはまる。前頭葉は脳の感情を司る中心部分からの信号を弱めるのだ。一方、攻撃が抑制されないのは、海馬や前頭葉の縮小ではなく、扁桃体が過剰に活動した結果であることもある。タンクレディが脳の「番犬」と呼ぶ扁桃体は、外界からの脅威を査定する。扁桃体は、「戦うか、逃げるか」の反応として考えられるような脅威への反応システムを統括する。それゆえ感受性の非常に高い扁桃体を持つ人は日常的に、他の人が脅威と感じない状況でも脅威を感じとる。そのような人は一般的に他の人よりも偏執症的な傾向が強い。十分な水準に達すると、受け取った脅威が正常に発達した前頭葉の抑制作用を上回ってしまうのだ。

　脳の研究は、それ自体では道徳性の進化という疑問を解決しない。脳の研究から示されるのは、脳は他者の苦悩を把握するのに必要と思われるシステムを持っており、そのことが（少なくとも我々のような生き物にとって）道徳的振舞いを成り立たせるのに必要だということである。感情や情動的反応は重要である。ジョシュア・グリーンによれば、「社会的・道徳的意思決定に対しては情動的な寄与と『認知的な』寄与との重大な解離があるが、情動的な寄与の重要性は、道徳判断をまずもって推論の過程だと考える人々によって不当に低く評価されている」（2005 : 341-2）。もちろん、これらのシステムの発達は大部分が我々の遺伝子によるものだ。これは、その人の置かれた環境が脳の構造に影響を及ぼさないという意味ではない。事実、ごく幼少時の経験（とくに、心的外傷となるような経験）が決定的な脳の接続を改変させ、それが一生続くということがある。とはいえ、子どもが扁桃体を発達させることを学習したり、前帯状皮質を完全に発達させないことを選択したりすることはない。体のすべての細胞のすべての核に記されている遺伝情報によって、その子の身体はかなり特殊な課題を担うかなり特殊な構造を生み出すように命じられているのだ。その命令が混乱したり誤解されたりすると、その結果は深刻である。たとえば、二〇〇二年のアメリカ国立衛生研究所による研究（Miller 2002）によって示されたのは、たった一つの遺伝子の変異が、扁桃体の働きを変化させることにより、感情的に負荷のかかる状況での脳の反応を変えてしまうことがある、ということだった。遺伝子変異をもつ人はより高レベルの恐怖を経験し、それに対する反応は極端な回避か極端な攻撃のいずれかであった。

上で示唆したように、苦悩に対する感受性それ自体は、成熟した道徳感覚とはまだ漠然としか似ていない。というのは、一つには、あなたの気分が害されていることに反応して私も気分が害されることは、あなたの福利を気にかけないことと完全に両立可能だからだ。つまるところ、私がそれ以上気分を害されたくないならば、あなたの前から私自身が立ち去るだけでよいのだ！　しかしこれは我々が同情的反応について考えるときに想定するものとはかけ離れている。

ここで欠けているものは、物事があなたにとってどのようなものであるのか、すなわち、あなたの視点から物事がどう見えているかという感覚である。しかしそのような芸当を習得するには、私が持っているのと似ていなくもない信念や感情や欲求をあなたも持っているという事実を把握する能力が（とりわけ）要求される。我々は今、これを当たり前のこととみなしている。人々が行為するのに、信念や欲求といったものに関係する理由があると考えることは、あなたや私にとって第二の自然である。たとえば我々は、ベアトリスが起きて冷蔵庫のところへ行き、リンゴを取り出して食べることを、ベアトリスのリンゴに対する欲求や、冷蔵庫にリンゴが入っているという信念を取り上げることによって説明するだろう。（もしベアトリスの行為が信念と欲求の何らかの組み合わせでないなら、他にどんな説明ができるというのだろう。宇宙人がマインドコントロールしたとでも言うのだろうか。）この手の「心を読むこと」があなたや私にとって簡単なことだからといって、そのことによって、我々がある時点でこの能力を発達させたという事実を見逃すことはできない。我々が子宮からずぶぬれの温かい状態で飛び出してきたときに、その際両親が経験していたはずの深い畏敬の念について思いを巡らせていたとは考えにくいだろう。

2　心を読む

「心を読むこと（mind-reading）」は子どもたちにおいて四歳前後で、いたって自然に発達する能力であることが明らかになっている。我々にこのことがわかる理由は、その年齢の子どもは——典型的にはその年齢になる前の子どもはそうではないのだが——「誤信念テスト」として知られるものに合格できるからだ。このテストの古典的なバージョン（Wimmer and Perner 1983）では、一人の子どもが、指人形のマキシが帽子箱の中に一片のチョコレートを置いて立ち去る様子を見る。マキシがいない間に、マキシの母がチョコレートを帽子箱から戸棚に移動させる。マキシが帰ってきたとき人形劇は中断され、子どもは次のように質問される。マキシはチョコレートを求めてどこを探すだろうか、と。四歳より幼い子どもは戸棚と答える傾向が最も強い。そう答えるのは、子どもが、マキシは自分のものとは異なる信念（この場合、少なくとも一つは誤った信念）を持っているということを把握しそこねていることを示している。四歳よりも幼い子どもにとっては、世界は典型的にはたった一組の目を通してしか見られていない。つまり、自分自身の目である。しかし、四歳という年齢は転換点を示しているように見える。四歳児は正しい解答をする傾向にあるのだ。つまり、帽子箱である。このことが示しているのは、子どもが自分自身の信念と他人の信念（と思われるもの）を区別するようになったということだ。子どもは、他人が自分とは異なる仕方で考えたり、おそらくは感じたりできるということを理解する。簡単に言えば、子どもは心の理論、すなわち他者の行動を説明する理論を獲得するのである。

　これが今度は、子どもが周りの人々に対してなしうる反応の幅を広げる。この認識が獲得される以前は、子どもが反応しているものには本当の意味は存在せず、いわば、他の者は子どもを苦しませる電気信号を発しているようなものだ。しかし、他人は自分と同様に感情（また欲求と信念）を持つという認識によって、子どもは突如自分が感じているものに意味を与えることができるようになる。私の気分が悪いのは、相手の気分が悪いからなのだ。そしてこのことは、誰が何を感じているかの混同なしに達成されうる。さらには次の例が示すように、他人が何を考え感じているかを把握する能力は、より複雑な道徳的状況に対する子どもの評価を洗練させる。

　見知らぬ人がジョーンズに、あるレストランへの行き方を尋ねる。ジョーンズはその見知らぬ人に正しい方向を示そうと意図するが、誤ってその見知らぬ人を間違った方向に行かせてしまう。スミスが（別の見知らぬ人に）あるレストランへの行き方を尋ねられた際、スミスはその見知らぬ人に違う道を教えることを意図するのだが、誤ってその見知らぬ人を正しい方向に行かせてしまう。興味深いことに、誰が「よりいじわる」か、と子どもたちに尋ねると、彼らの答えはその年齢――そして、おそらく、その発達中の道徳感覚――に応じて変わる。四歳児はジョーンズの方がスミスよりもいじわるだと判断する傾向にあり、この答えは明らかに人の行為の意図よりもむしろ帰結に重点を置いている。五、六歳児は年齢が進むにつれ、スミスの方がジョーンズよりいじわるだと答える傾向にある。最近のあるハーバード大学の心理学者のチームによると、「ここで発達しているのは『心の理論』つまり他人の心理状態を表象する能力だけではなく、この情報を道徳判断の文脈での帰結に関する情報と統合する能力である」(Young et al. 2007 : 8235)。発達中の子どもにとって、正と不正は単に起こったこと以上のものになり始める。それは、人々が起こそうと意図していることと結びつき始めるのだ。

この同じ心理学者のチームは、これらの結果に裏づけを与えるために、脳の中を観察することにした。信念帰属において作用している脳のシステムは、道徳判断においても作用しているのだろうか、と彼らは問うた。脳についてのそれぞれ独立した諸研究が、右側頭頭頂連結部(RTPJ)が他人の心の状態についての評価を下すことに重要な仕方で関与している、ということを明らかにしている。人がある行為を正しいとか不正だとか判断したときにもまた、RTPJは活性化していたのだろうか。明らかにそうであった。誰かが(スミスがそうしたように)いかなる危害も生じさせなかったが危害を生じさせることを意図していたという場合には、被験者の判断は「厳しいものであり、[行為者の]信念のみに基づいて下され、そして信念帰属に関わる回路の活動促進に結びついていた」。危害が意図されたものでなかった場合は、被験者は同じパターンの脳活動を示さなかった。著者はこう結論づけている。「それゆえ、道徳判断は二つの別個の、時に競合するプロセスの産物を示しているのかもしれない。一つは危害が生じる結果についての表象を引き起こすプロセスであり、もう一つは信念と意図についての表象を引き起こすプロセスである」(Young et al. 2007 : 8239)。

これは、ここまで展開されてきた大まかな見取り図に沿うものである。非常に幼い年齢から、子どもたちは他人の感情（特に、苦悩に関連した感情）に同調する。実際、脳はこの能力に不可欠なシステムを内包しているように思われる。なぜなら、それらのシステムがうまく機能しないとき、我々は（いわば）水準以下の道徳的行動を観察するからである。しかし成熟した道徳判断は、単に他者の苦悩を認識するだけに留まらないものである。道徳的問題の肝心な要素は、視点の獲得だと思われる。実際、哲学者のジョナサン・デイによれば、正と不正の十分な把握には成熟した共感が必要であり、その際この成熟した共感には「この他人の立場に立ち、不満や怒りの感情を想像すること」（1996：175）が伴う。子どもが道徳判断において意図が果たす役割を把握するようになるまで（それには、意図そのものについて理解することが必要である）は、子どもは、「いじわるである」ためには危害を引き起こすということで十分である、と言う傾向にある。しかし他人の心に対する子どもの理解が発達していくにつれて、行為者の意図を考慮する傾向はいっそう増していく。これは、大人が下す道徳判断に近似するような道徳判断を下す際に、意図に関する情報と危害に関する情報を統合する傾向が増すということを反映している。

そろそろこの筋道が整った話をまとめる頃合いだと思われるかもしれない。が、残念ながら、実際にはそれほど筋道が整っているわけではない。実は、小児期の道徳的発達に関して最もよく言及される研究は、今示された説明に難点をもたらすのだ。哲学者のショーン・ニコルズ（2004）の研究によると、子どもの道徳的能力は実のところ視点獲得にそれほど決定的には依存していないとされる。次の節で、なぜそうなのかを検討しよう。

3　「ならぬものはならぬ」

ここで、子どもたちが従うように言われる多くの規則について考えてみよう。「口に食べ物を入れてしゃべるな」「おもちゃを仲良く使いなさい」「妹をぶつな」「授業中に話したいときは、手を挙げなさい」「鼻をほじるな」「お皿は洗い場に置きなさい」「約束を守りなさい」「泣きごとを言うな」「嘘をつくな」「つばを吐くな」「靴を履いたままベッドに上がるな」「テーブルに肘をのせるな」「よい子にしなさい」。子どもを世話する人は、彼らが世話をする相手に対して、年齢や理解力についての実質的な考慮をすることなく、これらの規則を命じる。さらには、それらの規則は子どもたちに対して、非常に様々なレベルの強さでもって命じられる。嘘をつくこと、つばを吐くこと、ぐずること、ぶつこと——これらに対しては親がどんなに恐ろしい反応をするかわかったものではない。朝、子どもを保育所に預けるとき、親たちは子どもの頭を軽く叩き、彼に優しく*よい子に*するように言う。しかしその同じ日の午後には、親は子どもが食べ物を投げたことで堪忍袋の緒を切らし、怒り狂って子どもに「タイムアウト〔反省のために自分の部屋などでしばらく沈黙すること〕」をさせる。子どもの世話をする人は、規則をいくつかの種類に分類しようとは試みない。子どもに関する限り、規則にラベルはついていない。子どもたちはただそれらに従うように期待されているだけだ。

しかしよく考えると、我々は——理論家として——これらの規則を複数の種類に分類することが*できる*。*慣習的*規則と時に呼ばれる規則はその権威を慣習や実践や人物から得ている。授業中に手を挙げることは、その意味と権威を学校に関する慣習から得ている。お皿を片づけることは、その意味と権威を家族に関する慣習から得ている。鼻をほじらないことは、その意味と権威をエチケットに関する慣習から得ている、等々というように。一方、*道徳*

的規則は、慣習に依存しないように思われる。それらは権威から独立しているように見える。それらはより重大なもので、「一般化可能」で、無条件に義務であるものとして扱われる（第3章第1節で我々がした道徳についての議論を思い出してほしい）。我々がそれらに従うのを正当化するとき、我々は正義や、その人の福利や、権利といったものに訴える傾向にある。さて、ここからが驚くべきことである。子どもたちに規則が示される際には区別がなされていないにもかかわらず、彼らは慣習的規則と道徳的規則の区別を把握するのだ。このことは次のようにしてわかる。

一九八〇年代中頃、心理学者のエリオット・テュリエル（1983）と彼の同僚が、三歳児に対して規則の変更を含む仮想的な状況について考えるように求める実験を行なった（これは様々な状況設定で膨大な回数にわたって再現されてきた）。たとえば、子どもたちは彼らの先生がこう言うのを想像するように言われる。「今日は、授業中に話したいとき手を挙げなくてもかまいません」。そして子どもたちは次のように尋ねられる。「もし今日授業中に手を挙げずに発言したら、それはしてもよいことですか？」ためらいなく、子どもたちはそうだと言う。同様に、もし彼らの親が食べ物を投げてもよいと言えば食べ物を投げてもよいだろうと子どもたちは言う。

しかし、次に子どもたちは彼らの先生がこう言うのを想像するように求められる。「今日は、友達の顔をぶちたいなら、そうしてもかまいません」。この場合、子どもたちは、先生の許しがあるとしてもなお、友達をぶってもかまわないとはほぼ間違いなく言わない。ほとんどの子どもたちは、親が「今日は兄弟に嘘をついてもかまいません」と言うのを想像するように求められたとしても、それでも兄弟に嘘をついてもかまわないということを否定する。この区別が劇的に示される事例として、心理学者のラリー・ヌッチはアーミッシュ〔キリスト教の一派〕の子どもたちに、神が日曜日に働くことを禁止するルールを設けなかったという状況を想像するように求めた。すると子どもたちの一〇〇パーセントが、そのような状況では日曜日に働いてもかまわないだろうと言った。しかし対照的に、子どもたちが神が他人をぶつことを禁止するルールを設けなかったという状況を想像するように求められた場合には、子どもたちの八〇パーセントが、そのような状況ではそれにもかかわらず他人をぶってはいけないだろうと言った (Nucci et al. 1983)。

この研究の最も直接的な含意は次のことだ。非常に幼い子どもたちは、慣習的規則（たとえば、話す前に手を挙げなさい）と道徳的規則（たとえば、他人をぶつな）の間の違いを把握しているように思われる。子どもたちは、権威によって停止されうる規則（たとえば、食べ物を投げることについての規則）もあれば、そうされえないルール（たとえば、他人をぶたないことについての規則）もあるということを認識しているように思われる。そしてこのことについて非常に印象的なのは、この違いは子どもたちのしつけにおいては全く明白でないという事実にもかかわらず、子どもたちがこの違いを認識しているということだ。（我々はすぐ後でこの点を再考する。）

ショーン・ニコルズ (2004) はテュリエルの研究のもう一つの重要な含意に対して注意を促した。慣習的規則と道徳的規則の違いに対する理解を示した子どもたちの多くは、「誤信念」テストには合格できない。つまるところ、これらの子どもたちは三歳児なのだから。しかし、もし子どもがある種類の規則は権威に依存せず一般化可能で無条件に義務であるということを他人の心的状態を認識することなしに把握できるなら、もしかしたら道徳的能力には、我々が前に考えたような視点獲得は必要ないのかもしれない。ニコルズによれば、子どもたちが権威に依存せず一般化可能で深刻なものであるとみなす規則は、「道徳判断の或る重要な核をなす」(2004 : 7)。しかし、もしこれらの同じ子どもたちがきちんとした「心の理論」を発達させていないならば、もしかすると心の理論は主要な道徳判断にとっては必要ないのかもしれない。もしかすると、道徳のルールは我々の心理にとって、我々が思っているよりもずっと基礎的なのかもしれない。おそらくは、道徳的知識や道徳的能力には生得的に核となるものが存在するのかもしれない。

4 道徳の生得性と言語との類比

今日、道徳心理学者の間で非常に活発に行なわれている論争の一つは、まさにこの生得性という問題にかかわるものである。道徳は、仮に生得的だとしたら、どの程度まで生得的なのだろうか。この問いに答えるにはもちろん、次の二点を解明することが必要である。道徳とは何で、生得性とは何か。これらの問いのうち最初のものは、第3章第1節で論じた。そこでは我々は、（リチャード・ジョイスに従って）ある生物が道徳的であると考えられるために満たさなければならない条件のリストを提示した。ニコルズは、もう少しだけ要求の少ない一連の条件を受け入れる用意がある。彼にとっては、もし仮に先生がよいと言っても友達をぶつのはよくないと主張する子どもは、道徳的能力をもつ。ジョイスの説明に則るなら、その子どもが道徳的能力をもつとみなすためには、我々はその子どもについてもっとよく知る必要があるだろう。ここでこの問題について決定を下すことは我々の目的ではない。いずれが正しいにせよ、〔以下で見る〕結果は論じるに値するものだ。

生得性の概念は、生物学、心理学、哲学などの様々な学問領域において役割を果たす。それゆえ、どの学問領域で用いられているかによってその概念が異なった仕方で扱われているということは驚くべきことではない。あるところでは（たとえば、生物学）、その概念は時に「環境によって変化しないこと」を意味するものとして理解される。たとえば、「ある特性は、それが様々な環境で確実に発達する場合にだけ、生得的である」という文における用法がそれである。他のところ（たとえば、哲学）では、その概念は時に「心理的過程を経ずに獲得された」を意味するために用いられる。幸運なことに、我々は定義をめぐるこの争いに立ち入ることなくいくつかのデータを検討することができる。なぜなら、それらのデータは大抵どの定義に従っても生得性を示唆するように思われるからである。

しかし、道徳の生得性を支持する論拠は、少なくとも近年の擁護者によれば、最近四〇年間に多くの注目を集めたさらに別の近接領域である言語学、つまり、言語の研究に端を発する。本題に入るために、少し対話式で言語学を体験してみよう。次の文を考えてみてほしい。

(1) John said that Bill would feed himself.（ジョンは、ビルは自分で食べるだろうと言った。）

(1)においては、「自分（himself）」はジョンを指示しなければならないだろうか、それともビルだろうか。もしくは、それは彼らのいずれか、あるいは全く別の誰かを指示しうるだろうか。（万一わからない人のために、注5に答えが示されている。）次の文を試してみよう。

(2) John told Bill that he would feed himself.（ジョンはビルに彼が自分で食べるということを告げた。）

(2)では、「彼（he）」はジョンを指示しなければならないだろうか、それともビルだろうか。もしくは、それは彼らのいずれか、あるいは全く別の誰かを指示しうるだろうか。（必要なだけ時間をかけてかまわない。）次のものはどうだろうか。

(3) John said that Bill saw him.（ジョンは、ビルが彼を見たと言った。）

(3)では、「彼（him）」はビルを指示しなければならないだろうか、それともジョンだろうか。もしくは、それは彼らのいずれか、あるいは全く別の誰かを指示しうるだろうか。〔次は〕以下の平叙文を疑問文――つまり、質問に――に変えてみよう。[iii]

(4) The boy who is happy is missing.（幸せな男の子がいなくなった。）

(4) では、正しい疑問文は "Is the boy who happy is missing?" か、それとも "Is the boy who is happy missing?" か。最後に次のものを疑問文に変えよう。

(5) The duck is sad that the chicken is missing.（アヒルは、ニワトリがいなくなって悲しい。）

(5) では、正しい疑問文は "Is the duck sad that the chicken is missing?" か、それとも "Is the duck is sad the chicken missing?" か。

この章があなたの眠気を誘っているか、あなたが何か特殊な言語障害を抱えているのでない限り、これらの推論のいずれも多くの思考を必要とはしなかっただろう。[5] しかし、言語学者を驚かせるのはそこではない。言語学者を驚かせるのは、我々がそれらの問いにどのように答えるかではなく、四歳児がそれらの問いにどのように答えるかである。四歳児はこれらの類の問題を、ほとんど誤たずに答える。以下の例を見よう。

実験者が四歳児たちを指人形に引き合わせる。彼らは子どもたちに、「幸せな男の子がいなくなった（The boy who is happy is missing）」かどうかを指人形に尋ねるように言う。これは、子どもたち誰一人として今まで一度も聞いたことのない文であり、その構造——つまり、埋め込まれたbe動詞（すなわち、is）が伴う文——はおそらく子どもたちにとって非常に新奇なものであるということを覚えておこう。さて子どもたちはおそらく、「猫は帽子の中にいた（The cat was in the hat.）」のような平叙文を多くの人びとが疑問文に変換するのを聞いたことがあるだろう。つまり、「猫は帽子の中にいたのか（Was the cat in the hat?）」である。上述のより複雑な文の変換は、子どもたちにとってはずっと耳慣れない。そこで、きっと一部の子どもたちは、「幸せな男の子がいなくなった（The boy who is happy is missing)」を変換するように言われたら、'Is the boy who happy is missing ?' と言うだろう。何と言っても、二つの be 動詞から選ばなければならないのだ。きっと、二つ目ではなく一つ目のものを文の最初に移動させようとする子どももいるだろう。しかし、四歳児はほぼ決してこれをしない。彼らは常に、正しい変換を行なうのだ。

なるほど、子どもたちは多分ラッキーなだけだ。たぶん彼らは（彼ら全員が！）当てずっぽうに、埋め込まれた be 動詞を伴う文を疑問文に変換する際には必ず最後の be 動詞を文の最初に移動するものとして選べ、という規則を選ぶのだ。これが正しいかどうかを検証するため、実験者たちはこれらの同じ四歳児たちに、「アヒルは、ニワトリがいなくなって悲しい（The duck is sad that the chicken is missing)」という文を示した。さてもし子どもたちが本当に最後の be 動詞ルールを用いているなら、我々は彼らが 'Is the duck is sad that the chicken missing ?' と言うのを聞くはずである。しかし、この支離滅裂な文は、子どもたちの口からほぼ一度も発せられなかった。子どもたちは何らかの仕方で、この文においては文の最初に移動されるべきなのは――二つ目ではなく――一つ目の be 動詞である、ということを知っているのだ。子どもたちはどうやってこれを知るのだろうか。子どもたちはどうやってこの規則を思いついたのか。加えて、これらの変換を支配している文法規則は実際のところ何であるのか。（あなたは自分がそれほど賢いと思うのなら、説明してみてほしい。）

これは、言語心理学者のスティーヴン・ピンカーが論じるところの「子どもたちの言語習得は、その大部分が子どもたち自身の力によるものである」ということを例証する多くの例の一つにすぎない。実際、ピンカーはさらにこう続ける。「彼らが教わったはずのないことを知っているということを、我々は示すことができる」(1994 : 40)。しかしこのことは、すぐさま疑問を生じさせる。もし子どもたちが教わったはずのない言語上の事柄について知っているなら、この知識はどこからやってきたのか。もうわかったと思うが、彼らは生まれつきそれを持っているのだ。ピンカーは、次のような小さなアナロジーを提示する。

蜘蛛がどうやって糸を吐くかを知っているということとだいたい同じ意味において、人々はどうやって話すかを知っている。糸を吐くことは、とある無名の天才蜘蛛によって発明されたわけではなく、また正しい教育を受けたかどうかや、建築学や建設業界への適性をもっているか否かにかかわらない。むしろ、蜘蛛が糸を吐くのは彼らが蜘蛛の脳をもっているからであり、その脳が彼らに糸を吐く衝動と、それをうまくやる能力を与えているのだ。

(Pinker 1994 : 18)

ピンカーによれば、我々の脳は言語を用いるように配線されている。言語は、「一つの本能」である。しかし、次のことは繰り返すに値する。すなわち、言語学者がこの立場に追いこまれるように感じるのは、子どもたちが環境から得られるとは考えにくい物事を知っているからである。これが、こうした言語学者を突き動かしている論証が、刺激の貧困論証と呼ばれるゆえんである。子どもたちがさらされている言語的刺激は、子どもたちが言語に関して知っていることを説明するには、貧弱すぎるのだ。さて、これが道徳に何の関係があるのだろうか。

答えはこうだ。ちょうど我々が言語の本能をもっているのと同じように、我々は道徳の本能をもっている。そしてこのことを信じる理由は、(ご想像の通り)道徳の刺激の貧困論証である。子どもたちがさらされている道徳的刺激は、子どもたちが道徳に関して知っていることを説明するには貧弱すぎる。哲学者で法学者のジョン・ミカイル(2009)が、この考えを厳格な仕方で論じた最初の人物である。ミカイルによれば、テュリエルによって有名にされた道徳／慣習の研究が、生得的な道徳の最も説得的な論証を提供する。テュリエルは、三歳児でも道徳的規則と慣習的規則を区別するということを示した。しかしミカイルが論じることには、子どもたちがもつこの区別を行なう能力を説明するために、我々は次の三つのことのうちの一つが正しいと考える必要がある。(a)子どもたちは、彼らの世話をする人によって訓練された。(b)子どもたちは、彼らの環境を観察することによってこの区別を学んだ。(c)子どもたちはその能力を、生得的な過程を通じて発達させた。(言語との類比に注意しよう。たとえば、埋め込まれたbe動詞を伴う平叙文を疑問文に正しく変換できるという子どもたちの能力を説明するためには、対応する次の三つのうちの一つが正しいと考える必要がある。(a)訓練、(b)学習、(c)生得性。)

さて、子どもの世話をする人は、道徳的規則と慣習的規則の区別の仕方を子どもたちに明示的に訓練してはいないということは、かなり明らかなことである。世話をする人々のほとんどはおそらくこの区別について考えたことすらないだろう。子どもたちが彼らの環境を観察することによってこの区別を学習したというのもまた、もっともらしくない。世話をする人々は道徳的規則を慣習的規則から区別しようという努力を何もしていないということを思い出そう。食べ物を投げることであれ、嘘をつくことであれ、子どもたちが耳にするのは、「やめなさい！」である。また、道徳的規則が慣習的規則よりも深刻なものとして扱われているということはありえない。なぜなら、いくつかの慣習的規則を破ることの帰結は、道徳的規則を破ることの帰結と同じくらい厳しい(場合によってはそれ以上に厳しい)ことがありうるからである。それは、世話をする人によるかもしれない。それは、日によるかもしれない。すると(c)、すなわち子どもたちが生得的な過程を通じてその能力を発達させる、という見解が残る。

しかし、テュリエルの仕事だけが、生得性の支持者たちによって引用される唯一の証拠のわけではない。子どもたちは、また別の種類の区別を認識しているようにも思われる。たとえば、ある子どもに対して、「もし今日が土曜日なら、明日は日曜日でなければならない」と伝えられる。その子どもが、明日は日曜日ではないということを告げられると仮定しよう。今日は土曜日である可能性はあるだろうか。四歳の子どもでも、確実にありえないと言う。しかし、次にある子どもに対して、「もしサムが外に行くなら、サムは帽子をかぶらなければならない」と伝えられる。その子どもはそれから、サムは帽子をかぶっていないと告げられる。サムは外にいる可能性があるだろうか。これら二つの判断の構造は同じである(pがFならば、qはGでなければならない)にもかかわらず、子どもたちは何らかの仕方で、サムは外にいる可能性があるということを認識する。どうしたらそんなことがありうるのか。それはサムが悪い子だからだ！　ここでの区別は、条件文に関わる——つまり、もし／ならば言明である。我々は、「もし今日が土曜日なら、明日は日曜日でなければならない」のような条件文を直説法的と呼ぶ。なぜなら（非常に大ざっぱに言って）それらは何が事実であるかを示しているからである。我々が土曜日の後は日曜日が続かなければならないというとき、我々は概念的に必然的な事柄を報告しているのだ。他方で、「もしサムが外に行くなら、サムは帽子をかぶらなければならない」のような条件文は、義務論的と呼ばれる。なぜなら（非常に大ざっぱに言って）それらは義務に関係しているからである。

道徳／慣習の区別の事例と同様に、子どもたちはこの区別を、その区別が彼らの養育環境の中では全く明らかではないという事実があるにもかかわらず、把握しているように思われる。親たちがどれほどの頻度で必然性の「でなければならない」（「独身男性は未婚でなければならない」におけるような）と、義務の「しなければならない」（「あなたは他人の所有物を返さなければならない」におけるような）の間の区別を時間を取って説明するだろうか。それなのに、子どもたちはそれを理解している。生得性の支持者たちは尋ねる。もし知識が生得的でないなら、いかにしてこんなことがありうるのか、と。

子どもたちはまた、意図が生じさせる区別も理解できるように思われる。私は前節でこのことに触れた。いくつかのさらなる証拠を考えてみよう。ある子どもが、もしサムが外に行くならサムは帽子をかぶらなければならない、と伝えられる。その子どもはそれから、サムを描写する四つの画像を見せられる。最初の画像では、サムは帽子をかぶらずに部屋の中にいる。二つ目の画像では、サムは帽子をかぶって部屋の中にいる。三つ目の画像では、サムは帽子をかぶらずに外にいる。四つ目の画像では、サムは帽子をかぶらずに外にいるが、彼の帽子は突風によって飛ばされている。その子どもはそれから、こう尋ねられる。どの画像が、サムが悪い子であることを示しているか。

ここで画像3と画像4はともにサムが帽子をかぶらずに外にいる姿を描写しているため、我々の予測としては、サムは両方の画像で悪い子であると言う子どもや、画像3のサムが悪い子であると言う子どもや、画像4のサムが悪い子であると言う子どもがいる、ということが考えられる。しかし、実験結果はこのような予測を支持しない。かわりに、四歳以上の子どもたちのほとんどすべてが、画像3のサムだけが悪い子であると言う。子どもたちは明らかに、悪い子であるためには意図的に悪い子でなければならないということを理解している。画像4ではサムは風で帽子をなくしたので、彼は意図的に帽子をかぶらずに外にいるわけではない。ゆえに、サムはその画像では悪い子とは限らないのだ。これらの結果は、帽子が必要なほど寒いことはめったにないような場所においてさえ成り立つものである。

言語の事例と同様に、これらの結果は、子どもたちは道徳に関する会話を非常に限定的にしか経験していないと思われるにもかかわらず、道徳を十分に理解しているということを明らかにする。しかし、もし子どもたちから出てくるものが子どもたちに入っていくものよりもはるかに洗練されているなら、子どもたちの中にはすでに多くの知識がなければならない、と道徳心理学者は論じる。道徳の知識（もしくは少なくともその核心部分）は生得的なのだ。

そうは言っても、仮に道徳が生得的であるとしても、このことは道徳が進化上の適応によるものだということを含意しないということは、繰り返すに値する。一歩離れたところから見ると、道徳の生得説は言語の生得説と同様、（いわば）人間に最初から備わっている事柄についての話であるということを、我々は強調すべきだろう。適応説は、人間に備わっている事柄がいかにして備わるようになったのかについての話である。このことが意味するのは、道徳の生得説を支持しつつも、道徳が適応によるものだということを否定することもできるということだ。たとえば、道徳はその他の認知システムの副産物、すなわち外適応だと論じることもできるだろう（第1章第1節を見よ）。

あるいはこの問題については、我々の誕生に際して神が我々のうちに知識を植えつけたのだと論じることもできるだろう。いずれにしても、証拠が出てくるまで我々の選択肢を開いておくことが重要である。もし前章で描かれた適応の筋書きが、最終的に必要な証拠をもたないのであれば、我々はそれを退けることに決めるかもしれない。しかし同時に、我々はこのことによって道徳の生得説を拒否するように強いられるわけでもない。我々はこちらの論点に関しては抗いがたい証拠を見出すかもしれないし、見出さないかもしれない。

道徳の生得説という仮説は、小規模の数の子どもたちが非常に幼い年代から知っていることに注意が向けられるならば、説得的に思われる。しかし、視野を広げるとどうなるだろうか。第4章で論じた、我々が他の文化に見出す道徳的見解の多様さを思い起こそう。我々がぞっとするような殺人は、世界の他の場所では要求はされないにしても許容可能である。ほとんどの西洋諸国では、女性は法の下に平等に扱われるが、これはいくつかの文化にとっては道徳的に忌まわしく映る慣習だ。しかし、文化を横断する道徳の多様さは、道徳の生得性という仮説に対する障壁にならないのだろうか。つまるところ、道徳への本能が人間に備わっているならば、どこにいる人間を見ても同じ道徳的見解を観察するはずではないのか。この疑問によって一部の道徳心理学者は、道徳の生得性という仮説にいくらかの留保を付けることになった。

5 配電盤、バイアス、情動共鳴

言語の生得説を支持する主張を行なう際に、私は明白な事実に触れなかった。すなわち、私が最近調べたところによると、人々は様々な言語を話しているのだ！ しかしもし言語が生得的なら、皆が同じ言語を話しているのを目にすることが予測されるはずではないのだろうか。二本の腕と二本の脚が発達することが生得的である、ということを疑う者は誰もいない。そして十分確かなことだが、地球上のどこにいる人間も二本の腕と二本の脚を持っている。それでは、もし約七〇〇〇もの異なる言語が地球上で話されているならば、言語の生得主義者は、言語は生得的であるといかにして主張できるのだろうか。

これに答えるために必要なのは、正確には何が生得的であるのかについて、明確に理解することである。(チョムスキー流の)言語の生得主義者によれば、母語ないし自然言語——すなわち、我々が実際に話しており、親から学んだ言語——は、生得的ではない。生得的であるのは、言語の生得主義者によれば、これらの言語すべてに通底する文法である。というのは、この五〇年間で驚くべき発見の一つは、すべての自然言語は共通の普遍的特性を共有しているということだからだ。チョムスキーはこの深いところでの類似点を、普遍文法と名づけた。その要点を理解する一つの方法は、論理的に可能な諸言語(たとえば、コンピューター言語)の空間を想像することだ。我々が思いつく限りの、音を意味に変換する仕方を支配するあらゆるでたらめな統語規則を考えてみよう。言語学者が言うには、驚くべきことに、人間に話されているすべての自然言語は、その論理空間の小さな小さな一部分だけに収まるのである。もちろんこのことは、様々な言語を分かつ膨大な差異が存在しないということを意味しているわけではない。しかしこれらの差異は、表面上のものにすぎないとわかったのだ。表面下では、これらの差異は取るに足らないのである。そしてこれらの差異について考える一つの方法は、スイッチやパラメーターを用いて考えることだ。いくつかの例を考えることが役立つだろう。

大ざっぱに言えば、英語が英語であり、たとえばイタリア語でないのは、スイッチがどのように設定されているかに大きく関係している。たとえば、イタリア語話者は(幼い子どもでさえ)、

(1) Io vado al cinema.

(2) Vado al cinema.

という文の両方が許容可能であることを認識している。ともに、私は映画館に行くつもりだという命題を表現している。しかし英語においては、

(3) I am going to the cinema.

という文は許容できる一方で

(4) Am going to the cinema.

という文はそうではない。その理由は、英語では――イタリア語ではそうではないが――文の主語は発音されなければならないからだ。言語学者はこの制約を、空主語パラメーターと呼ぶ。既知のすべての言語は、(イタリア語のように)主語随意的か(英語のように)主語義務的かのいずれかである。既知の言語については、可能性はこれで尽くされている。ここ四〇年の間、言語学者は多くのこのようなパラメーターを同定してきた。ほぼすべての事例において、パラメーターはただ二つの設定しか持たない。

これらのパラメーターと、それらがどのように設定されているかを同定することは、言語生得主義者の主張を洗練させるのに役立つ。生得主義者が論じるところでは、子どもが備えて世界に現れるところのものは、この普遍文法の「配電盤」である。子どもが環境から習得するのは、それらのスイッチがどのように設定されるべきかについての情報である。私の環境では人々は平叙文の主語をきまって発音しているかそうでないか？　言語能力は、おそ

らくこの情報に対して（子どもたちの意識下で）感応的なのであり、そして必要な設定を行なうのだ。子どもは、その文が主語を持っていることやそれらの主語は発音されるかそうでないかのいずれかだということを個別に学ぶ必要がないのである。子どもの教育のその部分に関しては、勉強を始める前にすでに完了しているのだ。

道徳の生得主義者が言うには、言語についてのこの見解は、どのように道徳的発達が理解されるべきかのモデルを提供する。ミカイルと同様、心理学者のマーク・ハウザーがこの考えを熱心に打ち出してきた。ハウザーによれば、子どもによる文法に関する判断が、そのパラメーターが地域的条件によって設定されるような普遍言語文法から生じるのとちょうど同じように、子どもの道徳判断は、「共通の諸原則と文化によって変更可能なパラメーターを完備した普遍道徳文法」（2006：43）から生じる。子どもが遺伝的に持っているのは、簡単に言えば、道徳の配電盤なのである。子どもがその環境から取り出すのは、道徳のシステムを構成する様々なパラメーターのそれぞれをどう設定するかである。もしハウザーが正しいなら、「すべての新生児は、有限ではあるが多数の道徳システムを構築できるだろう。ある子どもが特定の道徳システムを構築するとき、それは地域の文化によってその特定のシステムがもつパラメーターへと設定されたからなのだ」（2006：298）。ハウザーは、別々の文化規範によって微調整された文化横断的な普遍道徳に関して、多数の例を確認している。

殺人を例にとってみよう。ハウザーによれば、子どもには他人に危害を加えることを禁ずる原則がすでに備わっている。子どもは他人に危害を与えることが禁じられているということを学習する必要はないのである。子どもが学習しなければならないのは、その例外である（もし例外があるならば）。〔他人に危害を加えることに関する〕一般的な禁止には、多くの例外があるのだろうか。それとも二、三の例外しかないのだろうか。

ある環境においては、他人を殺すことはほぼ普遍的に禁じられているとみなされている。正当防衛や、ひょっとすると死刑といった例外はあるが、他人を殺すことは、子どもたちに対して、決して許されないものとして提示される。この環境においてはスイッチは「常に禁止」に設定されているだろう。他の環境においては殺人の道徳的地位はずっと複雑である。それは、いくつかの下位パラメーターの関数であるように思われる。殺される人は私の部族の一員か？　その人は女性か？　この人は私の家族の名誉を傷つけたか？　この人は私を侮辱したか？　このような環境では、スイッチはずっと低いところ、「時には禁止」にある。しかし、たとえば「決して禁止されていない」という設定は存在しないというように、道徳の配電盤は選択可能な判断に対して制約をかけているということも生得主義者の主張の一部である。今日まで研究された数千もの人間の文化の中で、他人に危害を与えたり殺したりすることに対して無関心さを示すような文化は一つとしてない。我々が観察する多様性は、予想可能な仕方で制約されているように思われる。それと類比的に、言語の「配電盤」にも、普遍文法によって禁じられているために我々が観察しないであろうような多くの設定が存在する。[6] ハウザーによれば、「生物学的に言って我々は、ある選択肢は許容し他のものはそうしないという仕方で、暴力のパターンに制約をかけている」(2006 : 132)。

ハウザーは、同様の筋書きが正義、公正、近親相姦、新生児殺しについても語られうると信じている。これらの事例すべてにおいて、どこに住んでいる人間も、要求されていることと禁止されていることについての生得的な感覚を（非常に幼い年齢から）持っている。我々が観察する多様性は、別々の文化によって微調整されたパラメーター的な変数によって説明されるのだ。

しかし、道徳の発達に関するハウザーの「原則とパラメーター」という見解は一部の人々にとっては少々行きすぎである。哲学者のチャンドラ・スリパーダは、ある種の生得主義的説明を提示してもよいと考えているが、それはハウザーによって提示されたものよりはずっと控えめなものである。スリパーダとハウザーの間の議論は、データが我々に何を受け入れるよう強いるのかという点に関わっている。言語の生得主義者が信じているのは、言語の学習というタスクは子どもたちにとってどれだけ難しいかということを熟考すると、我々は言語が生得的であるという見解を受け入れるように強いられるということである。（前節での議論を思い出すこと。）スリパーダは言語に関するこの見解は進んで受け入れる。しかしハウザーとは異なりスリパーダは、データが我々に道徳的発達の「原則とパラメーター」モデルを受け入れるように強いるとは考えない。なぜか。なぜなら、道徳の学習という課題は決してそこまでは難しくないからだ。スリパーダによれば、道徳規範は、「人間の〔言語の〕文法の階層的な樹状構造や再帰的な規則と同じ仕方で経験からかけ離れている」わけではない（Sripada 2008 : 328）。つまるところ、子どもたちは彼らの世話をする人々から、してよいこととしてはいけないことを非常に頻繁に告げられているのだ。ゆえに、説明を要する区別（たとえば、道徳的規則／慣習的規則の区別）もあるものの、子どもたちが直面する道徳を学習するという課題は、言語を学習するという課題ほど途方もないものでは全くない。また、道徳の場合、子どもたちには、世話をする人々が子どもたちに正しいことと不正なことを教える際に言語を用いることができるという有利さがある。言語の場合はそうではない。最後に、スリパーダが懸念しているのは、道徳規範の文化横断的な多様性が、ハウザーの筋書きによって説明されるには端的に言って大きすぎるということだ。だとすれば、子どもたちはハウザーが想定するよりも柔軟さを備えてこの世界にやってくるということが真であるはずだ。

「原則とパラメーター」モデルの代わりに、スリパーダは彼が道徳的発達の生得的バイアスモデルと呼ぶものを提案する。このモデルは、道徳的発達上の柔軟性をより許容する。なぜなら、それが道徳心に帰するものがより少ないからだ。スリパーダによれば、子どもたちが生得的に持っているものはある規則を他の規則よりも支持するある種類のバイアスないし傾向性である。言い換えれば、人間の心は生まれつきある社会的規則を他の社会的規則よりも魅力的だと考えるということだ。このことは、様々な文化を横断して観察される道徳の同様さを、うまく説明する。スリパーダは一例として、近親相姦を挙げる。

子ども時代に長期にわたる時間をともに過ごした人と性交渉を行なうことに対して人間は生得的な嫌悪をもって

いるということについては、よい証拠が存在する。そのメカニズムを最初に提唱したフィンランドの社会学者エドワード・ウェスターマークにちなんで、我々はこれをウェスターマーク嫌悪と呼ぶ。しかし、近親相姦への生得的な嫌悪は、近親相姦に対する生得的な道徳的禁止と同じものではないということに注意しよう。（ハウザーは、子どもたちが近親相姦に対する生得的な道徳的禁止を持っていると論じる心づもりがある。）スリパーダによれば、生得的な嫌悪は近親相姦行為への反応としてある種の集団的反感を生じさせるだろう。そしてこの集団的反感は、時間を経ると「人を不快にさせる行為を禁じる新たな道徳規範の出現」（2008：336）へとつながるだろう。ウェスターマーク嫌悪は、特定の慣行を禁じる「道徳規範の『魅力』を増す」ような、その慣行に対する生得的反感の一例にすぎない。もしこの筋書きが正しいなら、殺人、盗み、嘘、等々に対する道徳的禁止は、集団のすべてのメンバーによって共有された生得的嫌悪から生まれ出たのだ。

哲学者のショーン・ニコルズは、次のようなよく似た主張を支持する議論をしている。『「感情に支えられた」規範的主張［その中のいくつかは道徳的主張だろう］は、感情を動揺させるような行為を禁じるものであるが、感情に支えられていない規範的主張よりもよく記憶されるだろう』（2004：128）。ここで、ニコルズにとって記憶が特別な役割を果たしている。なぜなら、記憶された規範は文化的存続に与るのであり、そしてこのことが道徳的思考がほぼ普遍的であることを説明するからだ。ニコルズによれば、道徳の領域で我々が見るものは生物学的進化というよりはむしろ文化的進化の働きである。文化的進化は、遺伝子ではなく観念の選択に関わる。（リチャード・ドーキンスは選択におけるこれらの単位をミームと名づけた。）どの考えが選択されるのか。たまたま存続し、他人の心に伝播することになった考えならどれでも、である。(7)

ある考えが強い感情によって支えられていると想定してみよう。腐った肉に対する我々の反応（「うえっ！」）を例にとろう。誰かが、腐った肉には我々の体を蝕もうとする見えない霊が入っているという考えを広める。ある種の環境では、その考えはある種の理解を得られるだろう。言うなれば、強く感情的に理解されるだろう。とにかく、「腐った肉を食べるな」という規範は強力な感情的支持を得る。それゆえ、よいCMソングのように、あなたがそれを一度聞いたら忘れられないということは想像に難くない。あなたはよりいっそう他の人に伝える傾向があるし、そして他の人も、あなたと同様に、その考えに即座に共鳴する。こうしてそれはその考えが我々の文化にしっかり根づくまで続く。それゆえ、（ミカイルやハウザーのように）誰かが道徳を生得的だと考えるかもしれないということは、驚くべきことではない。つまるところ、それはすべての文化で出現していると実際に考えられるのだ。しかしニコルズとスリパーダによれば、それは証拠を読み違えている。生得的なのは道徳ではない。特定のバイアスもしくは（ニコルズが呼ぶところの）「情動共鳴」が生得的なのだ。バイアスと道徳の間のつながりは、その人のいる環境によって築き上げられる——とりわけ、感情的に強力な考えの伝播によって。

この見解の一つの利点は、生得的なバイアスは非常に風変わりな規則を受けいれることを厳密には排除しないということだ。何らかの規則（たとえば、「無実な人間を殺す」）を嫌悪することは、あなたがそれを受け入れることができないということを意味しない。単に、より強力な文化的な圧力があればよいのかもしれない。環境に同調せよという圧力と、繰り返し刺激にさらされることによって、ある行為に対してあなたがもつ生得的な嫌悪は、それがどのようなものであれ、最終的に消えてしまいはしないとしても、抑圧されるかもしれない。ゆえに、スリパーダとニコルズによって提供された説明は、重要なデータを説明するための材料を持つように思われる。彼らはまず、子どもたちがきちんとした訓練を受けていないにもかかわらず急速に「道徳の文法」を発達させるのはいかにしてかを説明することができる。次に彼らは、道徳が世界中で似通っている点と極端に異なっている点の両方を説明することができる。

6　非生得主義者の疑念

しかし、道徳性についてのこの控えめな見解でさえ、哲学者のジェシー・プリンツにとっては、行きすぎである。プリンツは、道徳の非生得的な説明では先ほど言及されたデータを説明できないということに納得しない。より否定的でない仕方で同じことを言うと、こうだ。それらのデータは非生得主義的な説明と完全に両立可能だとプリンツは考えている。普遍道徳と呼ばれている事例から始めよう。

プリンツ（2008b：372）によれば、道徳の生得主義者はその主張を立証するために少なくとも三つのことを示す必要がある。まず、生得主義者は、すべての文化において見られる類似した道徳的規則が本当に存在することを示さなければならない。これは、チョムスキーによって仮定された普遍文法に似たものである普遍道徳文法が存在することを示すのに等しい。次に、生得主義者はこれらの普遍的な道徳的規則を説明する非生得主義的な方法で妥当なものは全くないことを示さなければならない。もし、ある非生得主義的な説明でデータを十分に説明できるなら、生得主義を受け入れなければならない何らかの別の理由が存在しない限りは、我々はより単純な筋書きに同意すべきである。すなわち、子どもたちは、人生における非常に多くの事柄を学ぶのと全く同じ仕方で、道徳の規則を学ぶのだ。最後に生得主義者が示さなければならないのは、道徳判断を下すことを担う生得的な機構が、道徳に特有のものだということだ。つまり、生得主義者が示さなければならないのは、この機構が（単に）汎用性をもった生得的な認知メカニズムの結果ではないということである。つまるところ、プリンツのような非生得主義者は、何らかの汎用性をもった学習メカニズムが生得的であるという考えには反対しないのだ。自分の経験した事柄について理論を形成する何らかの生まれつきの能力なしに、子どもたちが少しでも学習できるということは考えにくい。ハウザーやスリパーダのような生得主義者の努力にもかかわらず、プリンツは、生得主義者がこのうちのどれも示すことができないのではないかと疑っているのだ——そのすべてを示すことなど、なおさらである。

普遍的な道徳的規則に関しては、プリンツは、証拠が「残念なほど弱い」(2008b : 373) と考えている。世界の諸文化を少し渡り歩いただけでも、たとえば、危害に対する寛容は「その禁止と同じくらい一般的」であるということがすぐに明らかになる。たとえばアマゾン地域のヤノマモ族や[iv]、ルソンのイロンゴット族、ニューギニアの高地部族、アステカ族、さらには大規模産業社会におけるサブカルチャーも入れてもよい。これらすべては、暴力に対して非常に寛容な態度を顕わにしている。ある人々は、他人を殺すことを厭わないばかりではない。彼らはそれを賛美するのだ。もちろん我々は、ほぼすべての人は他人に危害を加えることを不正だと判断するだろう、と考えがちである。しかし、プリンツによれば、世界の人々を正直に評価すると、他者危害についての普遍的な道徳的禁止が存在するという考えには、深刻な疑いが投げかけられる。

正当な理由のない危害はすべての文化で禁止されている、と応答されるかもしれない。しかし、非生得主義者はこの普遍性をすぐさま説明することができる。プリンツは問う。もしいかなる個人的な目標にも役立たないなら、他人に危害を加えることの何がよいのだろうか。実際、他人に危害を加えることがあまりに高い社会的コストをもたらすというのは、しばしばその通りである。子どもたちは早くに、間違った行動には〔悪い〕結果が伴うということを学ぶ。それゆえ、すべての文化において正当な理由のない危害は禁止されているという事実(と主張されているもの)を説明するために、生得的な道徳のシステムを仮定する必要はない。必要なのは、何が他人から否定的な反応を引き出すかを学習する能力と、おそらくそれらのものを避けようとする傾向性だけだ。しかし、これは生得的な道徳からはほど遠い。プリンツには、我々が互いに配慮し合うよう生物学的に傾向づけられているという考えを受け入れる用意はある。彼はまた、「安定した社会が成立するための普遍的な制約」が存在するかもしれないという考えを受け入れる用意もある。しかし、これらの傾向性は、生得的な道徳的感受性を必要とはしない。

では、道徳の刺激の貧困論証についてはどうだろうか。子どもたちが道徳的規則と慣習的規則を、明示的な訓練なしに区別するのはいかにしてかを非生得主義者は説明しなければならないということを思い起こそう。プリンツによれば、子どもたちがその区別を明示的な訓練という手助けなしに学ぶことは、全く可能である。彼は、次のことを示唆する証拠を引用する。子どもの世話をする人は、実は違った仕方の「規律的介入」を、問題となっている規則の種類に応じて実際に見せている。道徳的規則を強制することに関しては、子どもの世話をする人たちは「力を用いた主張（power assertion）」を用い、権利に訴える。慣習的規則を強制することに関しては、世話する人たちは子どもたちに道理を説き、「社会秩序」に訴える。もしこれが正しいなら、研究データによって我々が道徳の生得主義を受け入れることを強いられるということは全くない。

7　本章のまとめ

美徳と悪徳の科学は、まだ生まれたばかりである。人間がどのようにして彼らがもっている道徳的信念と道徳的感情をもつようになったのかについて我々が実際知っていることは、我々が知らないことに比べて見劣りしてしまう。子どもの発達への注目は、依然として大きい。道徳の生得主義者と非生得主義者を分かつ論争の決定的な争点は、(a)子どもが幼い年代に知っている事柄、そしてより重要なのは、(b)もっともらしい仕方でその知識へと至ることができたような可能的道程、である。もし、より詳細な調査によって子どもたちの道徳的知識は非常に初歩的なものである、つまり、人間の言語を基礎づけるような高度に洗練された知識とは似ても似つかぬものであるということが明らかになれば、生得主義者の主張は、弱いものに見え始めるだろう。しかし、もしその知識が道徳の生得主義者が主張するぐらい豊かであるならば、いかにして子どもがそのような知識に到達したのかを示すという重圧が非生得主義者にかかる。このことは、子どもの自然な社会的環境を非常に詳細に観察することを必要とするだろう。しかし、そのような観察は、非常に大きな障壁に直面する。一つには、それは三年から四年にわたる集中的な観察を必要とするだろう。なぜなら、思い出してほしいのだが、生得主義者の主張とは、子どもは、自らが形作るにいたった類の判断を形作るために十分な道徳的刺激にさらされていないというものだからだ。しかし、このことを知るための唯一の方法は、子どもが成長の間にさらされたあらゆる事柄を観察することだけである。さらに、科学的な観察はしばしば邪魔になる。我々が観察する必要があるのは、自然な環境なのであり、これは難しいかもしれない。もし、科学者があなたの行動を観察していると知れば、このことは、おそらくは無意識に、あなたの振舞い方を変えるだろう。

本章の前半部で我々が論じたテーマに戻ると、我々は少なくとも基本的なことについてはより安心できる。人間が世界に、道徳的にであれ他のことについてであれ、完全に真っ白な状態で現れるとは、誰も真剣には言わない。ほとんどの非生得主義者でさえ、我々は他者の苦悩に反応するように生まれついているという考えを受け入れている。我々は四歳ぐらいで他人の観点をとる能力を発達させるよう生まれついているという考えの方は、もう少し論争的である。が、より洗練された道徳判断、つまり行為者の意図に感応的だと思われる判断を下すために、子どもたちがこの情報〔他人がどう考えているか〕を用いるようになるということは明らかである。

しかし、（適切に理解された）道徳性が進化の産物であるという主張にとっては、生得主義の問題が決定的に重要である。道徳的思考が生得的であるということを示す十分な証拠はあるのだろうか。このことを示すために、研究者たちは、子どもたちが何を知っており、どうやってそれを知るようになったのかを研究し続けなければならない。

この方向の研究が基づいている理にかなった前提は、もし子どもたちが彼らの環境に由来するのではないような一連の知識を持っているならば、それは生得的であるというものだ。生得主義の問題に対するもう一つのアプローチは、文化横断的なものである。人類を横断するような普遍道徳文法は存在するのだろうか。この方向の研究が基づいている(おそらくより危うい)前提とは、すべての文化に現れる特性は、地域的な差異はあるにせよ、共通の人間の発達プログラムから生じている、というものだ。もちろん、仮に両方の方向の研究が生得主義を支持する強力な証拠をもたらすことになったとしても、道徳の進化の立証は不完全なものにとどまるだろう。道徳が選択されたということを示す十分な証拠が存在するのだろうか。つまるところ、へそは、選択されたわけではないが、すべての文化ですべての人が、育ちの違いにかかわらず、一つ持っている。もしかすると道徳は、たとえばより大きな脳の、副産物であったのかもしれない。もしかすると道徳は、何らかの超自然的な力によって我々に植え込まれたのかもしれない。これらすべてのことが示しているのは、我々はこの問題に関して決着した見解に近いところにはいないということだ。美徳と悪徳の科学は、まだ最終評決を出すにいたっていない。

これで第I部の最後にたどり着いた。我々の旅は、ダーウィンと利己的な遺伝子から古の人間共同体へ、そして人生で初めて道徳と格闘する年頃の現代の少年少女たちへと至った。道中の導きとなったのは、道徳は我々の遺伝子にあるという考え、人間の心臓の構造を形作ったのと同じ力が道徳心の構造を形作ったという考えであった。第II部では、我々の関心は、我々が正と不正についてどのように考えるかということから、正と不正そのものの本性へと移る。ダーウィン的な選択の力は、我々がたとえば計画的な殺人は不正だと判断するだろう理由を説明するだけでなく、それは不正だという我々の判断の正当化もまた行なうだろうか。生物学は我々に何が善くて何が悪いかを教えることができるだろうか。我々は、我々の人生を進化の原理に従わせるべきなのか。これらが、我々が第II部で取り組むだろう問いのいくつかである。

文献案内

Boehm, C.（2000）Conflict and the Evolution of Social Control. *Journal of Consciousness Studies*, 7, 1–2 : 79–101.

Carruthers, Peter, Stephen Laurence, and Stephen Stich（eds.）（2005–6）*The Innate Mind*, vols. 1 and 2（Oxford University Press）.

Chomsky, Noam and Carlos Peregrín Otero（2004）*Language and Politics*（AK Press）.

Cima, Maaike, Franca Tonnaer, and Marc Hauser（2010）Psychopaths Know Right from Wrong But Don't Care. *Social, Cognitive, and Affective Neuroscience*. Advanced access : http://scan.oxfordjournals.org/content/early/2010/01/06/ scan.nsp051.full.

de Waal, Frans（2005）*Our Inner Ape*（Riverhead）.（フランス・ドゥ・ヴァール『あなたのなかのサル――霊長類学者が明かす「人間らしさ」の起源』藤井留美訳、早川書房、二〇〇五年）

de Waal, Frans（2006）*Primates and Philosophers : How Morality Evolved*（Princeton University Press）.

Eisenberg, Nancy and Paul Henry Mussen（1989）*The Roots of Prosocial Behavior in Children. Cambridge Studies in Social and Emotional Development*（Cambridge University Press）.

Haidt, Jonathan（2006）*The Happiness Hypothesis : Finding Modern Truth in Ancient Wisdom*（Basic Books）.（ジョナサン・ハイト『しあわせ仮説』藤澤隆史・藤澤玲子訳、新曜社、二〇一一年）

Hauser, Marc（2006）*Moral Minds : How Nature Designed our Universal Sense of Right and Wrong*（Ecco）.

Mikhail, John（2009）The Poverty of the Moral Stimulus. In W. Sinnott-Armstrong（ed.）, *Moral Psychology : The Evolution of Morality*, vol. 1（MIT Press）.

Nichols, Shaun（2004）*Sentimental Rules : On the Natural Foundations of Moral Judgment*（Oxford University Press）.

Pinker, Steven（1994）*The Language Instinct : How the Mind Creates Language*（Morris）.（スティーブン・ピンカー『言語を生み出す本能 上・下』椋田直子訳、ＮＨＫブックス、一九九五年）

Sinnott-Armstrong, Walter（ed.）（2008）*Moral Psychology : The Evolution of Morality*, vol. 1（MIT Press）.

Tancredi, Laurence（2005）*Hardwired Behavior : What Neuroscience Reveals about Morality*（Cambridge University Press）.

Warneken, F. and M. Tomasello（2007）Helping and Cooperation at 14 Months of Age. *Infancy*, 11, 271–94.

第II部　「何であるか」から「何であるべきか」へ

——ダーウィン以降の道徳哲学

ダーウィンの思想の真に危険な側面はその魅惑性である。
――ダニエル・デネット『ダーウィンの危険な思想』[i]

その移行は造作なくなされる。我々は一日に何度もそれを行なう。そしてそれはほぼ常に無意識である。〔すなわち〕我々は「全く自然なものだ」、「自然のものだ」、「自然に育った」と聞くと、それを善いことだと考える。どうしてだろうか。それは我々が人為に対して懐疑的だからだと言っても、疑問が再び生じるだけだ。すなわち、我々はなぜ自然なものを人為的なものあるいは自然でないものよりも自らにとって善いとみなすのか。ひょっとしたら、我々は自分の体（と心?）を、言うなれば「全く自然な条件」下で進化したと想定しているのかもしれない。そこでもし我々が自然の産物ならば、我々が「自然な」製品を用いるのはとても道理にかなったことではなかろうか。我々は、我々の人生を今ある我々へと導いた条件と、我々の人生を我々がなりたいものへと手助けしうる種類の事物との間には、ある種の調和があるはずだと想定している。

技術革新は間違いなく刺激的なものである。しかし、過度の技術革新は直ちに我々を困らせもする。遺伝子組換え食品へのいくつかの反応を考えてみよう。あるいは美容整形への反応でもよい。自然への侵害だ！　一九七〇年代に体外受精が実行可能な生殖の選択肢になったとき、大きな反発が存在した（また、社会の一部では現在も存在する）。その批判には慎重なものもあった。すなわち、長期的な健康上の危険がどのようなものか我々にわかるのかとか、一般市民は「試験管ベビー」を差別するだろうかといったものである。しかし、批判にはそれよりもはるかに深いものもあった。すなわち、これが我々のほかならぬ人間性にどのような影響を及ぼすのか我々にわかるのかというものだ。おそらく、最も熱のこもった反応を生み出すこの手の問題は、クローン人間の作製であろう。生命倫理学者のレオン・カスは問題の周辺をうろつくのではなく、問題の核心に直行する。彼が言うには、「我々はクローン人間の作製の可能性に反発を覚える……我々は直ちにそして議論なくして、我々が正当に大切にしているものが侵害されるのを直観し感じるからだ。我々は、クローン技術は我々に与えられた本性への深刻な冒瀆の典型であると感知する」(1997 : 21)。政治哲学者のマイケル・サンデルは遺伝的エンハンスメントに反対する主張において似たたぐいの議論をしている。サンデルによると、遺伝学的なエンハンスメントの「危険」は究極的にはそれを促進する人間の態度にある。すなわち、「それらはある種類の過剰な行為主体性 (hyperagency) の典型である――すなわちそれは、我々の目的に役立て我々の願望を満たすために、人間本性を含む自然を作り直したいというプロメテウス的な野心である」(2004 : 893)。「全く自然である」ことと善を結びつける者のように、サンデルもカスも自然であるものと善いものは緊密に連合していると想定している。

これで、我々の探究の第二段階の舞台が整った。すなわち、価値と自然の関係はどのようなものなのか。つまり、何が善くて何が悪いのかと、何が自然なのかとの間の関係はどのようなものなのか。そして、ここからすぐに次の疑問へと至る。すなわち、我々の種の存在をもたらした自然の力と道徳との関係はどのようなものか。人間進化のいくつかの産物――競争のようなものだけでなく、協力や愛も含まれる――が、何が道徳的に正しいかをも決めるということがありうるのか。この疑問は今までの章で我々が取り組んだものとは独立している。というのは、人間の道徳的思考は適応の結果ではないとしても、なお我々は生物学的な命令により道徳的な命令が決まると主張するかもしれないからだ。次の数章で、我々はこの考えをめぐる様々な歴史を探索するだろう。この探索の要点は主として教育的なものである。すなわち、初期の進化倫理学の失敗から我々が学ぶ教訓は、その現在の形態に直接影響を与えているということだ。進化倫理学を少しでも知っている者は誰でもそれが悪名を伴っていることを知っている。たとえば、記憶に新しい最も嫌悪感を起こさせる社会的運動、たとえばナチズムとの結びつきを認める者もいるだろう。進化論が二〇世紀前半の全体主義体制の社会政策に影響を与えた範囲は、歴史学者の間で依然として激しく争われている。しかし、我々のすべきことは歴史的というより哲学的なものだ。我々のすべきことは、我々がいかに行為すべきかの指標として進化論を用いる努力のほとんどすべてがなぜ役に立たないのかを明らかにすることである。「全く自然な」から「全く善い」への移行は危険なほど混乱している。

ダーウィンの発見は、何よりもまず生物学的な発見である。そしてほとんどの人々は今日そのように考えている。それは生物学者やより大胆な社会科学者の間に広まっている考えである。ダーウィン自身は彼の考えを生物学的発見、すなわち種がどのように進化するかの説明以外のものとして真剣に考えることはなかった。彼は自分の発見が指令、つまり我々がいかにして自らの人生を生きるべきかの手引きとなるという考えを嘲笑さえした。ハーバート・スペンサーはそのような慎重さを持ち合わせていなかった。彼は、ダーウィンの発見を道徳的発見とみなした初めての（そしておそらく最も熱心な）哲学者である。社会ダーウィン主義という用語は、我々がいかに人生を生きるべきかについて、自然選択による進化が道徳的ないし実践的手引きを与えるという見方と結びつけられるようになった。

ダーウィンの同時代人であるスペンサーは、人類の発展について楽観的であった。第6章で見るように、ダーウィンの『種の起源』の出版はスペンサーが考えていたこと、すなわち社会的調和が我々の自然状態であるという考えを裏づけた。それこそが進化が自然に至る先なのだ。そして、それは我々の自然状態であるがゆえに、道徳的に望ましいのだ。我々がクローン技術について語っていようが毛染めについて語っていようが、我々の自然状態こそが正しいものだという考えは今日なお賛同を得ている。つまるところ、あるものは自然に反するという主張は一つの批判になるのである。スペンサーが執筆していた時代には、ダーウィンの発見は自然に逆らうことがなぜ間違っているのかに関する初の科学的説明となった。そして、誰が科学と論争することなど望むだろうか。

もちろん、スペンサーが科学を正しく理解していたならば、彼はより大きな成功を収めていただろう。しかし、これから見ていくように、彼はそうではなかった。自然選択による進化はスペンサーが想定していた仕方では作用しなかったため、スペンサーが道を誤ったのは不思議なことではない。第7章で我々は、正しさと自然との想定されたつながりに対する別個ではあるが関係のある二つの批判のうちの一つを再検討する。第一の批判（これはときにスコットランドの哲学者デイヴィッド・ヒュームにちなんでヒュームの法則と呼ばれることがある）によると、純粋に非道徳的な主張から論理的に出てくる道徳的主張はない。スペンサーが、進化論がそれ自体によって我々の人生を一定の仕方で生きることを正当化すると信じた限りにおいて、彼の考えは誤謬推理に基づいていた。第8章では、我々は哲学者のG・E・ムーアによって導入された関連する批判（いわゆる自然主義的誤謬）を検討する。これは、善を（社会的調和のような）他の属性と同一視するいかなる試みも、失敗する命運にあるというものである。ムーアによると、善はそもそも基礎的なものであるから、より基礎的な何かには還元することはできない。ほとんどの哲学者にとって、ヒュームの法則と自然主義的誤謬は社会ダーウィン主義の行く手をはっきりと閉ざすものだった。それ以上言うべきことはなかった。もしこれがE・O・ウィルソンが「倫理を生物学化する」という表現で意味したものならば、生物学は端的に言って道徳規範を与える業界ではないのだから、倫理を「哲学者の手から」奪うまっとうな理由はなかった。

より近年の哲学的思考はおそらくもう少しばかり寛容かもしれない。第9章では、我々はムーアとヒュームを再び取り上げる。我々は彼らの批判を、一部の人々が信じるほど決定的なものなのかどうかを見極めるべく詳細に検討する。これから見ていくように、ヒュームとムーアは自らが示したと主張したことを本当に示したのかを疑う哲学者がいる。一部の人はいわゆる「である」と「べき」の間の隔たりに橋渡しをする方法を提案している。そこでは、ヒュームの法則は破ることができるということが主張される。ムーアの主張が誤った答えを出す事例を指摘し、彼の自然主義的誤謬はそれ自体が誤謬ではないかと考える者もいる。これらの哲学者が正しいとすれば、社会ダーウィン主義は最終的に、もう少し長く健闘できるかもしれない。もちろん、ある見方に対する二つの異議を取り除くだけでは、その見方が正しいことにはならない。明確な批判がない場合でさえ、社会ダーウィン主義の擁護者はなお、その見方が正しいとは言えないまでももっともらしいと我々が考えるべき理由について、論拠を提示する義務を負っている。明らかに、そのような論拠はまだ具体的には提示されていないと言える。

さらに最近になって、進化倫理学は異なる様相を呈している。第10章および第11章で見るように、現代の哲学者はダーウィンから異なる教訓を引き出している。すなわち、「倫理を生物学化すること」は倫理を錯覚へと還元することを意味している。こうした哲学者によると、倫理は（美のように）見る者の目の内にしかない。我々は、正・不正は客観的なもの——もしくは実在するもの——だと信じている。しかし、それは（いわゆる）客観的な道徳的秩序のおかげではなく、進化のおかげなのである。このアプローチによれば、我々は本当の道徳的秩序を把握しているがゆえに正・不正が客観的だと信じているのではない。我々がそう信じているのは、進化がそう信じるように我々をだましているからにすぎない。第12章では、私はこの一連の批判に応答するいくつかの可能な方法を提案する。これは重要な試みである。というのは、進化を真剣に受け取ると同時にいくつかの行為は客観的に反道徳的だと主張するためには、この反実在論者の主張に答えなければならないからだ。両方を採用することはできないと信じる哲学者もいる。私はそれができると信じる人のためのいくつかの選択肢を列挙する。

第6章　社会的調和
――善と悪、および生物学的な醜さ

無能者の貧困、無分別な者が陥る窮乏、無為の者の飢餓、そして強者が弱者を押し退けることは、非常に多くの人々を「浅瀬に乗り上げた惨めな状態に」置くものの、大きな、先見の明のある善意が命じるところなのだ。

――ハーバート・スペンサー『倫理学原理』

人間を、進化の終点であるかのように扱うことは狂信的な自分びいきである。人間は何百万もの最終結果の一つ、つまり一つの小枝にすぎない。

――リチャード・ドーキンス、『ニュー・ステーツマン』のインタビュー

本章では、初期の進化倫理学の誘惑と過ちを確認する。その目的は、現代の哲学者が進化倫理学を行なっていると主張するときに彼らが行なっていることについての、よくあるいくつかの誤解を明確にして退けることである。

1　存在の大いなる連鎖から生命の樹、道徳性まで

人間の進化を漫画で書いたものによると、単細胞生物が多細胞生物に進化した。多細胞生物は魚類に進化し、魚

類は最終的にどこかの浜辺に上陸した。歩く魚類は爬虫類になり、爬虫類は小型の哺乳類になった。小型の哺乳類はより大きな哺乳類になった。大きな哺乳類は木々の中に入った。その後木々の中から出てきた。彼らは二本脚で立ち、体毛はなくなり、最終的に、姿勢が直立となり、彼らは堂々と歩いて森を出て、ロンドンの広い大通りを、目立つ洗練された仕方で、会話に事欠くことなく歩いた。

この説明の大部分はもちろん誤解を招くものである。（一つには、個体が進化するのではなく、個体群が進化するのだ。）しかし、その基本は正しい。我々の祖先には木にぶら下がっていた者だけでなく、海を泳いでいた者もいる。実際、非常にみすぼらしいプランクトンやそれ以前にまでさかのぼる、途切れることのない遺伝的連鎖があるのだ。私が手始めに指摘したい点は、自然選択による進化の漫画的説明は進化の過程の或る歪んだ像を広めてしまうということである。つまり、物事の「長期的な視点」をとると、複雑性の低いものから高いものへと着実に進展するという説明〔の魅力〕に抵抗するのは難しい。原生生物のような微生物から海綿動物へ、海綿動物からタコノマクラへ、タコノマクラからヤツメウナギへ、ヤツメウナギからマグロへ、マグロからカメへ、カメからイタチへ、イタチからシマウマへ、シマウマからサルへ、サルからヒトへという進展は明白なように思われる。そしてそれは単に大きさにおける進展ではない。イタチはセコイアよりもはるかにずる賢い。類人猿の相互行為を統制する社会階層はシマウマの相互行為を統制する社会階層よりも複雑である。

あなたはおそらく、宇宙において人間が占める位置に関する中世的描写、すなわち「存在の大いなる連鎖」（図6-1）を見たことがあるだろう。その底辺には無機物と植物がある——その辺りにいても大して面白くない。だが、あなたが上へと上がっていくにつれ、生物はどんどん複雑さを増していく。もちろん、伝統的な階層では、クリスマスツリーのてっぺんに置かれた天使のように、神が頂点に鎮座している。我々は天使ではないが、遠く及ばないわけでもない。ダーウィンの思想は間違いなくこの像を何らかの点で覆す。しかしその他の点では、この秩序の科学的弁明であるようにも思われる。というのは、人間は自然界の残りの部分に対しては上位であるままだからだ。存在の大いなる連鎖がいかにして「生命の樹」（図6‐2）になったのか考えよう。「生命の樹」は大いなる連鎖とは異なり生物どうしの連結（もしくは、生物学者の表現では、系統発生学的関係）を描いているが、生命の垂直的階層は保っている。実際、偉大なドイツの博物学者アーネスト・ヘッケルによる一八七九年の描写では、人間が完全に神にとってかわる。我々は、旧約聖書の『創世記』にとても壮大に表現された思想、すなわち人間は「海の

図 6‐1　アリストテレスによって提案された存在の大いなる連鎖。ディダクス・ヴァラデース『キリスト教的修辞学』（Didacus Valades, *Rhetorica Christiana*, 1579）より。

魚、空の鳥、家畜、大地のすべて、そして地上を四足で歩くすべてのものに対する支配権」をまだ持っているという思想を放棄していない。

そして、率直に言えば、その直観は魅惑的である。あなたが最後に飛行機に乗った時のことを思い出してほしい。景色を見渡すと何が見えただろうか。どの生物種がしるしを残していただろうか。シカがみんなで集まって道を築いたということはないし、キツツキが分譲住宅地を築いたということもない。医学研究所や処理施設や大学にいる

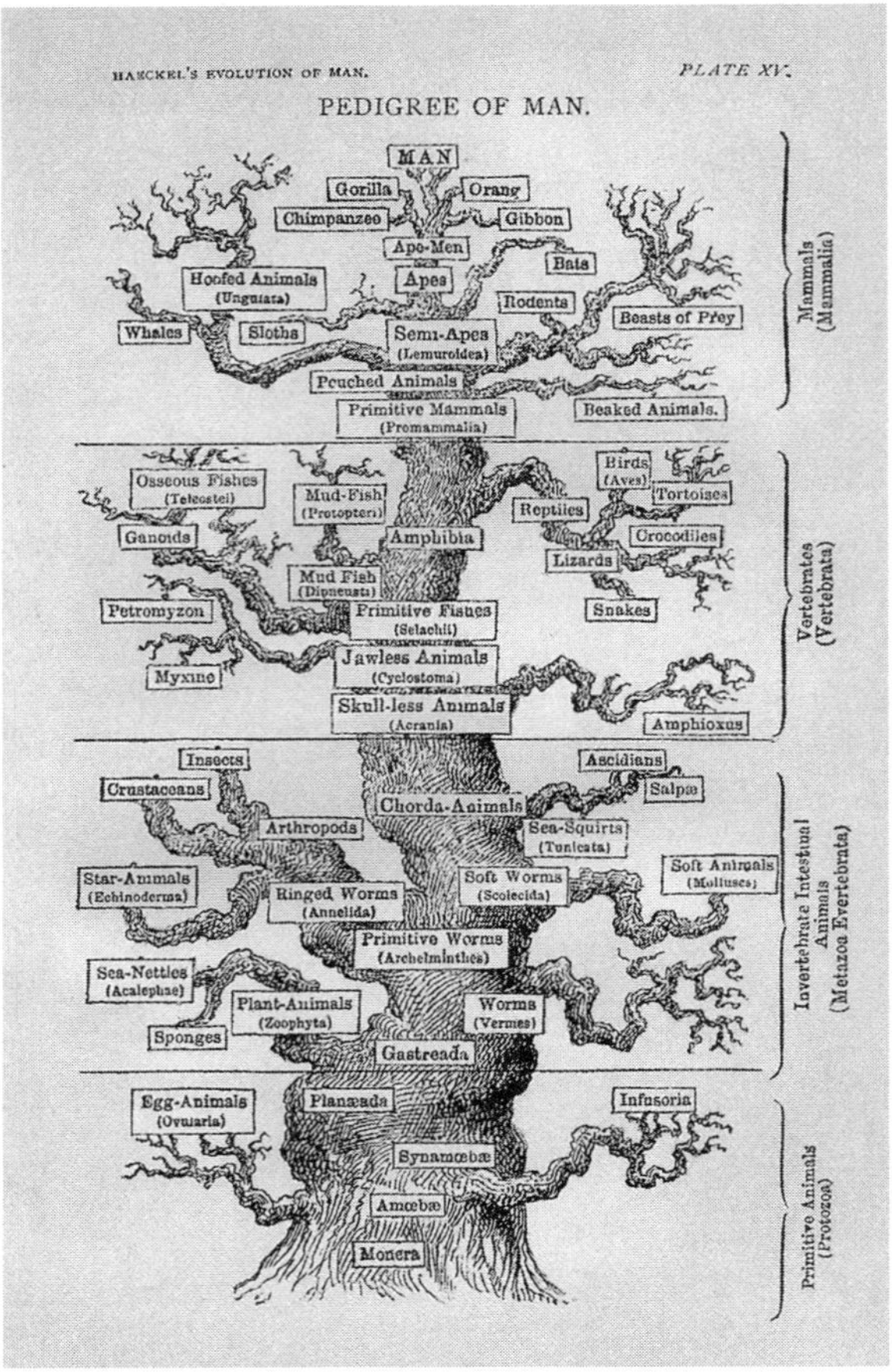

図 6-2　ヘッケルの生命の樹。『人間の進化』（*The Evolution of Man*, 1879）より。

のはヒヒではない。考えてみてほしい。人間（そして、イヌ）を月に行かせることのできるイヌをあなたは何匹知っているか。ネコがソナタを作曲するのを見たことがあるか。モグラがソネットを作るのはどうか。ゾウは間違いなく侮れない能力を持つが、彼らが独力で設計し建設した橋、トンネル、競技場——あるいはほったて小屋でもよい——を一つでも挙げてみよ。我々が鳥のように飛べないのは事実だ。だが我々はＶＩＰのように飛べる——はるかに高速で、無料のナッツを食べながら——のに、誰が鳥のように飛べる必要があろうか。我々はサバと比べれば相当泳ぐのが下手だが、総トン数一六万トンの資材を入手して五〇〇〇人の友だちを運べる大型巡行船を建設することを思いついたサバに私はまだお目にかかったことがない。

　この考え——進化上、人間は特別だという考え——の力は、我々がすることだけでなく、我々がしないことをも考慮することで強さを増す。新生児殺しは、ブタやネズミ、ライオンやサルを含む他の数え切れない種において見られるが、我々の家族構造の常態ではない。人間ももちろん新生児殺しを行なうが、我々はまれな事例を唾棄すべきものとみなしている。わが子を殺して食べるのはどうか。我々のうちで最も嫌われている反社会的行為者でさえ、そこまですることはない。しかし、共食い目的の新生児殺しはチンパンジー、ネコ、ゾウ、イヌ、ヒヒ、クマ、ライオンの間でかなり一般的である。また人間は、概して言えば、一夫一婦制を採っている。我々は「良いときも悪いときも、富めるときも貧しいときも、病めるときも健康なときも」連れ合いとずっと一緒にいる。動物の世界の残りの部分では、多少の例外があるものの、多くの場合は、自分の手近にいる個体を愛するというものである。

　それ以上よく知らないのであれば、我々はためらいもなく人間は「より高次の」存在へと進化したのだという結論を導くだろう。我々が驚くほどに複雑で、適応性があり、完全な自己犠牲が可能であるということを誰が否定できようか。我々は「啓蒙されている」——少なくとも以下の意味で。すなわち、我々は理性の力を利用して、寿命を（いくつかの報告によるとだいたい四、五十年も）伸ばしたり、健康を向上させたり、地球の果てやもっと先を探索したり、芸術を発達させたり、法律や契約、交易や商業の制度を設けたりといったことを行なってきた。我々は思いやり深い。我々は他者への深いつながりを感じる。我々は、限られた仕方ではあったとしても、一緒に働きたいと望む。道路や病院、銀行や劇場、議会や公園は、すべて協力、言い換えれば共同作業の精神によって可能となった。しかも、スペンサーが指摘するところによれば、これらは、「進化の最終段階」の産物である。人間は、これらの大きな素晴らしいものの生産を容易にする一種の社会的調和を成し遂げた点で独特である。

これらの観察は、自然選択が「高次の形態」へと向かっていると初期の進化論の理論家たちが考えるようになるのに十分であった。これは人間よりも高次の形態はありえないということではない。実際のところ、未来にはより高等な、進化した生物の種族、すなわち、理性、思いやり、そして（おそらく）芸術的感性をより多く所有する成員からなる種族がいるかもしれない。しかし、今ここでは、人間が先頭に立っている。もし（スペンサーが信じたように）進化が個体の一生の長さと快楽を増す特徴に「有利に働く」のであれば、その場合、人間は進化のシンボルだと言える。スペンサーによると、人類の卓越性にとって重要なのは行動——我々がどのように隣人を扱うか——である。我々が動物から人間に目を移すときに見えるのは、利己的行動の抑制を行なう道徳的感受性である。これは今度は「恒久平和」の共同体を奨励する。自身のためにそのような共同体を確保したのち、我々は人生の長さと質を増す他の方法へと関心を移すことができる。

スペンサーが決定的な一歩を踏み出したのはこの点においてである。彼は、ある種類の行動が社会的調和の維持に不可欠ならば、我々がその行動を善いと——正しいと——みなすべきでない理由があるだろうか、と考えた。スペンサーはそうしない理由を見出すことができなかった。

> 我々が善という名をつける行動は、相対的により進化した行動である。そして悪は我々が相対的により進化し

ていない行動につける名である。……さらに、ちょうど我々が、自分や子孫や同胞における生の最大の全体性をその行動が達成する場合に進化が最大限高次なものになることを見たように、ここで我々は、善いと呼ばれる行動が三つの種類をすべて同時に満たすとき、それが最善とされる行動へと昇華するのを見る。

(2004/1879 : 25)

というわけで、このような結論に至った。存在の大いなる連鎖から、生命の樹を通じ、道徳性そのものに至るということだ。ダーウィンの思想は我々が今そうであるところの生物にどのようにしてなったかのみならず、我々がどのようにあるべきかをも示したとスペンサーは主張した。道徳性は生命の樹と並んで延びている。ちょうど生物が複雑さ、洗練、思いやりにおいて常に上に向かうように、(最高度の進化を達成した)人間は常に上に向かうべきである。そこでは人生はより長く、より快適である。もし進化が本来的に生物がその一生を伸ばし高めることへと向かわせるものなら、まさにこれを果たす行動を善いもしくは正しいと呼ぶのは確かに理にかなっている。そしてその逆をなす行動を悪いもしくは不正と呼ぶのは確かに理にかなっている。

2　生命の樹を引っこ抜く

この思考の道筋はどこで誤った方向へ行ってしまったのだろうか。それを知るのは思ったよりも難しいかもしれない。つまるところ、大多数の思想家はこれらの考えに惑わされていたのだ(そして一部はいまだに惑わされている)。

実際には、この思考の道筋は二つの根本的な過ちを犯している。第一の過ちは、進化の過程そのものへの基本的な誤解である。どの現役生物学者でも過ちがわかるはずだ。第二の過ちは明確に哲学的なものである。これにより私が言いたいのは、我々の概念が混同されているということだ。我々の概念の構造をより詳しく吟味すると、スペンサーが考えたようには或る一群の観念から別の一群の観念へと移行することはできないということがわかる。この章の残りの部分で、私は生物学的な過ちを取り上げる。第7章で、我々は哲学的な過ちへと移るだろう。

第1章で、私はダーウィンの生物学への貢献——自然選択による進化——を「とても簡潔で見事な着想」だと述べた。もしかしたら、私はその主張を大げさに書いてしまったかもしれない。間違いなく、見事ではある。しかし、その着想と含意のいずれも誤解される傾向を踏まえると、「簡潔な」の部分を取り消した方がよいかもしれない。ここで妨げになるのは、適応、選択、機能、目的という用語である。それらは行為者性（agency）を含意する。すなわち、自然がある壮大な計画によって形成されているかのように、それらはある種類の指導的な力を含意するのだ。ドーキンス（1986）による明確化の努力——彼は「盲目の時計職人」〔という比喩〕を提案した——でさえ誤解を招く。ダーウィン自身、彼の考えがいかに容易に誤って扱われうるかを認識していた。『種の起源』の出版後、彼は友人のチャールズ・ライエルに「私は説明がとても下手に違いない……『自然選択』は悪い用語だと思う」（Desmond and Moore 1991 : 492）とこぼした。彼の革命的な思考への道のりを平坦にするための一助として、ダーウィンは人間がいかにして様々な動植物を自分たちのために飼いならし選んできたのかを論じることで『種の起源』を始めたが、その選択は今となっては誤解に加担しただけのように思われる。

ダーウィンの着想の含意を完全に理解するには、ある種類の無心（mindlessness）を見て取らなければならない。これは何も仏教の教えのことではない。それはダーウィンの着想を本当の意味で驚くべきものにするものである。というのは、ダーウィン流の自然選択の理論によれば、今日地球上に満ち溢れている生物は（飼育されているものは例外として）無心の過程、つまり全く先見を必要としない過程の結果、ここにいるのだ。初期のダーウィン批判者は「完全なる無知が創造者である」と要点をついた。（もちろんこの匿名の批判者はその理論を理解できなかったため、この事実をダーウィンが間違っている――完全に狂っているとは言わないまでも――証拠とみなしたのだった。）自然選択は、選択が選択者を含意する限りにおいては、全くもって選択とは言えない。自然選択はえり分けの過程として考えるのが一番よい。だがもちろんえり分ける者はいないのである。

こう言ってよければ、環境を、たまたま有益な特徴を持っている個体だけが通る大きなこし器と考えてみよう。これらの特徴は適応と考えられるようになる。だが、最初は、どの特徴が最終的に適応になるのかは全く予測がつかない――それは少なくとも二つの理由による。第一に、生物に違いをもたらすかもしれない形質の変異は、無作為の遺伝子変異と環境の入力があいまったものの結果である[1]。第二に、ある環境におけるある生物の適応度を向上する変異は別の環境では破滅を招くかもしれない（たとえば、ある個体がもつより厚い毛皮は、より寒い気候では役に立つであろうが、より暖かい気候では有害であろう）。要は、無心は進化の道がいかにして進展するかを予想するいかなる希望も失わせるのだ。さらに重要なのは、我々に似ている――まして我々のように考え、感じ、欲求する――生物の進化を期待することはできないだろうということである。人間はミユビナマケモノやサボテンと同様、生物学的に必然的ではないのだ。「我々は複雑性への動因をもたない予測不可能な過程による輝かしい偶然の産物である」と、物故した古生物学者のスティーヴン・ジェイ・グールド（1996 : 216）は書いた。

よく知られているように、グールドは約五・三億年ほど「生命のテープを巻き戻すこと」を想像するよう我々に勧めた。それは我々がよく知っている生物が進化したのよりもずっと前だ。テープをもう一度再生した場合、ホモ・サピエンスが再び舞台に現れる可能性はどれくらいあるだろうか、とグールドは尋ねた。ほとんどゼロである。グールドによると、世界に住む登場人物の顔ぶれは大幅に異なっていただろう。そして我々はどこにも見られなかっただろう。次のように考えてみるとよい。ニューヨークで車に乗って、行き当たりばったりに右折左折し高速道路を乗り降りしながら一か月間運転した場合、たとえばテキサス州のダラス市に行きつく可能性はどのくらいだろうか。おそらくその可能性はどの都市に行きつくのともだいたい同じだろう。もちろん、我々の場合は、（いわば）ダラスに行きついたわけだが。しかしやり直してみたら、あなたはどこに行きつくだろうか。それは誰もが予想する通りだ。それがグールドの論点である。

しかしこの論点はスペンサーとどう関係するのだろうか。どうやらスペンサーは、実際に人間はダーウィン流の自然選択の必然的な終点にいると考えていたように思われる。スペンサーの進化論理解では、生命のテープを巻き戻してもう一度再生しても、結局我々は特別な栄誉に浴する人類へと戻ってくるだろう。つまるところ、スペンサーにとっては、進化は進歩するものなのだ——より単純な形質からより複雑な形質へと。そして我々は最も複雑なものだ。もちろん、実際には進化は進歩するものではない。グールドは次のように言う。

> 経時的な進化論的変化の事実は我々が進歩と呼んでいるものを表してはいない。進歩は不可避のものではない。進化の多くは形態学的複雑性の面では、向上するよりもむしろ低下している。我々は何かより偉大なものに向かって歩んでいるわけではない。生命の実際の歴史は、時を経るにつれ全体的に複雑性を増すある予測可能な動因があるという我々の通常の予想に照らして見ると、ものすごく奇妙である。もしそうであったなら、生命は確かにそのためにずいぶん時間をかけたことになるだろう。生命の歴史の六分の五は単細胞生物だけの物語なのだから。（1996 : 52）

複雑性への不可避の動因の命運はこれで尽きたと言える。我々のような複雑な生物の発達を至上の目的とする過程として進化を見ることはできない。ある特徴を、スペンサーのように、「より進化している」と述べることは、その構造、複雑性、その他一切について、ほぼ何も含意しない。生物学の立場からは、その表現が意味するものは明確ですらない。バクテリアはヒトよりも進化しているのだろうか。そもそも、一部のバクテリアは四〇億年進化し続けている——現生人類の進化期間よりも一万倍長いのだ！　ある生物を「より進化した」ものにするのは進化の速度なのだろうか。もしそうなら、ウイルスは我々のはるか前方にいる。たとえば、インフルエンザウイルスのタンパク質は、ヒトのタンパク質よりも一〇〇万倍速く進化する。この章の題辞をなすリチャード・ドーキンスの発言を言い換えると、（我々の大好きな例である）人間は進化の目的ではない。我々は進化の産物にすぎないのだ。進化に目的はない。

進化の過程に特別な比喩を当てはめないといけないとしたら、それは「上向き」であるべきではない。それはおそらく「外向き」とすべきである——低木の育ち方のように。あるいは、さらによいのは、車輪である。テキサス大学の生物学者デイヴィッド・M・ヒリス、デリック・ズウィックルおよびロビン・グテルは、生命の樹全体の約三〇〇〇種（これは実は、既知のすべての種の約〇・一八パーセントにすぎない）から取られたｒＲＮＡ塩基配列の小サブユニットに基づいて生命の樹を構築した。図6-3はヒリスらによる図を単純化したものである。この生命の描写によると、生命体の生物学的分類のうち我々のお気に入りの哺乳類は、車輪上の単なる一つの分類として現れる——シダ類や扁形動物に比べて「高く」も「低く」もない。我々は異なるスポーク（あるいは進化の低木の小枝）を占めているにすぎない。我々の種を何かとりわけ優れているとみなす生物学的理由はないのだ。確かに我々が得意とするものはある。だが我々が不得意なものもまたある。そしてもちろん、我々は地球上においてかなり偉そうにしているが、それがいつまでも続く保証はない。我々はパーティーに遅く現れたのであり（始まってから何十億年も後に）、しかも早く立ち去る見込みは大いにある（地球規模の温度自動調整器を一方向に回しすぎると、我々は過去の存在となる）。

いずれにせよ、これらの事実すべてがスペンサーを困らせる。スペンサーの主張が人間という種は進化の計画の

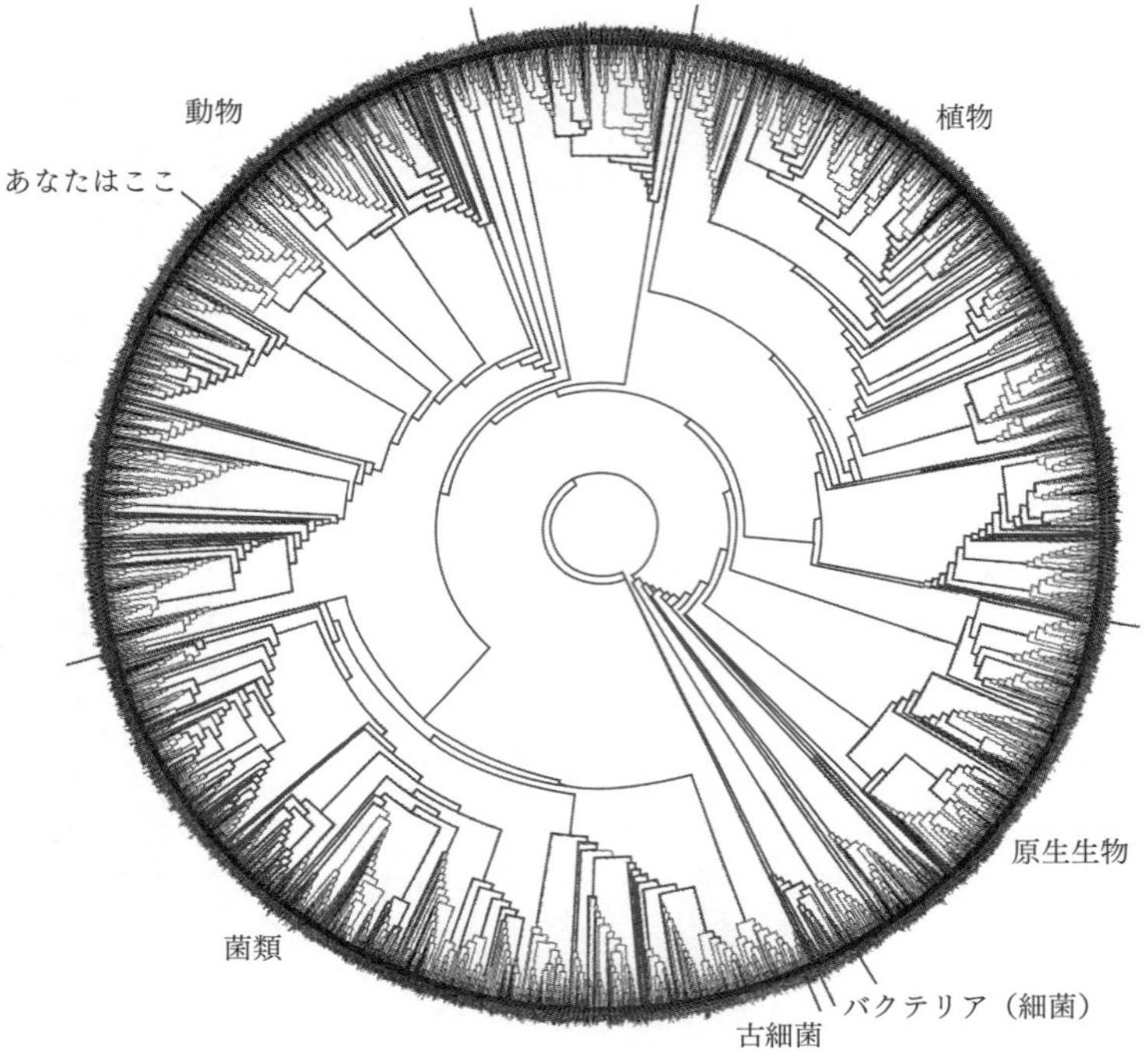

図 6-3　簡単な生命の樹。D. Sadava, H. C. Heller, G. H. Orians, W. K. Purves, and D. M. Hillis, *Life : The Science of Biology*, 8th edn. Sinauer Associates and W. H. Freeman, 2008 より。

頂点を象徴しているという想定に基づく限り、それは失敗するのだ。人間が進化の階梯のより高い位置を占めていると主張することは決してできない。それは単純にそのような階梯がないためだ。生物学の領域では、そのような価値的序列は不可能である。我々の狭い生態的地位（niche）では、我々は非常にうまくやってきた。しかし、それぞれ自らの狭い生態的地位で我々とちょうど同等かそれ以上にうまくやってきた生物をすべて列挙するには、図書館がまるごと必要になるだろう。だとすれば、これが意味するのは、我々の生を向上させ伸ばした行動（親切、慈善、寛容、公正）は、我々にとって、この生態的地位においては機能したかもしれないが、それは歴史的偶然にすぎないということだ。他の生態的地位では、そのような行動は我々の生を向上させたり伸ばしたりはしなかったかもしれない。そして他の多くの可能世界では、我々は存在すらしない――さらにこれらの世界の多くにおいては、そのような行動も存在しないのである。

しかし、これはスペンサーや社会ダーウィン主義と呼ばれるようになったものが抱える問題の始まりにすぎない。というのは、仮に生物学者がダーウィン流の進化論の構造について間違えていたことが（奇跡的に）明らかとなり、仮に進化は本当に複雑性と設計において進歩していたと判明した場合でさえ、スペンサーのおかれた状況は全く変わらないからだ。次章で見るように、生物学から価値への移行は障壁に満ちている。より具体的には、事物がどうあるかに基づいてどうあるべきかを正当化するいかなる試みも、哲学者によると、必ず失敗するのだ。

文献案内

Brockman, John (1995) *The Third Culture : Beyond the Scientific Revolution* (Touchstone).

Dennett, Daniel C. (1995) *Darwin's Dangerous Idea : Evolution and the Meanings of Life* (Simon & Schuster).（ダニエル・C・デネット『ダーウィンの危険な思想――生命の意味と進化』山口泰司監訳、青土社、二〇〇〇年）

Gould, Stephen J. (1992) *The Panda's Thumb* (Norton).（スティーヴン・ジェイ・グールド『パンダの親指――進化論再考 上・下』桜町翠軒訳、早川書房、一九九六年）

Rachels, James (1990) *Created from Animals : The Moral Implications of Darwinism* (Oxford University Press).（ジェームズ・レイチェルズ『ダーウィンと道徳的個体主義――人間はそんなにえらいのか』古牧徳生・次田憲和訳、晃洋書房、二〇一〇年）

Ruse, Michael (1986) *Taking Darwin Seriously : A Naturalistic Approach to Philosophy* (Oxford University Press).

Sadava, D., H. C. Heller, G. H. Orians, W. K. Purves, and D. M. Hillis (2008) *Life : The Science of Biology*, 8th edn. (Sinauer Associates and W. H. Freeman).（デイヴィッド・サダヴァ他『カラー図解 アメリカ版 大学生物学の教科書 第1巻〜第5巻』講談社ブルーバックス、二〇一四-一六年）

Spencer, Herbert (2004/1879) *The Principles of Ethics* (University Press of the Pacific).

Thomson, Paul (ed.) (1995) *Issues in Evolutionary Ethics* (SUNY Press).

第7章　ヒュームの法則

マンチェスター新聞に私に関するかなり愉快な風刺がありました。それによれば私は「力は正義」であることを証明したのだそうです。

——チャールズ・ダーウィン『その生涯と書簡集』

しかし、論者たちは通常この警告を行なわないので、僭越ながら私が読者にそれをお勧めしよう。そして、この小さな注意があらゆる通俗的な道徳体系を覆すものと私は確信している。

——デイヴィッド・ヒューム『人間本性論』

仮にスペンサーがダーウィン流の進化論に関して正しかったとしたらどうだろうか。人類が本当に自然選択による進化の頂点を表しているとしたらどうだろうか。「先見の明ある博愛」を真に有する進化が、勤勉さや自愛の思慮や節制や親切や気前の良さやその他のものを体現しそこなった集団を実際に淘汰したとしたらどうだろうか。この想像上の世界において、道徳はその自然的基礎を見出したと確信をもって言うことができるだろうか。我々はそうした特徴を体現するよう努めるべきだと言えるだろうか。また、社会的調和は進化が自然に向かう方向だからという理由で、社会的調和を促進することが我々の基礎的な道徳的責務だと言えるだろうか。我々は一般的に言って自然の導きに従うべきだと、少なくとも言えるだろうか。

簡単に言えば、答えはノーである。進化は道徳的に「より高位の」存在に向かうわけではないという事実を無視したとしても、スペンサーの立場は改善されない。たとえば「力は正義」だと示そうとして進化を（あるいは、もっと言えば「自然な」過程を）用いたがる人々は、急勾配の哲学的な登り坂に直面するだろう。というのは、もったいぶった言い方をすれば、生物学に関するであるから道徳に関するべしに至ることはできないからだ。二つの（関連する）理由がある。両方とも我々の概念と関係があるものだ。

一つの理由はスコットランドの哲学者、デイヴィッド・ヒュームに遡る。ヒュームによれば、事物がどのようであるかについてのいかなる主張も、事物がどのようであるべきかを論理的には含まない。概念的隔たりがこれら二つの領域を分ける。この章での我々の目的は、ヒュームが述べたことを明らかにすることだ。もう一つの理由はG・E・ムーアの仕事に由来する。ムーアによれば、善（あるいは正や不正など）とは何かに関する議論は、自然界に関する議論に還元されえない。少し異なる理由から、ムーアもまた概念的隔たりがこれら二つの領域を分けると考えた。

ヒュームとムーアは合わせて、スペンサーのキングコングに対するゴジラである（あるいはスペンサーのプレデターに対するエイリアンかもしれない）。多くの現代の哲学者たちにとって、進化倫理学はスペンサーのような社会ダーウィン主義者とムーアのような批判者の間のまさにこの戦いを表している。この論争の歴史が示唆するところによれば、哲学者たちが社会ダーウィン主義者の仮説に厳しいまなざしをむけた際に、彼らによってその仮説が完全に葬り去られたものと考えられている。ムーアとヒュームは社会ダーウィン主義者を壊滅させたのだ。もちろん、常にそうであるように、真理はそれよりも複雑である。だが「生物学的倫理学」への行軍はヒュームとムーアという巨大な壁にぶつかるということに疑いはない。本章で我々はヒュームと、一部の人がヒュームの法則と——いくらか大げさに——呼ぶものから出発しよう。次の章で我々はムーアに注意を向けるだろう。

1 演繹的に妥当な論証

論理学のちょっとした復習から始めよう。すべての人間が死ぬ、ということが真だとしよう（私は実際そうだと考えているが）。ベアトリスが人間であるということも真であるとしよう。これら二つの真理に基づいて、我々はベアトリスに関して何か他のことを推論できるだろうか。もちろんできる。ベアトリスは死ぬということだ。もしすべての人間が死に、かつベアトリスが人間であるならば、ベアトリスは死ぬということは必ず真実である。どうしてそうでないことがありうるだろうか。（すべての人間が死に、かつベアトリスが人間であり、しかしベアトリスが不死であるような世界を想像できるならしてみてほしい。できないだろう——少なくとも自分自身に損傷を与えない限りは。語の意味を変更するのでない限り、ベアトリスが死ぬことは保証される。それは論理的に必然である。）

私がいま述べた論証は以下のように表される。

1　すべての人間は死ぬ。
2　ベアトリスは人間である。
3　したがって、ベアトリスは死ぬ。

これは論理学者が演繹的に妥当な論証と呼ぶものであり、それは前提（1と2）が真であるならば、結論（3）も必ず真であるということを意味する。諸前提を主張しながら結論を否定することは矛盾である。概して、分析哲学者は妥当な論証を構築することを目指している。その理由は明らかだ。諸前提が真であることを哲学者が読者に納得させれば、結論は保証されるからである。それはタダで付いてくる。妥当でない論証は哲学者たちを弱い立場に置く。なぜなら批判者は正当にも以下のように言うことができるからだ。「私はあなたの前提のすべてを受け入れることができるが、あなたの結論を受け入れる必要はない」。ひょっとすると、あなたのすべての前提が真だとしても、あなたの結論は偽であるかもしれないからだ。あなたの目標がつけいる隙のない哲学体系を構築することならば、妥当な論証こそが黄金の基準である。それ以外のものは何であれ、懐疑論に至る扉を開けたままにしてしまう。

ではこの教訓を道徳に当てはめてみよう。私が以下の論証を与えるとしよう。

1　ジョーンズはベアトリスを殺す。
2　ジョーンズはベアトリスを殺したがっていた。
3　ベアトリスは死にたくなかった。
4　ベアトリスの死はベアトリスにとって害である。
5　ベアトリスの死はベアトリスを気にかけるすべての人にとって害である。
6　それゆえ、ジョーンズはベアトリスを殺すべきではなかった。

この論証は非常に説得的に見える。他の人を殺したいと欲し、実際にそうするような人がいる。もちろんジョーンズは彼がしたことをすべきではなかっただろう。だがこの論証は妥当だろうか。すなわち、我々はすべての前提を受け入れ、だが結論を否定することができるだろうか。

少し時間をとって、あなたの想像力をかきたてて、ベアトリスを殺すことを望むジョーンズがベアトリスを殺したということが真であり、だがジョーンズは彼がしたことをすべきでなかったということが偽であるような世界を想像してみてほしい。そのような事例を考え出すことができるだろうか。

あなたの想像力がなかなか働かない場合のために、この論証が妥当でないことを示す三つの事例を示そう。(a)ジョーンズは、ベアトリスが彼を殺そうとするのを防ごうとしている。(b)ベアトリスは戦場における敵兵であり、彼女はジョーンズの小隊を脅かしている。(c)ジョーンズは、州の死刑執行チームの一員としてベアトリスを、五人の子どもをレイプし殺害したかどで処刑しようとしている。これらすべての事例において前提がすべて真であると仮定したとしても、その結論が偽であると、少なくとも論じる余地はある。少なくとも、結論が必然的ではないということは理解できる。すなわち、前提を受け入れつつも結論を否定することに何の矛盾もないということだ。

しかしながら、上述の前提1から前提6に以下のものを加えるとしよう。

5a　ベアトリスはいかなる罪も犯していない。

5b　ベアトリスは敵兵ではない。

5c　ベアトリスはジョーンズを殺そうとしてはいない。

すると、ジョーンズはベアトリスを殺すべきではなかったと主張することを我々は論理的に要求されるだろうか。さて、もし何らかの運命のいたずらによってジョーンズの車のブレーキ線が、彼が混雑した交差点に――たまたまベアトリスが歩いて渡っているその交差点に――近づいている際に不調を起こすとしたらどうだろう。避けようという試みにもかかわらず、ジョーンズはそれでもベアトリスを殺してしまう。ジョーンズの行為が不正であると言えるかは非常に疑わしい。そしてジョーンズに対して諸々の不利な出来事が重なって起こったのであるから、ジョーンズは彼がしたことをすべきではなかったというのは的を外しているだろう。

「よせよ」とあなたは言う。「そんな小賢しい理屈をこねるなよ」と。次の事例を考えてみよう。すなわち、ジョーンズはベアトリスを殺したいと思っている、そして銃を手に取り至近距離から彼女の頭に撃ち込む。話は終わり。

もちろんこうした状況の下では、ジョーンズはこのことを行なうべきだったとか、彼の行為は不道徳ではないなどと我々は言わないだろう。もしも妥当な論証なるものがあるとすれば、間違いなくこれは妥当な論証であろう〔とあなたは言う〕。

我々はここで注意しなければならない。ジョーンズの行為が不正であるかどうかと問うことは一つの論点である。確かにジョーンズの行為は不正であろう。しかし、その結論への論証が演繹的に妥当であるかどうかと問うことは全く別の論点である。それが演繹的に妥当であると述べることは、前提を主張しながら結論を否定するならば矛盾になると述べることと同じであろう。その帰結を非常にありそうなものにする前提を生み出すのでは十分でない。それは妥当な論証ではない。以下の論証を例として考えてみよう。

1　この宝くじが明日の抽選で当たる見込みは1／43,887,609,870である。
2　これは偽物ではない宝くじである。
3　それゆえこの宝くじは明日の抽選で当たらないだろう。

諸前提を受け入れながら結論を否定するのは矛盾だろうか。全くそうではない。あなたがこの宝くじの所有者であるとして、もしこの結論を疑うならばあなたは救いようのない楽観主義者だと非難されるだろうが、あなたは矛盾したことは言っていない。もちろんあなたの宝くじが当たるということは非常に、非常に、非常にありそうにないことではあるが、外れると保証されてもいないのである。つまるところ、あなたの宝くじが実際に当たったら我々は何と言うだろう。突然宇宙が矛盾を起こしたと言うだろうか。ここでの教訓は、ある論証が妥当かどうかを決定する際には、諸前提が結論を必然的にするということ――すなわち諸前提が真でありながら結論が偽であるような可能性が一切ないということ――が事実でなくてはならないということだ。

ジョーンズに関する修正後の例に戻ると、たとえジョーンズの行為が不正ではないということはきわめてありそうにないと思われるとしても、前提を受け入れつつ結論を否定することは矛盾ではないということがわかる。それはすべての人間は死に、かつベアトリスは人間であると主張しながら、ベアトリスは死ぬということを否定することとは異なる。それは単にありそうにないというだけでなく、不可能なのである！　ジョーンズの場合、きわめてありそうもない出来事によってその結論が覆される可能性がないとは言い切れない。しかし奇妙な事例を脇においておくとしても、矛盾を主張することと、道徳的に明らかだと思われることを疑うことを混同してはならない。我々はジョーンズの行為が不正であることを疑うような人を、道徳的に鈍感であるとか過度に慎重であると非難するかもしれない。しかしそのことは彼らが論理的誤りを犯したと非難することと同じではない。(すべての人間は死に、かつベアトリスは人間であるという事実を受け入れているにもかかわらず) ベアトリスが死ぬことを否定するような人は論理的な誤りを犯していることになる。

この問題に関してできるだけ理解してもらうために、「ジョーンズはAすべきである」とあなたが述べる際にあなたは何を述べようとしているのかについて立ち戻って考えよう (Aはあなたの選ぶ行為に置き換えよ。チョコレートケーキを食べる、バドミントンをする、約束を守る)。ジョーンズはAをすべきであると言う際、このことはジョーンズはAをしていない――それが過去においてであれ現在においてであれ――ということと完全に両立可能であるということを、あなたは少なくとも暗黙のうちに認識している。実際、ジョーンズはAをすべきであると述べることは、ジョーンズが――彼の生きている限り――一度もAをしないことと両立可能である。しかしあなたは、それでもあなたの判断を貫くことができるだろう。なおもあなたはジョーンズはAをすべきであると主張するかもしれない。その理由は、「ジョーンズはAをすべきである」のような発話は、この場合においては、ジョーンズとAをすることとの間のきわめて特殊な関係を表現しているからである。それは推奨あるいは命令である。これは事物が現にそうであるようなあり方ではない、ということはすでに受け入れられている（つまるところ、もしジョーンズが約束を守っていれば、ジョーンズが約束を守るべきだと要求する必要はないはずだ）。しかしこのことは何を意味するのだろうか。そのことは、実際に事物がどうであるかを語ることと事物がどうあるべきかを語ることは根本的に異なるということを意味する。だがもしこのことが真であれば、事物がどうであるかのみを語ることは事物がどうあるべきかを論理的に含まないというのは当然ではないだろうか。この考えをさらに拡張すると、我々は世界がどのようであるかに関するあらゆることを知ったとしても、世界がどうあるべきかについてはまだ何も知らないということがありうるように思われる。事物がどうあるべきか知るには、単に（真なる）記述を理解すること以上のことが要求される。それは指令についての理解を要するのである。(1)

2　入れていないものを取り出すことはできない

これらすべてのことは、演繹的に妥当な道徳的論証はありえないということを意味しているのだろうか。それこそが、これらすべてのことから引き出されるべき結論だと思われるかもしれない。だがそうではない。いまから私が示すように、演繹的に妥当な推論を作るのは実際非常に単純である。ある意味で解決策は初めからあったのだ。以下のことを考えてみてほしい。

1　いかなる人も、けっして故意に無実の他の人間を殺すべきではない。

2　ベアトリスは無実の人間である。

3　それゆえ、いかなる人もベアトリスを故意に殺すべきではない。

少し諸前提について考えよう。たしかに前提1は非常に鈍らな道具である。たとえば、その前提は軍人と文民を区別しない。だが議論のためにそれが真であると想像しよう。そしてベアトリスは実際に無実であると仮定しよう。前提1と2が真でありながら、結論が偽であるような場合を想像できるだろうか。少し考えてみるならば、あなたはそれが不可能であることを理解するはずである。あなたが諸前提を受け入れる限り（そして語の意味を変更しない限り）、諸前提が結論を必然たらしめるのは明らかなはずだ。

なぜ今回はうまく行ったのだろうか。先述の道徳的論証では何が欠けていたために、我々は論理的に必然的な結論を引き出すことができなかったのだろうか。答えは明らかだ。すなわち、先の試みにおいてはどの前提も何が事実であるべきかを述べてはいなかった。それらは単に何が事実であるかのみを述べていたのである。そしてこれこそが問題である。純粋に「である」の諸前提から「べし」を推論しようと試みる論証は、例外なく妥当ではない。「べし」の結論を引き出そうとする論証は、少なくとも一つの「べし」の前提を必ず含んでいなければならない。もしあなたが何かを入れていなければ、あなたは何も取り出すことはできないのだ。上で見たように、何が事実であるかを主張することと、何が事実であるべきかを主張することとを分ける根本的な隔たりがあるように思われる。そしてこの隔たりは、何が事実であるかのみに関する主張（たとえば、ベアトリスの死はベアトリスにとって有害だろう）から何が事実であるべきかに関する主張（たとえば、ジョーンズはベアトリスを殺すべきではない）を、我々は引き出すことができないということを含意している。そのような導出をするために我々は少なくとも一つの、何が事実であるべきかに関する主張（「いかなる人もけっして人間を殺すべきではない」）を加える必要がある。

哲学者たちはこのことを事実と価値の区別と言い表すようになった。一見したところ、世界は諸事実と諸価値を含んでいるように思われる――そして一方はもう一方に還元できない。価値を表す一つの方法は指令、すなわち何が事実であるべきかに関する言明である。事実と価値の区別によれば、これは事実を表現すること、すなわち事物が実際にどうであるかに関する言明とは異なる。

3 「決定的な重要性」

以上のことは哲学者デイヴィッド・ヒュームとどんな関係があるのだろうか（そして進化とどのような関係があるのだろうか。進化については次の節でとりかかろう）。そう、我々は事実と価値の間のこの区別に最初に気づいたヒュームに感謝しなければならない。西洋哲学の偉大な論考の一つである『人間本性論』において、ヒュームは以下のように述べている。

私がこれまでに出会ったいかなる道徳の体系においても、私はいつも以下のことに気が付いたものである。すなわち、著者はしばらくは通常の仕方の推論で進み、神の存在を論証するか、あるいは人間の諸事に関する主張を行なう。そしてまったく突然、驚いたことに、「である」や「でない」といった通常の命題の繋辞ではなく、「べし」や「べきでない」と結びついた命題ばかり目にするのである。この変化は気付かないほど小さいが、しかし決定的な重要性をもつもの（of the last consequence）である。なぜなら、この「べし」や「べきでない」は何らかの新しい関係か断定を表しているので、それははっきりと述べられ、説明される必要があり、そして同時に、まったく信じられないと思われること、すなわち、この新しい関係がそれとはまったく異なる他の関係からの演繹であるということに対して理由が与えられる必要があるからである。

(Hume 2009/1882 : part 1, sec. 1)(一)

我々の用語で言えば、ヒュームは事実に関する言明と価値に関する言明は「まったく異なる」ということを認識していたのである。そして彼は「である言明」(あるいは『である』や『でない』といった命題の繋辞)から、「べし言明」への不当な移行に気づいた最初の人物である。ごく小さなものであるとしても、その移行は「決定的な重要性をもつ」、つまり非常に重要なのである。

もし真であるならば、「ヒュームの法則」は将来のあらゆる道徳の理論化に決定的な制約を課すだろう。道徳的に何をなすべきかに関する主張を確立するために、あなたは少なくとも一つの、道徳的に何がなされるべきかに関する他の主張を前提しなければならない。そしてその主張を擁護するために、あなたは何が道徳的になされるべきかに関する別の主張を前提しなければならない。そしてこれが続く。以上のことは、道徳的理論化は(理論化が可能な程度においては)永遠に自律的である——すなわち、最終的には、その法則や結合が価値の領域にとどまる学問分野である——ということを含意しているように思われる。このことは直ちに、社会ダーウィン主義に対する帰結をもたらすだろう。

4　力から正義への移行を阻止すること

ダーウィンは、彼の理論が「力こそ正義」を意味するという考えを愉快だと述べた。ここでダーウィンがヒュームのことを念頭においていたかどうかは明らかでない。しかしダーウィンは確かにヒュームを読んでおり、ヒュームの著作に影響を受けていた(2)。いずれにしても、ダーウィンは、愉快に感じたと表明した際に、ヒュームが一世紀前に行なった所見を繰り返していたのである。つまり事物がどのようであるかを記述することと、事物がどうあるべきかは一緒ではないということだ。しかし、他の人々がその区別を見落としていたことは疑いようがない。より恵まれない者の利益になるように国家が干渉する仕方に対する、スペンサーのかなり辛辣な批判の一つについて考えてみよう。そして「事物の自然的秩序」の方向性に関する彼の想定に注意してみよう。

> 事物の自然的秩序の下では社会は絶えず不健康な、愚かな、のろまな、決断力のない、信用ならない構成員を排除しているという事実に目をつむり、こういったお人好しではあるが何も考えていないような人々は、浄化の過程を止めるばかりか汚染を増すような干渉を支持する。そのような干渉は、彼らに尽きることなく〔生活の糧を〕提供することによって向こう見ずで無能な者の繁殖を絶対的に促し、また有能で先見の明ある者の繁殖を、家族を維持することに伴う困難さを高めることによって妨げるのである。 (Spencer 1851 : 151)

スペンサーによれば、介入して「無能な」者を助けることを支持するような人々は、自然選択であるところの「浄化の過程」を妨げているのである。その最高の状態、すなわち最も進化した形態を達成するために、たとえそれが無慈悲に思われても人類は自然選択が成り行き通りにいくようにすべきである。自然こそが最もよく知っている。これこそが社会ダーウィン主義の核となる主張である。この考えによれば、これこそが自然の作用の仕方であり、そしてそれは善いことである。だが、自然はそのようには働かないということを我々は前章で見た。たくさんの「現実に近い可能世界」において、自然選択は（スペンサーが言うような意味では）浄化を行なわない。むしろそれは汚染する。自然選択は間違いなく冷酷で、信用ならず、怠惰な生物を生み出す。英国紳士は決して、進化の力の不可避的な産物などではないのだ。

しかしたとえこのことを脇においても、すなわちたとえスペンサーがその部分は正しく理解していたとしても、彼がそれらの前提のみからそれが事物のあるべき姿だと推論しようとするならば、彼はヒュームの法則に抵触してしまう。実際に自然選択は公平でまじめな人間を生み出す傾向があると想定しよう。自然選択は、妨害されることがなければ、寛容さや親切さを示さない人々を除外する傾向があると想定しよう。自然選択は、可能な限り社会的調和を実現する種へ向かって作動すると想定しよう。これらすべてが真であるとしよう。すなわち事物は現にそのようであり、これまでもそうであったとしよう。この章での我々の取り組みすべてが目的としてきたのは、これらの前提（のみ）から以下の結論へ移行するのを防ぐことであった。すなわち、我々は公平で誠実、寛容で親切であるべきだということ、また我々は社会的調和を促進するべきだという結論である。社会ダーウィン主義者が諸前提の間に「べし主張」（あるいは規範的主張）を含まない限り、これらの「べし主張」のいずれも帰結しないのだ。ヒュームによれば「この新しい関係が他の関係からの演繹であるということに対して……理由が与えられる必要がある」。そのような理由が与えられなければ、社会ダーウィン主義者はその隔たりを埋められない。

もちろん、もし社会ダーウィン主義者が我々は社会的調和につながるような諸形質を促進すべきだという前提を実際に含めるならば、その演繹はうまくいくかもしれない。だがこの場合、ダーウィンの考えが社会ダーウィン主義者の論証においてどのような役割を果たすのかは判然としない。つまるところ、自然選択が生物を寛容なものやそれに類似したものになるように設計したのだという話をすべて取り去ったとしても、〔社会ダーウィン主義者が主張するような〕結論は導かれることになるだろう。

誤解のないように言っておくと、このことは我々が評価する特徴（公平さや誠実さのような）に当てはまるのと同じ程度、我々が評価しない特徴（苦しみへの無関心のような）にも当てはまる。社会ダーウィン主義の批判者はしばしばしば、それが是認する道徳的に不快な特徴を問題にする。上記のスペンサーの見解は、より恵まれない者を全く気にかけないような態度を促す。これは愛のむちなのだ――もっとも、愛は欠けているのだが。そのような態度は、人類の卓越性のために、権利なき人々を犠牲にしている。だがヒュームの批判を学んだ後では、社会ダーウィン主義に伴う問題はこれより深いということがわかる。問題なのは、社会ダーウィン主義が我々が好まないような特徴を是認するということではなく、社会ダーウィン主義がそれらの特徴にいかにしてたどり着くかということなのだ。その道筋は崩壊している。だが我々が好まない特徴への道筋が崩壊しているならば、同じことが我々が好む特徴にも当てはまる。したがって、自然には正義や共感のような徳に向かう傾向が実際にあるということをたとえ我々が示すことができたとしても、この事実だけを用いてこれらの徳が我々が身につけるべきものであると示すことはできないのだ。

5　ダーウィン主義と、人類を保存すること

ひょっとするとハーバート・スペンサーは、ヒュームの法則を犯した（あるいはマックス・ブラックのよく知られた言い回しを借りれば、ヒュームのギロチンにかけられた）最初のダーウィン主義者かもしれない。だがスペンサーが最後の人物であるわけではなかった。本書の導入で、私はE・O・ウィルソンの、倫理は「生物学化」されるべきだという提案を引用することで議論を始めた。ウィルソンが考えていたことの一部は、私が第Ⅰ部で概説したような計画、すなわち自然選択がいかにして人間の道徳感覚を生じさせたかを説明することであった。しかしウィルソンはそこにとどまることに飽き足らなかった。ウィルソンによれば、この計画は「より深く理解され、長持ちする

道徳的価値の体系の選択を可能にするような倫理の生物学」（1978：196）への道を開く。ではどのような種類の価値が、このより長持ちする体系に登場することになるのだろうか。ウィルソンは以下のように述べている。「はじめに新しい倫理学者たちは、人間の遺伝子が共通のプールという形で幾世代にもわたって存続することがもつ重要な価値について考えたいと思うだろう」。哲学者フィリップ・キッチャーはこのことを以下のような基本的な倫理的原理として解釈している。その原理とは、「人類は何であれホモ・サピエンスの共通の遺伝子プールの存続を保証するのに必要とされることをなすべきだ」（1985：445）というものである。

もしこれがウィルソンの擁護しようとする原理であるならば、当然この原理を正当化するものは何かが次の問題となるだろう。すなわち、この原理を導くと考えられるような諸前提とは何なのか。そのような諸前提が純粋に生物学的であり、つまり純粋に記述的であるというのは、ウィルソンの議論を見ればきわめて明白である。たとえば、ウィルソンは驚きをもって以下のように述べる。「有性生殖がもつ溶解作用の真の帰結やそれに伴う『血統』の無意味さに気づく者」はほとんどいない、と。しかしウィルソンが彼の基本的な倫理的原理を正当化するために用いる諸前提のどこにも、価値言明はない――我々が何をなす<u>べき</u>かに関することは何もない。もし実際にこれがウィルソンの論証の構造であるならば、たとえスペンサーとは異なる（またおそらくは称賛されるような）結論を志向していたとしても、それはスペンサーの論証となんら変わらない。教訓は同じである。我々は、道徳的に言って我々が何をなすべきかに関する主張を、進化の過程に関する事実を記述する主張のみから引き出すことはできないということだ。

6　本章のまとめ

我々には人類を保存するような仕方で行為する道徳的義務があると信じる学生の多さに、私はしばしば衝撃を受ける。そしてこれは人々が考えるような単純な「種差別」ではないのである。これは我々が環境に依存しているということを考慮に入れて、危機に瀕した種の保護を奨励するものである。私がこういった学生に、我々にはなぜそのような道徳的義務があると思うのかと尋ねると、彼らは進化はそのように働くものだという趣旨の事柄を述べる。これが自然が事物に対して意図していることなのだ、そして我々はそのことを尊重すべきなのだ、と。このような考え方がなぜ誤っているのかは、我々の〔ここまでの〕議論で明らかなはずである。我々は人類を保存する道徳的義務を実際に持つのかもしれない（どれほどの犠牲を払うべきかについては誰も知らないが）。しかしそのような義務は純粋に生物学的な諸前提からは導かれえない。ひょっとすると、我々が人類を保存すべきなのは、そうすることで我々は人類の幸福を促進するのであり、道徳的に言えば、我々が促進すべきなのは究極的には人間の幸福であるという理由からかもしれない。あるいは（それを経験するのが誰であれ）苦痛を減らす備えが最も整っているのは人間であり、道徳的に言って、減らされるべきは究極的には苦痛であるからかもしれない。いずれにしても人類の保存に関して望まれる結論に達するためには、ヒュームの法則は価値言明の追加を要求する。何が事実であるのかから何が事実であるべきなのかへの移行は、端的に言って概念上の誤りである。それは哲学においては空の帽子からウサギを取り出すのと同じようなものだ。我々としては、魔法を信じるか、その移行を巧妙な欺瞞として退けるかのいずれかである。仮にのちの世のダーウィン主義者たちがこの欺瞞を認識しそこなっていたとしても、ヒュームは認識していた。次章で我々は以下の密接に関連した点について考える。すなわち、道徳的主張を自然的主張に還元しようとするいかなる試みも、「自然主義的誤謬」と呼ばれるようになったものを犯しているという点である。この誤謬はいくらか異なる考慮によって動機づけられているものの、それが社会ダーウィン主義者に対して含意する内容は同じである。つまり、道徳的に言って我々は何をなすべきかに関するいかなる主張も、生物学のみからは決して導き出されえないということである。しかしながらヒュームの法則と違って、G・E・ムーアが初めてそれを導入して以来、自然主義的誤謬はいくらかその力を失っている。第9章では、倫理学を生物学に接続しようというあらゆる希望を破壊することにヒュームの法則と自然主義的誤謬がどれほど成功しているかを考察する。社会ダーウィン主義者の不器用な計画はヒュームやムーアの攻撃を切り抜けられないが、より柔軟で穏当な計画なら切り抜けられるかもしれないと考える哲学者もいる。このことが何を意味しているかについては第9章で考えよう。

文献案内

Hume, David (2009/1882) *A Treatise on Human Nature* (General Books LLC).（デイヴィッド・ヒューム『人間本性論 第1巻～第3巻』法政大学出版局、二〇一一–一二年）

Kitcher, Philip (1985) *Vaulting Ambition : Sociobiology and the Quest for Human Nature* (MIT Press).

Rachels, James (1990) *Created from Animals : The Moral Implications of Darwinism* (Oxford University Press).（ジェームズ・レイチェルズ『ダーウィンと道徳的個体主義――人間はそんなにえらいのか』古牧徳生・次田憲和訳、晃洋書房、二〇一〇年）

Spencer, Herbert (2004/1879) *The Principles of Ethics* (University Press of the Pacific).

Thomson, Paul (ed.) (1995) *Issues in Evolutionary Ethics* (SUNY Press).

Wilson, E. O. (1978) *On Human Nature* (Harvard University Press).（エドワード・O・ウィルソン『人間の本性について』岸由二訳、ちくま学芸文庫、一九九七年）

第8章　ムーアの自然主義的誤謬

もし私が「善いとは何なのか」と問われたならば、私の答えは善いとは善いであるというものであり、それでこの問題は終わりである。

——G・E・ムーア『倫理学原理』

私が第7章で指摘したことは、ヒュームの法則が与える示唆のうちの一つは道徳理論の自律性であるということであった。もしどんな道徳的帰結（すなわち、何が真実であるべきかについての主張）も純粋に記述的な主張（すなわち、何が真実であるかについての主張）からは演繹的には出てこないのならば、すべての道徳的主張は——それが自分で自分を支えるようなものではないと仮定するならば——何らかの他の道徳的主張に基礎を置かなくてはならない。このことは道徳理論が常に「それ自身の内部で」正当化を求めなければならない、ということを示唆するように思われる。ヒュームは彼なりの仕方でこのことを説明していた（そして、それは「道徳についての科学」の基礎づけを望む人々にとっては良い知らせではなかった）。二〇世紀において、G・E・ムーアはヒュームとは異なる論証を編み出して、なぜ道徳が自律的であるのかを明確に説明しようとした。そして、ムーアの視野には、ハーバート・スペンサーがいた。ムーアは社会ダーウィン主義者の計画について彼が抱いている意見に関して、ほとんど疑問の余地を残さなかった。ダーウィンの考え方が道徳理論の外部の領域で適用される限りにおいて、ムーアはその考えを認めた。しかし、道徳の体系を正当化するためにダーウィンの考え方を用いようとするどんな取り組みをも、彼は強く拒絶した。実際に、ムーアの議論はさらに踏み込んでいた。彼の論証がうまくいけば、それは以下のことを示す見込みがあった。つまり、道徳的性質を自然主義的性質と同一視するどんな試みも、決して成功しえないということだ。（自然に関する）事実と価値の間の隔たりは、単に橋渡しが難しいのではなく、橋渡しができないものなのだ。

もちろん、そのような主張を論証したと称する議論は、すぐさま哲学者たちの疑念をかきたてる。そして、おそらくムーアは彼の手に余ることを企てたのだ、という可能性を我々は次の章で考えてみよう。さしあたって、どのように彼の論証が機能しているのかを確かめるために、我々はムーアの議論を分析してみよう。この分析を始めるために、私は前章で用いた戦略を繰り返してみる。つまり、アナロジーから始めることにする。

1　未決問題テスト

陳腐な哲学的話題を取り上げよう。独身男性の概念である。定義上、独身男性とは未婚の、婚期に達した男性のことである。いったんあなたが独身男性の概念を理解すると、もしスミスが独身男性であるならば、スミスは未婚であるとわかる（他にもいろいろ特徴はあろうが）。それが独身男性であることの意味の一つである。かくして、独身男性が意味している内容を正確に理解している人にとっては、以下のことを質問することは理にかなっていないだろう。つまり、たとえそのスミスが独身男性であるとしても、彼は未婚であるのか、と。[1] え、何だって？「と、あなたは聞き返すだろう」。スミスが独身男性であることを立証するということは、スミスの婚姻状態についてのどんな質問をも閉じるということなのだ。つまるところ、もし独身男性という概念が未婚であるという概念を部分的に含むならば、その質問は結局、「スミスは未婚であるが、彼は未婚であるのだろうか？」を意味するにすぎないことになる。この問いを発する人々は、ハードディスクドライブの故障に相当する脳の故障を経験していることになる。（さもなければ、彼は何か哲学的な主張をしようとしているのだ。）

そこで、この独身男性性に関する小さな脱線から、以下の教訓が明らかになるだろう。（一種の正式な定義から始めよう。）もしＡはある性質Ｐを持っている、ということによってＡが正確に定義されるならば、我々はＸという何かについて、理解可能な仕方で「ＸはＡであるが、ＸはＰをもっているのか」と問うことはできない。これを言い換えると、もしＡがまさにＰをもつことを（部分的にせよ）意味するならば、Ａである何かがＰをもっているかどうかは未決問題であるはずがない。独身男性は未婚の（結婚適齢期の）男性であると定義されるため、我々が独身男性の概念を理解していると仮定すると、我々は「ある独身男性は未婚であるのか」と理解可能な仕方で問うことはできない。それは未決問題ではないのだ。

そこで、我々の呼び方でいう「未決問題テスト」とは、ある概念がより基本的な用語で正確に定義されるのか否かを決定する方法である。つまり、もしあなたが、Ａは、「性質Ｐを持っている」と述べるための単なる別の言い方にすぎないのかどうかについて知りたいとするならば、未決問題テストを行なうとよいだろう。たとえば、Ｘが三角形であるとした場合、それは三辺をもつだろうか。これは未決問題ではないため、三角形は三辺をもつということによって（部分的には）正確に定義されることに我々は自信をもつことができる。三辺をもつことは、言うなれば、三角形であるための必要な性質であるのだ。つまり、三角形でありながら、三辺をもたないことはありえない。Ｙは馬であるが、Ｙは哺乳類であろうか。再び、これは未決問題ではない。かくして我々は次のように言うことができる。すなわち、馬であることは哺乳類であることによって（部分的には）正しく定義される。哺乳類であることは、馬であるための必要な性質であるのだ。

それではこれはどうだろうか。Ｚは果物であるが、Ｚは甘いだろうか。これまでの例とは異なり、この問いは未決である。これは完全に理解可能な問いである。一つの果物にかじりついてしかもそれは甘くないことを我々は完全に容易に想像できる（緑のトマトにかじりつくのを想像せよ）。かくして我々は、甘さは果物であるために必要な性質ではないと結論づけることができる。未決問題テストは、したがって、どのようにして我々の諸概念が組み合わさっているのか、またどのようにしてある概念は他の概念に組み込まれているのかを理解することを我々に可能にするように見える。さらに、未決問題テストは、所与の概念についてその本当の性質に関する洞察を我々に与えるように思われる。あなたが知りたいのは正義とは何であるかについてだろうか、あるいは精神についてか、はたまた因果関係についてだろうか。ある性質を提案し、そしてその性質をもつ何かが本当に正義にかなっていると呼ばれるに値するのかどうかを問うてみるとよい。あるいは精神であっても、何でもよい。

もしあなたがここまで理解できたなら、自然主義者の構想する倫理学――その中には、最も顕著なものとして社会ダーウィン主義が含まれる――に対するムーアの批判を九割まで理解できたと言える。というのは、ムーアの批判の核心には、この未決問題テストがあるからだ。

2　未決問題テストに落第する――欲求することを欲求すること

ムーアの公式な立場は、上で指摘したように、「善いとは善いであり、それでこの問題は終わりである」というものである。もしあなたが、ムーアが（とても高名な）哲学者であると知らなかったならば、これらは子どもに説教をするせっかちな親の言葉のようだと考えるかもしれない。しかし、ムーアは自分にはこのように言う権利があると信じていた。ムーアの考えでは、（「善さ（goodness）」と言われる場合の）善い（good）は「単純観念」である。

すなわち、それはより単純な要素へと還元したり、分解したりすることができない。ムーアがこのように考えていたのは、善さに関しては、どんな性質も未決問題テストに合格することができないからであった。もしどんな性質も未決問題テストに合格することができず、そのため我々が善さをより単純な部分に分解できないとしたならば、「善いは善いである」ことになると思われる。そしてそれでおしまいなのだ。

　ムーアは次のように言う。「いかなる定義が提示されようとも、そのように定義された複合体について、それ自身が善であるのかと常に意味のある仕方で問うことができる」（1903：15）。ムーアは当時よく知られていた善の理解、つまり〔善いとは〕「我々が欲求することを欲求するもの」のことだ、というものから始めている。この理解では、善さはある種の二階の性質である。我々はあらゆる種類の物事を欲求するが、しかしこれ〔欲求すること〕は「善い」の名称に値するには十分ではない。善いものであることは単に望ましいものであることと同一ではない。この理由は、我々が欲求するもののいくつかは、我々が欲求することを欲求しないものであるからだ。コカインや、一日中寝ること、あるいは六個目のドーナツを考えてみよう。我々はこのようなものに対して強く欲求を持つかもしれない。しかし、我々はおそらくこのような欲求を持たなければよいのにとも願うだろう。つまり、我々は六個目のドーナツを欲求することを欲求してはいないのだ。我々はそのような欲求が我々から立ち去ってくれることを願っている。他方で、よく考えてみると、我々が欲求することを実際に欲求するであろうものは、善いと呼ぶに値すると思われる。少なくともこれが前世紀の変わり目における一部の哲学者たちの見解であった。善いという概念は、欲求することを欲求するものという概念にほかならないのだ。

　そうすると、善さについてのこの理解は未決問題テストに合格するのだろうか。ムーアはその答えは明白だと考えている。

しかし我々がさらにこの考察を進めていき、そして「Aを欲求することを欲求することは善いことか」と私たち自身に問うならば、少し考えればわかるのだが、この問いは「Aは善いことか」という元の問いと同じように理解可能である〔つまり、開かれている〕ことが明らかとなる。——つまり実際には、我々が先にA自身に関して問うたのと全く同じ情報を、Aを欲求することを欲求することについて求めているのだ。（1903：16）

言い換えるとAを欲求することを欲求することは善いのかどうかは未決問題であるのだ。我々はそのような欲求が善いのかどうかについて理解可能な仕方で思案することができる。確かに、我々は我々の疑念を裏づける事例を思いつくことができる。おそらく、あるものすごく大きな勘違いによって、デブラは喫煙が本当に彼女の健康を増進すると信じている。そこで、彼女はこの煙草を欲求するだけではなく、彼女は喫煙が彼女の健康を増進するだろうと信じているからこの煙草を欲求することをも欲求するのだ。するとこれは、Aを欲求することを欲求することという性質を持つことは善いとは言えない、という事例であることになる。ムーアによると、これらの二つの観念を切り離して考えられるという事実は、「我々が思念する二つの異なった観念が存在する」ことを示している。かくして、善さとは我々が欲求することを欲求するものという性質ではないのだ。

3　未決問題テストに落第する——スペンサー

社会ダーウィン主義者の提案はそれよりもうまくいくのだろうか。スペンサーの提案の一つを振り返ってみよう。つまり、「我々が善という名をつける行動は、相対的に他のものよりも進化した行為である。そして悪とは、我々が相対的により進化していない行動につける名である」(2004/1879 : 25 強調は原著にあるもの)。すると、未決問題テストに従うと我々は以下のことを問うことになるだろう。つまり、AはBよりも進化しているのだが、Aは善いのか、と。我々が第7章で見たように、「AがBよりも進化している」という文が何を意味すると考えられているかは全く明白ではない。しかし、スペンサーはある特別な考えをもっている。つまり、それは「ちょうど我々が、自分や子孫や同胞における生の最大の全体性をその行動が達成する場合に、進化が最大限高次なものになることを見たように、ここで我々は、善いと呼ばれる行動がその三つの種類の事柄をすべて同時に満たすとき、それが最善とされる行動へと昇華するのを見る」ということである(2004/1879 : 25–6)。このことを言い換える方法の一つは以下であろう。つまり、善いとは、人類全体の量と質を増加するもののことである。

そこで、我々が次に問うのは以下のことである。ある行為Xが人類全体の質と量を増加させるとして、Xは善いのだろうか。我々は理解可能な仕方でこの問題を問うことができるのだろうか。これは未決問題だろうか。あるいは、この問いは「アダムは独身男性であるが、彼は未婚であろうか」と問うようなものであろうか。この問いが未決問題であることはかなり明らかだと思われる。この問題は混乱しているようには思われない。実際に、我々が上で行なったように、我々は自らの疑問を裏づけると思われる事例を思いつくこともできる。以下のことを想定しよう。健康な人間を〔エイズという〕致命的な症候群にさらすこと以外に、新しいエイズワクチンをテストする方法はないとする。しかし、誰もこの症候群にさらされることに合意していないとする。そこで、政府は大きな都市からホームレスの人々をひそかに集め、首尾よくこの必要な実験を彼らに行なう、と想像してほしい。かくして有効なエイズワクチンが製造されるのである。念のため、この実験を生き延びた数少ないホームレスの人々は国民の反発を防ぐために皆殺しにされることになる。

そこで私はあなたに問う。そのようにこのホームレスの人々を使うという決断は善かったのだろうか、と。(あなたが答える前に、一分ほどこのホームレスの人々の身になってみよう。）もしあなたが私と同様であれば、答えははっきりと否である。しかし、あなたがこの答えに格闘しているならば、そのことは単にムーアの主張を確証するにすぎない。すなわち、これは未決の問題なのだ！　これが、スペンサーの提案を掘り崩すためにムーアが行なう必要のあるすべてのことである。

4　未決問題テストに落第する――ウィルソン

我々が前章で考察したE・O・ウィルソンの提案についても、事情は全く変わらない。それは、「人類は、何であれホモ・サピエンスの共通の遺伝子プールの存続を保証するのに必要とされることをすべきだ」という提案であった。ある行為Yはホモ・サピエンスの共通の遺伝子プールの存続を保証するが、Yは善いのか。この場合もやはり、この問いは完全に理解可能であるように思われる。この定義が成立するか否かを決めるためにいくつかの事例について聞いてみたいと思うことは、我々にとって理にかなったものだと思われる。しかしそれは、そのような仮想的な事例の善さが未決問題である、ということを認めることに等しい。

哲学者のフィリップ・キッチャー（1985）は、以下の事例を我々に想像するように求める。すなわち、非の打ちどころのない科学的証拠によると、世界の人口の九〇パーセントを減らさない限りは二〇世代で我々の種族は絶滅するだろうという事例である。人類の存続のために自分の命を終わらせる志願者はほとんど誰もいない。そこで、九〇パーセントの人間を彼らの意志に反して絶滅させることは善いことであるだろうか。甚しく控えめな言葉だというリスクを承知のうえで、以下のように言わせてもらいたい。その提案についての善さは明らかではない、と。

（あなたは同意するだろうが）それは大いに未決の問題である。

5　本章のまとめ

誤解のないように言っておくと、人類に役立つ仕方で行為することが通例善いものであることを我々は否定するわけではない。また、人命の量と質の両方を増進することに役立つ仕方で行為することが通例善いものであることを否定するわけでもない。我々は善の概念を多くの異なる活動に適用できる。それらは善いものである〔と言うことができる〕。ムーアの論点はより精妙である。ムーアによると、「〜は善い」という言い回しが文章に現れるときはいつでも、ある性質をもつものとして何かを記述することに使われており、決して善さをより基礎的な何かと同一視することに使われているわけではない。哲学者に言わせると、その「である」は叙述の「である」であり、同一性の「である」ではない。そこでは、述語（〜が緑である、〜が不快である、〜は身長五フィートを超えている、など）は主語に付属する。この点は一見そう思われるほどには込み入ったことではない。

ニンジンのケーキはよいと私が言うとき、そのケーキはある性質――この場合には、よさという性質――をもっていると私は述べている。ここで私が行なっていないことは（そして誰も私が行なっているとは思わないことは）よさをニンジンのケーキと同一視する――つまり、よさとはまさにニンジンのケーキであると主張する――ことだ。（そうだとしたら、それは同一性の「である」であり、スパイダーマンはピーター・パーカーである、と言う場合に見られるものになる。彼らは一人であり同一の人間である。）そうだとすると、性行為はニンジンのケーキであるという性質をもち、刺激的な本を読むことはニンジンのケーキであるという性質をもつ、といったばかげた結果になるだろう。この違いは、「スパイダーマンはピーター・パーカーである」（同一性）と「スパイダーマンは素早い」（叙述）との間にある違いである。ムーアの理解では、「〜は善い」は常に後者の方法で用いられている。

未決問題テストに基づいて、ムーアは以下のように結論づけた。すなわち、かくかくしかじかは善いと主張するどんな命題も、善さをより単純なものと同一視するものとしてではなく、善さという性質をかくかくしかじかに帰するものとして理解されなければならない。そう考えないなら、自然主義的誤謬を犯すことになる。ムーアによれば、「あまりにも多くの哲学者たちが、これら他の性質の名前を挙げる際に、実際には善さを定義していると考えていた。つまり、それらの性質は、実際のところ、『他のもの』では全くなく、絶対的にかつ完全に善さと同一のものである、と考えたのだ」（1903：62）。彼らは間違っている。社会ダーウィン主義は、革命的な野心をもっていたが、善さや正しさを何かより単純なものに還元しようとするあらゆる道徳的見解と同じ罠にはまった。そんなにうまくはいかないよ、とムーアは言う。善いとは善いであり、「それでこの問題は終わり」なのである。

文献案内

Kitcher, Philip (1985) *Vaulting Ambition : Sociobiology and the Quest for Human Nature* (MIT Press).

Moore, G. E. (1903) *Principia Ethica* (Cambridge University Press).（G・E・ムア『倫理学原理』泉谷周三郎他訳、三和書籍、二〇一〇年）

Stratton-Lake, Phillip (2003) *Ethical Intuitionism : Re-Evaluations* (Oxford University Press).

Warnock, Mary (1966) *Ethics Since 1900* (Oxford University Press).

第9章　ムーアとヒュームを再考する

ホラー映画の愛好者は、悪役が死んだと思うのはほぼ常に早計だと考えるようになる。闘いの後に主人公が武器を手放し、疲れ果てて地面に座りこみ、動かない悪役に背を向けている場面は、往々にして悪い兆候である。これで終わりではないと我々は知っている。悪役が死んでいないという可能性が（わずかであるかもしれないが）あるならば、我々は席を立たない。そして次の場面はいつも決まって、手がぴくりと動いたり、まぶたが開いたりするのである。まだ話は続くのだ……。

さて、お察しの通りである。社会ダーウィン主義はまだ死んでいないのだ。その理由は、この考え方が改修を受けたからというよりも、むしろ、その考え方に対する批判が疑問視されるようになったからである。致命的な反論がないならば、その考え方がまだ死んでいないという可能性が（わずかながらも）あるということを、我々は認めなくてはならない。そのため、あなたは少なくとももう少しの間席に座らされることになる。本章では、我々はムーアの未決問題テストについての疑問を提起し、またヒュームの法則を再考する。このような「反論に対する反論」によって、社会ダーウィン主義は確固とした土台を取り戻すことになるだろうか。おそらくそうではないだろう。しかし、知的に誠実であるためには、我々には社会ダーウィン主義に対する反論の限界を進んで受け入れることが要求される。では、ムーアから始めよう。

1 未決問題テストに関するいくつかの予備的な疑念

未決問題テストは、どのくらい良いものだろうか。一方では、独身男性や三角形や果物のことともなると、それは正しい判決をもたらしているように思える。「あるものは三角形であるが、それは三辺をもつか」は未決問題ではない。したがって我々は、三角形が三辺をもつものと同一であると結論することとなる。問題なし。「あるものは果物であるが、これは甘いか」は確かに未決問題である。したがって我々は、果物が甘いものと同一ではないと結論することになる。これも問題なし。ここまでは順調だ。では、安全地帯の外に少し出てみよう。

アフリカに住む原始的な部族の一員が、どのように未決問題テストを行なうかを想像してみよう。水は、実は H_2O と呼ばれるより基本的な物質の集まりであるらしい、との噂が部族内で流れている。この部族の一人は、このより基本的な物質の集まりを見たことがないので疑わしいと思っていたが、真理に対する関心から、その問題を探究したいと思った。彼女はムーアの未決問題テストについてよく知っており（どのようにして知ったのかは聞かないでほしい）、このテストが自然本性における重要な同一性を明らかにすることができると知っている。そのため彼女は水をコップ一杯集めて、次のことを自問した。「これは水だが、これは H_2O だろうか」。彼女の知る限り、もしかすると水は H_2O なのかもしれないが、彼女が考えるべきことはこれよりも単純なことである。彼女がすべきことは、単にその問いが未決か否かを判断することである。すなわち、この物質の構成要素について少しでも疑いがありうるだろうか。

言い換えると、水についての問いは、「グレースは私の姉妹だが、彼女は女なのか」という問いに似ているだろうか。もしくは、「これは果物だが、これは甘いか」という問いに似ているだろうか。なるほど、これは簡単である。水についての彼女の問いは、後者に似ているようだ。これは間違いなく未決問題である。これが未決問題テストにとっての重大な問題である。以下でその理由を述べる。

もしムーアが正しければ、この部族民は、〔「これは水だが、これはH_2Oだろうか」という問いは未決だと考えるため〕水が実際にはH_2Oではないと判断したことになる。そして、彼女にとっては、これら二つの物質は同一でないと考えることが正当化されることになる。しかし待ってほしい。これらの物質は同一であるはずだ！　この部族民は間違いを犯している。未決問題テストは間違った答えを出したのだ。これほど風変わりではない例でも、同じようにうまく説明することができる。以下の例を試してみよう。

私があなたに対して、ジェイ・Z〔アメリカ合衆国のラッパー〕が本当はショーン・カーターであることを伝えたとしよう。私が本当のことを言っているかを判定するために、あなたは未決問題テストを行なってみることにした。あなたは（念のために）ジェイ・Zの写真を取り出し、そして次のように問う。「これはジェイ・Zだが、彼はショーン・カーターか」と問う。確かに、この質問はあなたにとっては未決問題であるように思われるかもしれない。あなたはこの人物（ジェイ・Z）がショーン・カーターでないと非常に簡単に想像することができる〔からだ〕。したがって、未決問題テストに従えば、ジェイ・Zはショーン・カーターと同一人物ではないと結論して差し支えない。しかし私はここであなたに伝える。「ジェイ・Zはショーン・カーターである」と。これらは同一の男性に対する二つの名前なのだ。しかし、重要な点は、この二人は同一ではないと我々に結論づけさせたという点で、未決問題テストが我々を誤った方向へと導いたという点である。以上のことから、次のような疑問が生じる。もし未決問題テストが同一性を確かめないのだとしたら、それは何を確かめるのだろうか。つまるところ、それが正解を導くような事例が少なくとも一握りはあると思われるのだ。

2　事物が何を意味するか 対 事物が何であるか

哲学者たちは上記のような状況の原因を様々な仕方で追究してきたが、この問題の中心にあるのは、言葉同士の間に存在する関係と、言うなれば、もの同士の間に存在する関係との区別ができていなかったことだと思われる。何でもよいので、AとBという二つの用語（つまり言葉）を例に取ってみよう。我々にできることの一つは、それらの用語の意味論的な関係について問うこと、つまり、Aが何を意味するかとBが何を意味するかとの関係について問うことである。「独身男性」と「結婚していない」を例に取ってみよう。言うまでもないが、独身男性であるということが意味することの一部は、結婚していないということである。独身男性性についてのあなたの理解は、より単純な概念要素からなっている。そこで我々はここで、独身男性という概念は未婚の（婚期に達した）男性へと意味論的に還元可能であると言うかもしれない（もしパーティーで友達に良い印象を与えたいならば）。独身男性であることは、結婚していない（婚期に達している）男性であることにほかならない。これら二つは同一である。このような例は魅力的である。このような例は、それら二つをつなぐ適切な意味の関係がないならば、AとBは同一ではありえないという考えへと我々を誘なう。しかしこれは、AとBの二つの言葉の間に存在する唯一の種類の関係ではない。

この次に我々は、これらの存在論的な関係についても問うことができる。つまり、我々はAが心から独立した存在としてBと同じであるかどうかと問うことができる。この後者の概念は、その事物について我々がどう考えているかという仕方とは独立に、事物がどうであるかを同定するために哲学者がとる方法である。たとえば、この本の存在は、それが存在しているとあなたが思っていること、それが存在していることをあなたが望んでいること、あるいは、それが存在していることをあなたが気にかけていることに依存しない。感覚を持ったすべてのものの命がこの瞬間に突然尽きてしまったとしても、この本が突然消失することはないだろう。なぜだろうか。なぜなら、この本の存在は、我々が精神から独立した存在と呼ぶものの一部だからである。(サンタクロースは、悲しいかな、精神から独立した存在の一部ではない。もしすべての人が彼について考えるのをやめたら、サンタクロースは存在しなくなってしまう。)存在論的な関係の一例として、「水」と「H_2O」を取り上げてみよう。前者は後者へと存在論的に還元可能である。一九世紀の化学者の業績のおかげで、我々は水がH_2Oにほかならないと知っている。これらは同一である。

しかしここに実に重要な点がある。二つの言葉(たとえば、水とH_2O)の間に存在論的な関係(たとえば、同一性)が成立しているからといって、そのことがその二つの言葉の間に意味論的な関係が成立していることを含意するわけではない。おそらく、これこそがムーアの気づかなかったことである。水が(事実として)H_2Oであるからといって、そのことが、水がH_2Oを意味することを含意するわけではない。明らかにそうではない。もしそうだとすれば、小さな子どもや原始的な部族(また、言うまでもなく、水の分子構成の発見以前のすべての人)は、「水」が何を意味するかを知らないと言わねばならないことになる。しかし、そんなことはばかげている。間違いなく、彼らはその概念を理解している(湿っている、透明だ、飲むことが可能である、液体だ、といったように)。彼らが理解していないのは、水が実際には何であるか、である。しかし、そのことを理解していないからといって、彼らがその言葉を理解していないことにはならない。できる限りわかりやすい形で、全体の要点を述べてみよう。AがBであるということを意味しない場合であっても、つまり、AがBへと意味論的に還元できない場合で

あっても、AとBは同一であることがありうる。(1)

3 社会ダーウィン主義に対する含意

社会ダーウィン主義に対する含意はきわめて明らかであるはずだ。社会ダーウィン主義が、たとえば、社会的調和を促進させるような行動と、道徳的に善い行動との間に意味論的な関係を立証しようと試みる限りにおいて、その試みは失敗する。後者が前者を意味しないということについては、少なくとも明らかだろう。「我々が善いという名をつける行動」は「相対的により進化した行動」である（2004/1879：25 強調は引用者）と主張することによって、スペンサーはこのように解釈される余地を生み出したように思える。彼はこの二つの間のある種類の意味論的な関係を主張しているように思われる。しかし、もし社会ダーウィン主義が、道徳的に善い行動と進化との間の存在論的な関係についての主張として提示されているならば、この考えはムーアの批判をかわすことができる。つまり、もしそれが「道徳的に善い行動」は、精神から独立した存在という意味において、「より進化した行動」であるとして主張されるならば、この考え方は明らかに間違っているということにはならない。というのは、その場合、これは道徳的に善い行動とは何であるかについての主張であって、「道徳的に善い行動」という概念が何を意味するかについての主張ではないからである。

では、社会ダーウィン主義者は、この主張をどのようにして立証しようとするのだろうか。とてもよい質問である。現時点では（この点に関しては）、社会ダーウィン主義者がうまくやると我々が信じる理由はない。我々が心から信じている道徳的信念が、道徳理論が説明しなければならないデータを提供している限りにおいて、社会ダーウィン主義は大きな困難を抱えることになる。というのは、我々が前章で見た通り、いくつかの「より進化した」行動もしくは種全体にとってよい行動は、我々が心から信じている道徳的信念に適合しないからである（たとえば、人口の九割を彼らの同意なしに殺すことなど）。社会ダーウィン主義が、このような信念を捨てるよう我々を説得できなければ、この考え方は行き詰まってしまう。しかし、もし未決問題テストに対する我々の批判が上手くいけば、その考えは致命的な欠陥があるとも言えない。

4 「である」と「べし」の隔たりに対する挑戦――サール

哲学者のジョン・サールは、（ヒュームには失礼ながら）「である」と「べし」の隔たりを架橋することができると考えていた。彼は、諸前提は物事がどうあるかを記述しているだけであるにもかかわらず、その結論は物事がどうあるべきかを指令する演繹的に妥当な推論を構築することができると考えていた。以下が彼の推論である（1964）。

1　ジョーンズは次のように言った。「私は、スミス、あなたに五ドルを支払うことをここに約束する」。
2　ジョーンズはスミスに五ドル支払うことを約束した。
3　ジョーンズはスミスに五ドル支払うという義務のもとに自分自身を置いた（義務を引き受けた）。
4　ジョーンズはスミスに五ドル支払う義務のもとにある。
5　それゆえ、ジョーンズはスミスに五ドル支払うべきである。

サールによれば、これらの前提は純粋に事実に関するものである。しかし、その結論は道徳的なものである。見たところ、この例においては、事物がどうあるかが、事物がどうあるべきかを演繹的に含意している。サールはどのようにしてこの演繹（になっていると一見して思われるもの）を上手くやってのけたのだろうか。彼は約束を行なうという制度を利用した。我々のような生き物にとって、「私は約束する」という言葉を発することは、その人をある種類の義務の下に置くのに十分である。その義務とは、その人が約束したことを行なう義務である。しかし、その人が約束したことを行なう義務の下にあるということは、その人は自分が約束したことを行なうべきであるということを含意する。ヒュームはこのような「規範的制度」（つまり、何らかの仕方で規則をその中に埋め込んだ制度）の存在を見落としていたため、事実と価値の間には架橋不可能な隔たりがあると想像してしまったのだ。もしサールが正しいなら、ヒュームは想像力不足だったということになる。

しかし、サールは正しいのだろうか。我々は本当に純粋に記述的な諸前提から規範的な結論を導出したのだろうか。この問題は実際には見かけ以上に複雑である。哲学者のJ・L・マッキー（1977）は、約束を行なうことのような制度を導入することは、サールに対して一つのジレンマを投げかけることになると主張した。一方では、我々は約束を行なうという制度を制度の外側から評価することができる（ちょうど宇宙人がそれを行なうように）。そのような観点から見れば、宇宙人は以下のような規則を告げられる必要があるだろう。

1a　もし誰かが「私はxすることを約束する」という言葉をその制度の内側で発したなら、その人は制度の内側においてxすると約束したことになる。

このことから宇宙人が学ぶことは、この規則は制度の内側において成り立っているということである。これはちょうど、あなたがチェスをしているときに、ポーンは盤の反対側まで達したらクイーンに成ることができると教わるのに似ている。宇宙人が2から4を、そして4から5を導出するためには、これと同じような規則を宇宙人に説明する必要があるだろう。マッキーによれば、したがって、ジョーンズはスミスに五ドル支払うべきだと宇宙人が結論を下すとき、彼は実際には純粋に事実的な主張から規範的な主張を導出したのではない。そうではなく、彼が導出したのもまた別の事実的な主張である。それは、彼に対して説明がなされた規則に従った場合に、ジョーンズがその制度の中においてすべきことについての記述である。「ジョーンズはスミスに支払うべきである。以上」という主張は、出てこないのだ。私のポーンは、盤の反対側まで達したので、クイーンに成るべきであると私が言うとき、私が言っているのは、実際には、チェスという制度の一部分である規則に従えば、私のポーンはクイーンに成るべきであるということの簡略表現である。

他方で、もし我々がこの推論を制度の内側から評価するならば、この結論へと達することは（前提として）ある種類の「べし」言明を受け入れることを要求するだろう。たとえば、「その人は、『私はxをすると約束する』と発言したことに基づいて、自分はxをすると約束したと結論すべきだ」などである。要するに、その人はある推論規則を密輸入している。そして規則が、規則の本性によって、我々が何をすべきかを告げる。もしこれが正しければ、この推論は確かに「べし」結論を引き出してはいるが、それは「べし」前提に基づいてのものである。

もう想像がついているかもしれないが、サールに対するこの応答は、再反論を促すものであり、それは今度はさらなる再々反論を促すものであり、そしてそれはこの論争の糸がほどかれ、もつれるまで続く。我々の目的にとっては、ヒュームの法則は事実から価値へと移る扉を閉ざしていないかもしれないと言えば十分だろう。実際、哲学におけるいくつかの諸領域をまたいで、事実と価値の区別と考えられてきたものに挑戦している小さな産業がある。事実のみを扱うと考えられている領域であるところの科学が、価値をこっそり扱っていると主張する者もいる。価値というものは究極的には幻想であると証明されるであろうし、したがっていかなる前提の集合からも（真なる）

道徳的主張は導かれないと主張する者もいる。

5　「である」と「べし」の隔たりに対する挑戦——レイチェルズ

哲学者のジェイムズ・レイチェルズ（1990）はヒュームの法則に対してより穏当な接近方法をとっている。レイチェルズはその隔たりを演繹的に架橋しようと試みるかわりに、なぜ我々はこれよりもやや決定的でないもので手を打てないのだろうかと不思議がる。ヒュームの法則が対象とするのは、演繹的であると称する推論、すなわち、もし前提が真であるならば、結論も真でなければならない推論であったことを思い出してほしい。しかし、演繹的な推論はこの世にある唯一のものではない。そして、それはありがたいことにそうなのだ。というのは、もし我々が自らを演繹的な推論に限定してしまうと、人生は一瞬のうちにひどく空虚なものになってしまうからである。次の推論を考えてみよう。

1　大半の車は赤信号で止まる。
2　この道を安全に渡るためには、車が赤信号で止まる必要がある。
3　したがって、私はこの道を安全に渡ることができる。

では、私はこの道を渡ることができるのだろうか。確かに、もし我々が自らを演繹的な推論に限定するならば、〔その答えは〕否である。これらの前提が真であることは、結論が真であることを保証しない（車は赤信号でも走ることがある）。仮にある一連の前提から演繹的に導かれないようないかなる主張も正当化されないならば、どんな陪審も有罪の評決を下すべきではないし、どんな科学理論も受け入れられるべきではないし、どんな道も渡るべきではない、などといったことになる。それどころか、独身男性や三角形についてのいくつかの退屈な主張や、いくつかの数学の定理を除けば、思い浮かんだすべての主張に対してすぐさま懐疑的になるべきであることになるだろう。

しかし、そんなことはばかげている。間違いなく、我々が非演繹的な推論に基づいた主張を信じることは正当化される（それらの事例において、正当化がどのようにしてなされるかについては、いくらか理論的な謎が残るとしても）[2]。これらの〔演繹とは〕異なる種類の事例における正当化は、論理的な含意によるものではない。そうではなく、正当化は、証拠や支持に当たるものである。証拠は（論理的な演繹を用いた場合のように）完全な論証とは言えないものの、とはいえ証拠は証拠である。陪審は、被告人が罪を犯したことに対して合理的な疑い〔を差し挟む余地〕があるかどうかを考慮するように言われる。スミスの指紋が犯行現場から見つかり、スミスには事件に関連する動機があり、彼は罪を自白しており、七人の互いに独立な目撃者みながスミスがその罪を犯すのを見たと証言しているとしよう。あなたはスミスがその罪を犯したという説得力のある証拠を手にしていると言えるだろう。スミスの罪は、それらの証拠によって論理的に含意されているだろうか。否。スミスがその罪を犯していないということは論理的にありうる（手の込んだ陰謀〔である可能性〕を考えてみよ）。しかし、あなたが知っていることを前提とするなら、スミスがその罪を犯していないと考えることは非常に不合理であるだろう。哲学者はこの手の推論を仮説的推論、あるいはよりわかりやすく言えば、最善の説明を与える推論と呼ぶ。

帰納的推論は、観察された事例に関する前提（たとえば、「観察されたすべての白鳥は白い」）から、観察されていない事例に関する結論（たとえば、「すべての白鳥は白い」）を導くものである。我々が先ほど出した例を取り上げてみよう。あなたは、これまで車が赤信号で止まってきたことに（大部分）基づいて、赤信号に近づいてきた次の車が止まるだろうと信じることが正当化される。それゆえあなたは道を渡ってもよいと信じるもっともな理由を持っている。それでもなお、帰納的推論は、仮説的推論と同じく、その結論が真であることを保証しない。しかし、そのことは必ずしも結論を信じることを不合理にするわけではない。この例においては、その結論を正しいと思わないことの方が不合理であるだろう。ここで我々にわかることは、演繹的推論は我々の信念を形成する際に我々が用いる唯一の推論の形態ではないということである。

以上すべてのことは、ヒュームの法則に対してどのような関係をもつだろうか。ヒュームの法則は（伝統的に理解されてきたところでは）演繹的推論にのみ当てはまる。彼に対してその点は認めよう。しかし、レイチェルズが述べたように、ヒュームは「この点が『あらゆる通俗的な道徳体系を転覆する』と考えていた点で確実に間違っていた……。伝統的な道徳は転覆させられない。なぜならそれは実際には、対応する道徳的観念を厳密な論理的演繹として考えることには全く依拠していなかったからである」（1990 : 97）。非道徳的（あるいは事実的）な主張は、ある道徳的主張を「受け入れるもっともな理由を提供する」のだ。

レイチェルズの場合、道徳的な主張は偶然にもスペンサーとはちょうど反対側に位置づけられることとなる。つまり、人間は特別な道徳的地位を与えられるべきではないということになる。言い換えれば、人間は、その種の一員であるというだけで、道徳的に特別扱いされるに値するわけではない。この主張を支持する議論は、レイチェルズによれば、完全に事実的な主張から構成されている。特に、この議論は二つの否定的な主張から成る。それは、第一に、我々は神を雛形にして作られたのではないという主張、第二に、我々は「唯一の理性的な動物」ではないという主張である。レイチェルズが進化倫理学者を自認しているのは、それらの主張を支持する論拠は、進化論からもたらされると彼は考えているからである。レイチェルズはスペンサーと逆の見方をしている。彼らの主張はともに、進化が導くところならどこへでも進化に付き随っている。しかし、スペンサーが進化を人間の卓越性へと導くものであると考えた一方で、レイチェルズは進化を人間の卓越性を掘り崩すものであると考えた。レイチェルズにとっては、それは「伝統的な道徳」は捨て去られなければならないことを意味する。人間は他の動物よりも大きな重要性をもっているものとして扱われるべきではない。

道徳における態度は反転したとはいえ（そしてスペンサーは間違いなく墓の下で嘆いているとはいえ）、これは一種の社会ダーウィン主義である。これを社会ダーウィン主義二・〇と呼ぼう。これが社会ダーウィン主義と呼ばれるに値するのは、レイチェルズが、我々が何をすべきかは、もっぱら我々がどうあるか、つまり、進化が我々を形作った仕方によって支持されると考えているからである。彼がヒュームについて長い議論を行なっていることは、ヒュームができないと言ったことをまさに行なおうと彼が意図していることを明らかにしている。

物事は、残念なことに、レイチェルズが考えていると思われる以上に複雑である。少なくとも、それが私の印象である。そのような道徳的主張へと至ることは、レイチェルズが受け入れているものの率直に述べることは避けている諸前提に依拠しているように思われる、と私は主張しようと思う。レイチェルズが自身の全体的な論証上の戦略をどのように述べているかを考えてみよう。

> 人間の尊厳という教義は、人間は単なる動物に与えられるのとは全く異なった道徳的配慮の水準に値すると考えるものである。これが正しいためには、人間と単なる動物との間に大きな、道徳的に重要な何らかの違いがなくてはならないだろう。したがって、人間の尊厳に対するいかなる適切な擁護も、人間を他の単なる動物とは根本的に異なったものとして理解することを必要とすることになるだろう。しかし、これこそがまさに進化論が疑問に付していることである。（1990 : 171–2　強調は引用者）

なぜ私はこの文章の一部を強調したのだろうか。レイチェルズは「大きな、道徳的に重要な何らかの違い」の必要性について何か誤りを犯したのだろうか。否。実際、我々の大半は彼が全く正しいと言うだろう。人々の間に何らかの道徳的に重要な違いがないならば、我々は彼らを異なった仕方で取り扱うべきではない。たとえば、単にジルが女であるからという理由で、子どものジャックが溺れているところを助け、しかし子どものジルを助けるのは拒むというのは不正だろう。性別は、ジャックとジルの間にある道徳的に重要な違いではない——少なくともこの場合においては。

では、私がなぜレイチェルズのこの一般的な道徳的主張の利用の仕方に注目したのだろうか。それは、彼が欲する結論、つまり、人間には特別な道徳的地位が与えられるべきではないという結論にたどり着くためには、それが必要だと彼が考えていたようだからである。言い換えれば、レイチェルズはこの主張を彼の推論の前提の一つとして利用していたようだからである。人間には特別な道徳的地位が与えられるべきではないという主張を正当化するために、彼は人間が神を雛型にして作られたわけではないことや、人間が独特な仕方で理性的であるわけではないことを仮定したのに加えて、諸個人の間に何らかの道徳的に重要な違いがない限り、彼らを異なった仕方で取り扱ってはならないということも仮定していた。そして、人間の尊厳に関する彼の主張を多くの人が疑っているため、その仮定が必要であると彼が考えていたことは正しい。

もしこの分析が上手くいっているならば、レイチェルズがやり遂げたと思っていることは成し遂げられていない。彼は純粋に道徳的でない前提から道徳的な主張を導出したのではない。彼は、いくつかの事実に関する主張と、ならびに、少なくとも一つの道徳的な主張、つまり、異なった道徳的取り扱いを正当化する事柄についての主張から、道徳的な主張を導出している。演繹的な推論の必要性にはっきりと抵抗しているにもかかわらず、レイチェルズは演繹的な推論に頼らざるをえなかったのである。しかし、彼を非難することができるだろうか。彼は自分の結論を読者に納得させたいのであり、そして、演繹的推論を用いて納得させる以外に、より優れた説得的な方法があるだろうか。そのような推論は、疑いを差し挟む余地を残さない。

6 本章のまとめ

物事がどうあるかから物事がどうあるべきかを導くことは、困難な仕事であり続けている——進化について論じているか、人間性についてのその他の何らかの実証的な説明について論じているかにかかわらず。生物学のみに基づいた道徳規範は、ムーアやヒュームの批判者の主張にもかかわらず、まだまだ遠く先にある。一方では、ムーアは重要な区別を見落としていたと我々は認めるべきかもしれない。その区別とは、(荒っぽく言えば)言葉が他の言葉と関係する仕方と、言葉が世界と関係する仕方とを分かつものである。しかし、このことは、我々の道徳的概念が進化論から実際に出てくることを示す方法を編み出すという課題を社会ダーウィン主義者に残したにすぎない。意味論的な関係を主張しない場合でも、この課題は簡単には成し遂げられないように思われる。他方で、我々は非演繹的な推論、つまり、事実に関する主張のみから構成されており、道徳的な主張を導出するような推論が存在しうると認めることができる。しかし、レイチェルズの推論のような推論が説得的であるのは、単にそれが偽装された演繹的推論であるからにすぎない。我々がそれを説得的だと思うのは(我々がそう思うのならばの話だが)、それが「である」と「べし」との間の論理的な隔たりを埋めるからにすぎない。

次章では、我々の議論は進化と倫理をつなぐより現代的な試みへと移る。伝統的な社会ダーウィン主義者の試みとは異なり、現代の進化倫理学者は進化論の物語を道徳体系を支持するためにではなく、破壊するために用いている。「新世代の」進化倫理学者は、社会ダーウィン主義を逆転させた。というのは、人間の進化の物語は、客観的な道徳的義務が究極的には存在しないということを示していると彼らは主張しているからである。この主張を支持する議論は、様々な反論とともに、残りの章を占めることになるだろう。

文献案内

Black, Max (1964) The Gap Between "Is" and "Should." *The Philosophical Review*, 73/2 : 165–81.

Mackie, J. L. (1977) *Ethics : Inventing Right and Wrong* (Viking).（J・L・マッキー『倫理学――道徳を創造する』加藤尚武監訳、哲書房、一九九〇年）

Moore, G. E. (1903) *Principia Ethica* (Cambridge University Press).（G・E・ムア『倫理学原理』泉谷周三郎他訳、三和書籍、二〇一〇年）

Rachels, James (1990) *Created from Animals : The Moral Implications of Darwinism* (Oxford University Press).（ジェームズ・レイチェルズ『ダーウィンと道徳的個体主義――人間はそんなにえらいのか』古牧徳生・次田憲和訳、晃洋書房、二〇一〇年）

Searle, John R. (1964) How to Derive "Ought" from "Is". *Philosophical Review*, 73 : 43–58.（ジョン・R・サール『言語行為――言語哲学への試論』坂本百大・土屋俊訳、勁草書房、一九八六年、第八章「「事実」から「当為」を導く議論について」）

Stratton-Lake, Phillip (2003) *Ethical Intuitionism : Re-Evaluations* (Oxford University Press).

Thomson, Paul (ed.) (1995) *Issues in Evolutionary Ethics* (SUNY Press).

第10章　進化論的反実在論
——初期の試み

私の見るところでは、私の立場の大きな魅力は、自然主義的誤謬を犯したり、「である」と「べし」の境界を侵害したりすることがありえないということである。なぜなら、正当化の課題には全く取り組んでいないからだ。

——マイケル・ルース「進化と倫理」

スティーヴン・モーガンとジョアンナ・ジャスティン＝ジーニッヒは二〇〇七年のニューヨーク大学で開催された夏期講習で出会った。どのように始まったかは定かではないが、スティーヴンはジョアンナを困らせるメールを送り始めた。そこでジョアンナは、当局に苦情を伝えた。するとスティーヴンは失踪し、コロラドにある彼の家に戻ったようであった。そして、問題は自然解決したように見えた。その後、二〇〇九年五月六日、スティーヴンはジョアンナが学生をしているコネチカットへ舞い戻った。出来事は以下のように進展した。

モーガンは水曜日の午後一時ごろにキャンパスにある本屋に入って行った。次に彼は、ジャスティン＝ジーニッヒが働いていた「赤と黒カフェ」へと向かった。彼は頭上の監視カメラにはひげを生やした凶暴な人物のように映っており、腰のあたりでぶらぶらと揺れている彼の右手には黒い銃が握られており、また彼の左手には何か別のものが隠されていた。それは長くて房になっているカツラであり、彼はそれを頭に着けることで、頭のはげかかった男は彼女と対峙するまでに奇怪な変容を遂げた。そして彼は彼女に銃を向けて至近距離で七発発砲した、と当局は述べた。ジャスティン＝ジーニッヒは致命傷を負ってその場に倒れた。

（『ニューヨーク・タイムズ』、A1、二〇〇九年五月八日）

この一連の出来事について、我々が尋ねることのできるいくつかの疑問がある。たとえば、我々は心理学上の疑問に関する答えを求めるだろう。その疑問とはスティーヴンの精神的な健康についてであり、そして彼の行為をもたらした原因についてである。我々は法律上の疑問に関する答えを求めるだろう。その疑問とは発砲に先行する彼の行為の合法性についてである。我々が知りたいのは彼の精神状態が彼の法的な弁護において考慮されるかどうかかもしれない（殺人を行なったとき、彼は刑法上の精神異常であったのだろうか）。我々は社会学上の疑問に対する答えを求めるかもしれない。その疑問とは、スティーヴンが公然と認める反ユダヤ主義の原因となった社会的環境についての疑問である（ジョアンナはユダヤ人であった）。これらの疑問のすべては追究するに値するだろう。そして我々はこれらの疑問の追究にどうやって取り組むかについて、ある程度の考えを持っている。

たとえば、スティーヴンの精神状態についての疑問を取り上げよう。サイコパスに関する臨床的な測定法を開発してきた心理学者の助けを借りることにより、スティーヴンは、たとえば彼が受けた一連のパーソナリティテストへの反応に基づいてサイコパスであったと（大なり小なりの正確さをもって）言うことが許されるかもしれない。おそらく彼の脳のスキャン画像はサイコパス特有の神経生理学的な特徴を明らかにするだろう。いずれにせよ、スティーヴンがサイコパスであったということを何が真にするのかについて我々はある程度の考えを持っている（もしかしたら間違った考えである可能性もあるが）。あるいは、スティーヴンが米国連邦刑法の一一〇九b項を侵害しているということを何が真とするのかについて我々はある程度の考えを持っている（もしかしたら間違った考えである可能性もあるが）。これらすべての例において、彼の精神状態や彼の行為の違法性などについて判断するために、我々は多かれ少なかれ基本的な要件を用いて真理条件を与えることができる。

しかしながら、これらは我々に関心のある疑問ではない。スティーヴンがしたことは不正であったと仮定しよう（この仮定を支持するのが自分だけだろうとは私は思わないが）。彼の行為はひどく不道徳だった。そこで以下のように問われるかもしれない。スティーヴンの行為が不道徳であったことを何が真たらしめるのだろうか、と。ところでこの疑問は、ひょっとすると我々は人に向けて至近距離で七発発砲することが不正であるのかどうか確証がないかのように、懐疑的な疑問として提示されているわけではない。そうではなく、この疑問は理論的な疑問として、道徳の本性それ自体について学ぶことを期待して我々が問う疑問として提示されている。世界に関する何ごとが、彼の行為が不正であったとの判断を真であるものにするのか。世界の中の（あるいは世界の外部の）何を我々は指し示せるのか。その道徳判断に対する真理条件を構成する基本的要件とはどのようなものだろうか。

スティーヴンの精神的健康についての判断に関しては、少なくともかなり明確である。我々は過去の振舞いやスティーヴンのパーソナリティテストの結果を指し示すだろう。おそらく我々はスティーヴンの脳のｆＭＲＩのスキャン画像を指し示すだろう。彼の行為の違法性についての判断に関しては、我々は公的にアクセス可能な刑法典やいかにスティーヴンが振舞ったかの証拠を指し示す。しかしスティーヴンの振舞いの道徳性についての判断に関しては、何を我々は指し示せるのか。スティーヴンが行なったことは非常に不道徳であったという主張は、一体何によって正当化されるのだろうか。またその正当化は、我々が世界について知る他のすべてのことと、どのようにして整合性をもつのだろうか。とりわけ、自然的世界の知識との関係はどうであろうか。たとえば、不正さは、ニューロンや重力や電子と、一体どう関係しているのだろうか。（もし正しい判断があるとするなら）いずれの道徳判断が正しいのかを決定しようとする際に訴えることのできる客観的な基準はあるのだろうか。もしスティーヴンが彼の行為は不正ではなかったという主張をしたとするなら、スティーヴンは事実的な間違い、つまり地球は平らであるとか二三＋六＝三〇であるという主張と大して違わない間違いを犯していると示すことができるのだろうか。

この手の疑問は、メタ倫理学として知られる領域の中心にある。メタ倫理学は、広く理解すると、道徳の諸概念、つまりこれらの概念が何を意味しているか、そしてどのように（電子のような）他の諸概念と整合性をもつか、についての研究である。さらに言えば、メタ倫理学者は道徳判断に対しての（もしあるとするならば）究極的な正当化や基礎づけを探究している。この研究は、あなたは何をなすべきか（たとえば、「あなたは他人を殺すべきではない」）についての研究ではない。この研究は、むしろ、あなたが何をなすべきかについての主張を、仮に何かが正当化するとすれば、それは一体何であるのかについての研究なのである。これは形而上学的な学問分野である。というのは、それが究極的な現実、あるいは不正や正しさ、善さのような道徳的諸性質についての本性を明らかにすることを探究しているからだ。すると、どのようにしてこの研究は進化と接点をもつのだろうか。

初めに戻ろう。最初の威嚇的な警告は、倫理は「哲学者の手から一時的に取り上げられるべきであり、そして『生物学化』されるべき」だというウィルソンの主張であったことを呼び起こそう。この挑戦はしかしながら、いくつかの異なった解釈を許す。本書の第Ⅰ部において、我々がこのように道徳判断をなす傾向をなぜたまたまもつのかを説明する際に、ダーウィン流の選択が中心的な役割を果たす可能性を我々は探究した。倫理学を「生物学化」することは道徳心理学者たちの仕事であった。本書のその部分〔第Ⅰ部〕においては、こうした道徳判断が正当化されるのかどうかについて判断することを我々は意図的に避けていた。

直近の諸章では、ダーウィン流の選択に訴えることによってある道徳的な主張を正当化しようとする試みについて見てきた。社会ダーウィン主義は、スペンサーの手においては少なくとも、社会的調和こそが自然選択が向かう傾向にあるものだという理由から社会的調和が善であると示すことによって倫理を生物学化しようとする試みであった。しかし我々が見たように、これらの試みは深刻な障壁に直面する。実際に、ヒュームやムーアの反論が一見して持つ決定的な意義を考えると、哲学者のマイケル・ルースが述べているように、「伝統的な進化倫理学は完全な停止に至っている」。もし我々がヒュームやムーアの反論を受け入れると、導き出すべき明白な結論は、道徳は実のところ自律的である、ということになる。つまり、道徳哲学の外側の学問領域は道徳の本性について何らの洞察を与えることもできないということだ。道徳理論は（もしできるならば）それ自身の道具立てのみに基づいて自身の諸問題を解決しなくてはならないのだ。

すると我々は、なぜ我々が再び進化の文脈における道徳の正当化についての問いに首をつっこむのかと疑問に思っても不思議ではない。我々はこれが時間の無駄であったということを示したのではなかっただろうか。本書の第I部において描かれた思弁的な物語が仮に正しかったとしても、いかに我々が、道徳的に言って、人生を生きるべきかについての疑問は広く開かれたままである。道徳の正当化については何も解決されてはいない。哲学者のジェイムズ・レイチェルズはこの点をアナロジーを用いて敷衍している。

> 数学の研究を廃止して、数学を数学的な思考に関する生物学的基礎の体系的研究に置き換えると誰かが提案したと想像しよう。彼らは、以下のように論じるだろう。結局、我々の数学に関する信念は一定の仕方で我々の脳が作用していることによる産物であり、進化論的説明はなぜ我々が現在持つ数学的な能力を発展させたかを説明するだろう、と。こうして、「数学的生物学」が数学に置き換わるであろう。（1990 : 78）

しかしこれはおかしく聞こえる。確かに、我々のもつ数学的な計算を行なう能力は一定の生物学的な強みとなるということはもっともらしく思われる。（たとえば、オッグは洞窟の中に三匹のサーベルタイガーが入っていくのを観察する。彼はその次に二匹が出ていくのを観察する。オッグが洞窟の中に入るのは安全だと考えるとき、オッグは人類に役に立っている。つまり彼は遺伝子プールから彼自身を取り除いているのだ。〔これにより〕数学的思考の有益さに対して一票入った。〕しかし、この話をもっともらしいと認めることは、数学は重要ではないという結論に我々を導くようには思われない。これは奇妙に映る。なぜだろうか。「この提案は奇妙である」とレイチェルズは言う、「なぜならば数学は、証明や発見に関するそれ自身の内在的な基準をもった自律的な主題であるからである」。視床下部の活動の研究によってフェルマーの定理を解こうと試みる数学者を想像してみよ。彼女の研究はそれほど進展しそうにない。

同様の結果が道徳についても導かれると想定される。もし我々が中絶は不正であるのかどうか、あるいは拷問は本当に道徳的に正当化されるのかどうかについて知りたいと望んでいるならば、あるいは、スティーヴン・モーガンの殺人行為をひどく不道徳にするものは何かについて知りたいと望んでいるならば、人間の進化について調査したり、どのように扁桃体と後頭葉が相互作用しているかを観察したりすることは無意味なことであろう。この手の反論は難攻不落であるように見える。実際に、ルースが指摘するように、このことはどうして「この分野が四分の三世紀の間停滞してきた」のかを示している。

しかし、この分野は再び活況を呈している。一九七〇年代以降、哲学者と生物学者は進化と道徳の関係を理解する新しい方法に気づいた。この新しい方法はムーアやヒュームを直接相手にする必要がない。これらの哲学者〔と生物学者〕にとっては、ヒュームやムーアは正しかった。進化の基礎に基づく道徳的な主張を擁護しようとするいかなる試みも失敗するはずだ。しかし、なぜ我々は道徳的主張を擁護しなければならないのか、とこれらの哲学者は問う。

この新しいアプローチによれば、進化は実際に重要な道徳的結論をもたらす。しかし、スペンサーあるいはレイチェルズを喜ばせたであろう類の結論ではない。一定の道徳的諸原理（たとえば、社会的調和が推進されるべき、あるいは人間以外の動物も人間と同様な道徳的扱いに値する）を擁護したり正当化したりすることを求めるかわりに、この進化倫理学の新しいアプローチは道徳を掘り崩すことを求めるものである。進化が示すことは、行為のある仕方や別の仕方が道徳的に選好されるということではない。かわりに、進化（一定の哲学的諸原理と結びついたそれ）は道徳的に望ましい行為の仕方は全くないということを示す。この種の進化倫理学に基づけばダーウィン流の進化論は支持を与えるものではない。それは、破壊するものなのだ。

　明確化のために言うと、それが打ち立てようと求める結論はメタ倫理的である。すなわち我々は、道徳の諸概念それ自体についておよびそれらが何を指しているか（あるいは、この場合、指していないか）について、結論を導こうとするのである。もしこの手の最近の見方——私が進化論的反実在論と呼ぶもの——が正しいとするならば、二〇〇九年五月六日のスティーヴン・モーガンの行為について我々が何を言うにせよ、我々は彼の行為が客観的に不正であったとは言うことができない。その理由は、客観的に不正なものなど何もないからだ。そしていかなるものも客観的に不正ではないことの理由は、我々の進化の過去に明確に訴える議論から導かれる。その議論のいくらかの諸前提は、道徳哲学の歴史において以前からあったものである。しかし、その他の前提は最近になるまで、つまり人間の進化のあり方が明らかになり始めるときまで、利用不可能であった。本章で我々は、道徳を掘り崩す初期の試み、すなわちE・O・ウィルソンとマイケル・ルースによってなされた試みに注目することから始める。第11章では、我々は哲学者であるリチャード・ジョイスとシャロン・ストリートによってなされた近年の議論を見ることによって、いかにこの初期の試みが発展してきたかを見る。第12章では、懐疑論者がこれらの議論にいかに応答するかを考察する。少なくとも、三つの異なった種類の提案が近年出されている。

1　神の住まう脳

一九九〇年代中ごろに、カナダ人の神経心理学者であるマイケル・パーシンガーは神を発見した――もっとも、それは大抵の人々が〔神がいると〕予期する場所とは異なっていたのだが（Hitt 1999）。マイケル・パーシンガーは（トーマス・パルスと呼ばれる）軽電磁バーストを被験者の脳の右側頭葉に与えた。被験者は、しばしば「存在の知覚」を伴う、強い「宗教的体験」を持ったと報告した。ある人々にとって、知覚された存在は神であり、他の者にとってはムハンマドであった。あるいは、不可知論者だと公言する者はＵＦＯではないかと考えた。なぜ脳はこれらの電磁バーストをそのような仕方で解釈するのかについて、様々な理論が出されてきた。しかし、最終的な理論がどのようなものであれ、マイケル・パーシンガーは脳の中に神を発見したように思える。

さて一部の人々はこの巧妙で小さな神経心理学上の出来事に驚いたが、それにもかかわらずそれがもたらした余波は無視した。他の人々は、しかしながら、ここに哲学的な教訓があることに気づいた。（そしてこの教訓は、以下に続く諸章で我々の興味を引くだろうものである。なので私〔がこの問題を詳述するの〕を許してほしい。）なぜこの神経心理学的な発見は――もし、実際に検証に耐えるならば――信者を困らせるのだろうか。なぜある神経心理学者がカナダで側頭葉をいじることが（たとえば）神に対する私の信念に脅威を与えるのだろうか。以下で述べるのは、この脅威を説明する方法の一つである。

究極的に神の存在の論証が、個々の信者の宗教的な体験に帰すると仮定してみよう。つまり、神の存在の証拠が究極的には、これらの「超越的な」体験以外には何も存在しないと仮定してみよう。（この想定が直ちに受け入れられるだろうとは私は想像できない。とはいえ、さしあたり、我々は単に脅威の内実を説明しようと試みているだけである。）

また、これらの経験それぞれは単に被験者の側頭葉での活動が活発になった結果だ、と仮定してみよう。この活動は環境における電磁フィールドを変えることによって（パーシンガーがなしたように）人工的に生み出したり、自然的に生み出したりできるものだ。どちらの場合においても、――そしてこの点が重要であるが――我々はこれらの宗教的な経験を（精神から独立した）超自然的な存在に訴える必要なく完全に説明することができる。我々は説明を要するすべてのものを説明するのに神の存在を必要としない。かくして、もし神の存在の証拠がこれらの経験に究極的に帰着するならば、そしてもし、これらの経験が脳の通常の活動の単なる「副作用」として余すところなく説明されうるならば、その場合、神の存在を信じるどんな理由があるのだろうか。そのような信念のために、どのような正当化があるだろうか。もしこの脅威が現実のものならば、その答えは、何もない、である。

　二点を明確にしよう。まず、あなたは神の存在を信じ続けるかもしれないが、その信念はもはや非合理的だと示されたことになる。それを認識論的な二日酔いとみなすとよい。この脅威が示すのは、ちょうど錯視が示すのはあなたの目がもう騙されないだろうということではないのと同様に、我々がもう神を信じ続けないこと、あるいは信じ続けないだろうということではない。重要なのは、そのような信念は、神経心理学的なデータを考えると正当化されえないということだ。次に、たとえこの脅威が現実のものでも、神はそれにもかかわらず存在するかもしれない。ここでも、この脅威は知識――証拠を考慮するとあなたが信じるべきこと――に関するものであり、世界それ自体の本質についてではないのだ。冥王星の軌道を回るティーカップがあると信じる理由はない。しかし、（ひょっとすると）ティーカップが冥王星の軌道を回っていることは真実でありうるのだ。これを宇宙的偶然と呼んでもよい。

　もしあなたがこの例を理解できたとしたら、以下で論じられることに対して準備ができているだろう。進化倫理学の場合には、ダーウィンの発見は「パーシンガー効果」の役割を果たしている。しかし先にいくつかの準備から始めてみよう。

2　準備事項

あなた方は進化に騙されてきたのだ。もし進化論的反実在論者（と私が呼ぶ人々）がバンパーステッカーを必要とするならば、これがそれだろう。進化論的反実在論者によれば、客観的な道徳の基準は存在せず、客観的な道徳の基準が存在するという信念は進化のいたずらなのだ。もし進化論的反実在論者が正しいならば、我々は特定の行為が不道徳であると判断することをまず間違いなく続けるだろうが、我々の判断は厳密に言えば、間違っているということになる。確かに、ある行為を不道徳と呼ぶことには目的があるだろう。我々は誰かに恥をかかせたり、あるいは誰かに罰を与えたりすることを望むかもしれない。そして、そのように望む際に、その人は不道徳に振舞ったという事実（とされるもの）に訴えるかもしれない。しかし、我々が真理に関心を持つ限りでは、我々の判断は世界が実際にそうである仕方を反映したものではない。道徳は、この見方に基づくと、便利な虚構なのだ。

この状況は、神への訴えに関して当てはまるかもしれない事柄とよく似ている。我々は、他者の振舞いに影響を与えようとする際に、神――彼の慈悲、彼の怒りそして彼の知恵――に訴えるかもしれない。神が来世においてあなたに褒賞あるいは罰を与えるだろうと信じることは、あなたがどのように振舞うかに対して、とても大きな影響をもつ可能性が非常に高い。（多くの六歳児に尋ねてみよ。）しかしもし神が存在しないならば、もちろん、あなたがどう振舞うべきかについての神に依拠するいかなる判断（たとえば、「神が盗むことを禁止しているからあなたは盗むべきではない」）も偽ということになる。盗むべきではない理由はあるかもしれないが、その理由は神が禁止しているからというものではありえない。おそらく、捕まるリスクはささいな利益を上回っている。おそらくあなたは自分のことを悪いと感じるかもしれない。

事態は進化論的反実在論者にとっても同様である。もし彼らの見方が究極的に正当化されるならば、「あなたが盗んではいけないのはそれが悪いことだからだ」という判断は、厳密に言って偽である。盗んではいけないという命法を正当化すると推定される性質（つまり、不正さ）は、世界からは行方不明になっている。ちょうど、我々の前述の例において神が世界から行方不明になっているのと同様の仕方で、である。

進化論的反実在論は道徳的反実在論の一種であり、そして道徳的反実在論は新しいものではない。哲学者たちは数千年もの間、この見方を問題にしてきた。新しい点は、自然選択による進化が、客観的な道徳があると我々が信じることがなぜ正当化されないかを説明する、という主張である。このことはダーウィンの発見以前にはありえなかった洞察（とされるもの）である。これからの三つの章にわたって、我々はどのようにこの主張が、いわば、進化してきたかを見る予定である。より具体的に言うと、我々はこの見方についての擁護論がどのように進化してきたかを見る予定である。

以下のように私が言うとき、私は真実を誇張しているとは思っていない。つまり、進化と道徳の交差に関心がある現代の哲学者たちの間では、進化論的反実在論は——少なくとも出版物を見る限りでは——有力な見方になっている、ということだ。ただし、決して全会一致というわけではない。とはいえ、この見方を擁護する哲学者の数は、この見方に批判的な人々の数を優に超えるように見える。これはいくらか驚くべきことである。なぜなら、この見方を擁護する最初期の試みは、寛大に言っても、不安定なものであったからだ。問題の一部は、進化論的反実在論をその関連する見方から切り離しておく点にある。次の節では、我々は進化論的反実在論によく似た見方を表明しようとしたE・O・ウィルソンの試みを見る。そして、事態が哲学者のマイケル・ルースによって大きく明確化されたことを、本章第4節で見る。

3 E・O・ウィルソン

E・O・ウィルソンはすでに我々の議論の中で何度か登場してきた。残念ながら、我々は彼の貢献を常に好意的には扱ってこなかったのではないか、と私は思う。ウィルソンの犯した間違いを、何度か私は指摘してきた。しかし、初期の先駆者の不備を指摘することはたやすい。後知恵で物を言えるからだ。公平のために言うと、ウィルソンはもっと褒められてよい。というのは、ウィルソン以上に、進化論を人間に関する事柄に関係させるという仕事をした現代の思想家はいないからだ。彼は、つまるところ、社会生物学の父であり、進化心理学の先駆者である(第1章第4節をみよ)。ウィルソンは彼の一九七五年の著書である『社会生物学——新たな総合』において、その後人間についての我々の理解を刷新した研究プログラムを開陳した。すなわち、単に我々の身体だけが自然選択のもたらす特徴を担っているのではなくて、我々の精神も自然選択のもたらす特徴を同様に担っているという考えである。

もちろん、この考えの根源はウィルソンに始まるわけではなかった。我々が見てきたように、ダーウィンは人間の事柄におのずと至る考えを始動させた。明らかにダーウィンに対する初期の反論のいくつかは、次のような認識に由来していた。すなわち、もしダーウィンが正しかったならば、人間は——その身体と精神の両方について——最終的には進化論的説明に屈服せねばならないことになると我々は認めざるをえなくなるだろう、という認識である。これは表立って主張するには急進的すぎる考えであり、そしてダーウィンはかなり苦心してそれを表明しないように気をつけていた。ダーウィンの存命中、最も声の大きい擁護者であったトマス・ハクスリーは、明らかにこの考えを否定した。「［人間とそれ以外の動物の］区分についてのどんな究極的な構造的な境界線」も「動物界」と我々自身の間には存在しないと認める一方で、ハクスリーは人間についての彼の立場についてほとんど疑問の余地を残さなかった。「文明化した人間と動物との間に大きな隔たりがあることについて、私よりも強く確信する人はいない。つまり、人間が動物に由来するにせよそうでないにせよ、人間は疑いなく動物の一種ではないということを私ほど強く確信している者はいない」（1863：234）。だとすると、何が我々をそこまで特別にするのだろうか。あなたはもうおわかりになっただろう。つまり、「善悪を見分ける良心」だ。ダーウィンの知的な後継者たちの中には、ハクスリーの主張を疑った者がいるかもしれない一方で、だれも公然とはこうした疑いを表明してはこなかった。一九七五年までは、である。

一九七五年にウィルソンは、多くの者が予期していた一歩をはっきりと踏み出した。『社会生物学』の冒頭近くにおいて、ウィルソンは次のように主張した。

> 生物学者は生理学と進化の歴史についての問いに関心があるものだが、彼は自己認識が脳の視床下部と辺縁系にある感情の統御センターによって制約され形成されることに気づいている。これらのセンターは、善悪の基準を直観することを望む倫理学的哲学者によって調べられている――憎しみ、愛、罪悪感、恐怖、その他といった――あらゆる感情で我々の意識をあふれさせる。我々が次に尋ねなければならないのは、何が視床下部や辺縁系を作ったのかということである。それらは自然選択によって進化したのだ。倫理と倫理学的哲学者たちについて説明するために、この単純な生物学的言明があらゆる角度から追究されねばならない。（1975：3）

ウィルソンをどのように呼ぶとしても、遠慮がちと呼ぶことはできない。彼は大魚を追い求めているのであり、その魚は他の人の網の中にいるように思われる魚なのだ。ウィルソンによれば、いったん我々が脳のいくつかのシステムについての自然選択を理解すれば、我々は道徳のすべてを理解するだろうという（そして、そのおまけとして、道徳哲学者たちについてもだ）。

さて私がしつこいくらいに指摘してきたように、このような主張はひどくあいまいである。あなたは今、以下のように自問しているはずである。道徳のどの部分を我々は説明できるのか。どのように我々は進化して道徳的に考えるようになったのか。どのように我々は行為すべきだろうか。何か他のことだろうか、と。『社会生物学』の後半部分において、ウィルソンはこれら異なった意味の間を注意せずに行き来している。彼はどのようにして人間が道徳的感情を持つにいたったかについて探究している（我々が第I部で探究したことだ）。彼はどのように進化が「より深く理解され、より持続する道徳的価値体系」を指し示しうるかについて探究している（我々が前の諸章において議論したことだ）。そして、ほとんど何の警告もなしに、我々は以下の言明にたどり着く。「各人口集団内部でのあらゆる性別・年齢階層は言うまでもなく、あらゆる人口集団に適用可能な単一の道徳規範など決して存在しないこともまた明らかだろう」（1975：288）。これを普遍的道徳体系の否定以外の何かだと考えるのは難しいだろう。我々が道徳的になすべきことに関する客観的な基準はない。せいぜいのところ、我々がもつのは道徳的相対主義である。

時を経るにつれ、ウィルソンは彼の批判を先鋭化させた。彼は生物学者のチャールズ・ラムズデンと協力し、彼と一緒にこう批判した。「究極的な倫理的真理が、いかにして人間の心の特異な発展から切り離された事物として認識されるのかということを、いまだ哲学者たちと神学者たちは我々に示していない」（Lumsden and Wilson 1983：182–3）。これを言い換えると、倫理は全く妄想にすぎないということだ。もちろん、倫理が妄想にすぎないのなら、倫理は世界には存在しないことになる。そして、倫理が世界に存在しないのなら、我々に把握できるものは「世界の側（out there）」には何もないことになる。つまり、我々の道徳判断を評価するためのものが何もないということである。もし私があなたの行為は非倫理的だったと言うなら、あなたが自分の行為は倫理的だったと言うのと同様に、私が言ったことは正しくないのだ。その理由は、行為は現実には倫理的でも非倫理的でもないからだ。倫理学はサンタクロースと同様、我々の想像の産物なのである。

ウィルソンの主張はかなり明快であったが、同じことをその主張の背後にある議論に対して言うことはできなかった。自然選択は我々の道徳心を形成する際に決定的な役割を果たしたという考えに対して、ウィルソンは大きな熱意を示した。彼の考えは、我々が第3章第2節で詳しく述べた話ほどには十分に展開されていなかったが（ウィルソンは発達心理学と脳神経科学の分野における最近の研究から利益を受けていなかった）、それと同様の基礎的な構成要素を共有していた。しかしなぜこの考えが道徳的客観性を掘り崩すのだろうか。つまり、この我々の心の発達の話が、なぜ正しさと不正さは単に心の産物にすぎないという考えに我々を導くのだろうか。おそらく、一つの考えから次の考えへと至るステップはあるのだが、ウィルソンはそれを詳しく説明していない——少なくとも、我々が進化論的反実在論の真理性を評価することに役立つ仕方では。

4　特異性論法

『社会生物学』の上梓後まもなくして、ウィルソンは哲学者のマイケル・ルースと手を組んだ。彼らが提示したイメージは「哲学者たちが下に向かって手を差し延べる……生物学者たちが上に向けて伸ばす手を取るために」（Ruse and Wilson 1986/1994：430）というものだった。[i] 彼らが手を組んだことによってもたらされたのは、倫理的客観性の問いに対するより注意深い取り扱いであった。そして彼らの結論は全く簡単なものであった。つまり、「道徳的振舞いの科学的な解釈に基づくと……客観的に外在する倫理的な諸前提は存在しえない」。私はこれを、私が進化論的反実在論と呼んできたものの一形式だと考える。

ルースとウィルソンが導入する最初の議論は、私が特異性論法と呼ぶものである。それは以下のようなものだ。つまり、倫理的領域の最大の特徴であると思われる義務の感覚は言うまでもなく、正義と公正、思いやりと寛容のような物事に対して我々が帰する価値は、認知的プロセスから生じており、またそのプロセス自体が「[我々の]種の遺伝的歴史に特異的な産物であり、またそのようなものとして自然選択の特定のあり方によって形成された」(1986/1994 : 431) ものである。言い換えると、「倫理的諸前提は遺伝的歴史の特有な産物なのである」。ここでのキーワードは、特異的 (idiosyncratic) であり、私の辞書では「個別化するような特性あるいは性質」と定義されているものである。ルースとウィルソンが言っているのは、我々の道徳感覚を構成する思考や感情は、特異的な問題に直面した初期の人類の生存にとって(何らかの方法で)たまたま有利であったということだ。(これは第I部で探究された主題からそうかけ離れていない話である。)

話が面白くなるのはここからである。もしこれらの認知プロセスが我々の遺伝的歴史に特異的な産物の結果であったとすると、我々の遺伝的歴史が異なったものであったならば、我々は異なった認知プロセスを持ちえたことになる。(そして我々の遺伝的歴史は実際のものとは大きく異なったものでありえたという第6章の議論を思い出してほしい。)しかしもし我々が異なった認知プロセスを持ちえたのならば、我々は異なった倫理的信念を持ちえた、ということになる。ルースとウィルソンは、「地球外知的種」を想像するよう我々に求める。この種族の進化の道程により、その構成員は「カニバリズム、近親相姦、暗闇や腐敗への愛、親殺し、そして排泄物の食べ合い」に高い価値を置くようになった。この種族の構成員は、これらの実践は「自然であり正しい」と情熱的に考える——実際に、正義と思いやりが「自然であり正しい」と我々が感じるのとちょうど同じぐらい情熱的に考えるのだ。明らかに、彼らの「道徳的諸価値」は我々の価値に翻訳されえず、その逆もしかりである。このことから、ルースとウィルソンは「どんな抽象的な道徳的諸原理も個々の種に特有な性質を離れては存在しない」(1986/1994 : 431) と結論づける。楽しみのために人を殺すことは、たまたま我々のような生物にとっては不正なのであるが、この主張の地位は、睡眠が我々の精神衛生にとって重要であるという主張がもつ地位と同様なのである。この〔特定の〕仕方である必要はなかったのであり、また実際に我々の種の特徴は、その主張を偽にするような仕方で変化しうるのだ。さてルースとウィルソンの二つ目の議論に移ろう。つまり、重複論法である。

5　重複論法

この議論を紹介するために、認識論（つまり、知識についての哲学的研究）への回り道を手短にさせてほしい。今この瞬間に自分は本を読んでいるとあなたは信じている。それどころか、あなたはより強い主張をするかもしれない。つまり、自分は今この瞬間に本を読んでいるとあなたは知っている、と。その信念を正当化することを求められると、あなたの手の中でそれがどのように感じられるか、異なった照明の下でどのように見えるか、おそらくさらには、どのような匂いがするかまたどのような味がするか——といった自分の知覚的経験を引き合いに出すかもしれない。これらのあらゆる知覚的経験は、今まさにあなたが読んでいる、精神から独立した本が存在するという事実によって最もよく説明される。それは実際にそこに（あるいはここに）存在し、あなたはそれを探知している。

さらに言えば、あなたの信念は次のような反実仮想的なもの（物事がどのようなものでありえたかということ）に重要な仕方で結合している。つまり、今まさにこの瞬間にあなたがこの本を読んでいなかったとしたら、あなたは自分が本を読んでいると信じなかったであろう。今まさにこの瞬間にあなたがこの本を読んでいなかったとしたら、あなたは以上で引き合いに出したような知覚的経験を持っていなかっただろう。もしあなたがこのことを詳細に説明しようとするなら、あなたは以下のように言うかもしれない。つまり、あなたはその本と或る特定の因果関係、すなわちその本があなたがなす仕方で感じ見ることをあなたに引き起こすような因果関係をもつ、と。そしてもし、あなたがその本に対してこの因果関係になかったとすれば、あなたはそのような経験を持たなかっただろう、と。重要なのは、今まさにこの瞬間にあなたが実際に本を読んでいても、読んでいなくても、自分が本を読んでいるとあなたが信じているということがもし事実であったならば、このことはその本が現実に存在するという信念をあなたが正当化するための根拠を掘り崩すだろうということだ。なぜか。それは、あなたの信念はあなたが今まさにこの瞬間に本を読んでいるという証拠ではもはやないからだ。あなたの信念はその本の存在（とされるもの）から切り離されてしまったのだ。

私のメタファーを混ぜると、以下のような話をできるだろう。次のことを想像してみよう。あなたの車のダッシュボードディスプレイパネルがショートしたため、「エンジン警告」ランプが勝手に点いたり消えたりしている。さらに以下のことを想像してみよう、そのランプはいかなる仕方でもそのエンジン自体と接続されていない。そうすると次にランプが点くとき、エンジンに問題が実際にあると信じる理由は全くない——我々は通常そのように考えるとしても、である。そう信じることは（言ってみれば）余計（redundant）である。なぜランプが点灯しているのかについて知っておく必要があることすべてを我々は知っている。エンジンに問題があるかどうかにかかわらず、そのランプは点くのだ。もちろん、エンジンに問題がある可能性はあるのだが、それは全くの偶然である。そして、その信念に関しては、エンジン警告ランプ自体とは別の由来の証拠を必要とするだろう。本の場合も同様である。つまり、あなたが本を読んでいるかどうかにかかわらず、今まさにこの瞬間に自分は本を読んでいるとあなたが信じるならば、――その信念自体とは異なる由来から生じる証拠を欠いている場合――今あなたの目前に実際に本があると信じることを正当化するものは何もない。

　これがルースとウィルソンの重複論法の要旨である。つまり「たとえ外的な倫理的諸前提が存在しなくても、我々は我々がなす仕方でもって正と不正について考え続けるだろうという理由で、進化論的説明は客観的道徳を不必要なものにする」(1986/1994: 431) ということである。ダッシュボードの警告ランプの場合と同様、我々の道徳感覚は、何か独立の道徳領域を検知するから「点灯する」わけではない。それが「点灯する」のは、生存と生殖を報賞として与えるようなプロセスによって搭載されていたから――それだけのことだ。言い換えると、重要なのは、道徳的諸事実からなる別個の領域を見つけることではない。重要なのは生殖上の成功である。ルースとウィルソンの言葉では、ダーウィン流の進化の事実を仮定すると、いくつかの行為が実際に不道徳であるかどうかにかかわりなく、我々はそうした行為を不道徳だと信じるにいたるだろう。このことは進化論的反実在論を支持するほとんどの議論の基礎となるテーマに向かうべく我々を動かす。つまり、道徳判断をなす我々の傾向の背後にある諸原因を説明すれば、客観的道徳を信じるいかなる理由も掘り崩されるということである。この考えに時間を使ってみよう。

6 因果関係、正当化、そして……腐った死体

我々が第I部で語った長々しい筋書きが正しいと仮定してみよう。すなわち、一部の行為が不正であると我々が判断する傾向にある理由が、そのような傾向が個体の適応度に対して与える影響によって完全に説明されると仮定してみよう。道徳的に考え振舞う者は、一般的に言って、(そのような判断をなさない人々よりも)より多くの赤ちゃんを作る。もしこのことが正しいならば、我々の道徳的信念は別個の道徳的領域に反応した結果ではない。かわりに、我々の道徳的信念はいかなる道徳的領域とも全く結びつかない因果的プロセスの結果なのだ。このことは何を示唆しているのだろうか。つまり、いったん我々が道徳の〔客観的〕存在を必要としない因果関係の筋書きを手にしたなら、我々の道徳判断の正当化を探求するためのどんな理由があるだろうか。明らかにいかなる理由もない。この場合、いったん我々の道徳判断を引き起こすものが何かがわかったならば、そのような判断が真であるかどうかを探究する必要はなくなる。そうすることは、因果関係と正当化を混同することだ。(もう一つの)アナロジーの助けを借りて、私が説明プロジェクトと正当化プロジェクトと呼ぶものの間にあるこの違いを整理できると思う。ルースが強調するように、我々の道徳感覚についての説明を提供すること(説明プロジェクト)は、道徳原理を正当化すること(正当化プロジェクト)を「不適切なもの」あるいは不必要なものにする。

市街の路地裏で腐った死体を見つけたと想像してみよう。「おお、気持ち悪い! 不快だ!」あなたの反応は即座のものであり非自発的なものであろう。そして地球上のあらゆる文化の中に生きる諸個人が、腐った死体に対してちょうど同じ反応をするだろうと私は賭けてもよい。小さな子どもたちでさえ同様に反応するだろうということにも賭けてもよい。さてこの反応の画一性を最もよく説明するのは何だろうか。人間心理として、なぜ人間は腐っ

た死体に反応してかくも容易にこれらの「気持ち悪い判断（gross-judgments）」をするのだろうか。もしこの疑問が種のレベルで提示されるならば、答えを思いつくのは難しくない。我々の「気持ち悪い判断」に取り組む説明プロジェクトは、完遂するのがたやすいはずである。

腐った死体に関係する寄生虫や細菌について、我々は今日きわめて多くのことを知っている。腐った死体に物理的に近いことは健康に関する深刻な危険でありうる。そしてそれは数十万年前から同様であった。そうすると次のことは我々の遠い先祖が直面した適応の問題であっただろう。つまり、いかに腐った死体を避けるかということだ。しかしその解決策は明白である。死体を「気持ち悪い」とみなす生まれつきの傾向をもった初期の祖先（これはヒト科の生物よりも先に存在していた可能性が高い）は、この傾向をもっていなかった彼の隣人たちよりも、ほかの点では等しかったとすると子孫が残しやすかった。初期の人間に何らかの物事を気持ち悪いとみなす傾向を植えつけることは、安価でありまた非常に効果的であっただろう。この説明プロジェクトを完遂するには、どのように我々の「気持ち悪い判断」がとりわけ一定の知覚的引き金に適合しているかを詳しく説明することが必要だろう。しかし、その説明がどのようになるかについて特段神秘的な要素はない。「気持ち悪さ」それ自体が問題ではないという簡単な理由で、我々は気持ち悪さそれ自体についていかなることも知る必要がないであろう。それは役に立つ虚構であると言ってもよいだろう。問題はそのような判断を引き起こす因果プロセスを説明することである。我々がなす必要があるのは、認知心理学者のチームに我々の判断の背後にある原因を説明する仕事を割り当てることだ。

だがここで以下のことを想像してみよう。腐った死体に出会うときに、あなたは一人ではないと想像しよう。あなたが見るもの（匂うもの）を友人は見る（匂う）。しかし、きわめて驚くべきことに、友人はあなたと同じようには反応しないということだ。友人はあなたが嫌悪感からひるむときに興味に駆られて死体を見つめるのだ。当惑して、あなたは友人に以下のことを尋ねる。それを気持ち悪いと思わないのですか、と。彼女はきっぱりと返答する。

「いいえ」。いやいや、まじめなところ、それは気持ち悪い、とあなたは言う。「いいえ、それは面白い」と彼女は返答する。あなたの友人は偽っていないように見える。しかし明らかに彼女は間違いを犯した、とあなたは考えている。そこで、あなたは（彼女が見逃していたのかもしれないので）彼女に腐っている肉、嫌なにおい、蛆虫の盲目的な、忙しそうな働きを指し示す。「はい、すべて理解しています、でも私はそれを気持ち悪いと思いません」と彼女は言う。あなたはものが言えないほどびっくりする。彼女は明らかに間違えている、とあなたは考える。彼女は過ちを犯しているのだ。その状況には彼女が理解しそこねている物事がある、つまり、その死体が気持ち悪いということだ。その死体は気持ち悪いという性質を持つのに、あなたの友人は――においや外見といったその他の性質を知覚しながらも――この性質は知覚しそこねている。

そこで、あなたはあなたの判断を正当化することを試みる。つまり死体は実際に気持ち悪いというあなたの判断が真である一方で、彼女の判断（死体は気持ち悪くない）が偽であるのはなぜかを示すということだ。なぜ人々が死体に反応して〔気持ち悪いという〕判断をなす傾向にあるのかについての進化論的説明をあなたは認めるのだが、追加的な説明があるとあなたは考える。それは、何かが気持ち悪いという判断を正当化するのは何かという説明である。この説明は、「気持ち悪い判断」をする際に誰が正しく誰が間違っているかを決定するのに役立ちうる。ここで、我々は気持ち悪さが死体に客観的に存在するかどうかを決定するために、「気持ち悪さ学者」（気持ち悪さ学部――他のどこがあろうか――から）のチームを雇うことができる。このことは正当化プロジェクトとなるだろう。

もちろん、これらはすべてばかげた話である。正当化プロジェクトはこの場合には間違っている。そのプロジェクトを間違ったものにしているものは、よく考えてみると、「気持ち悪い判断」は正当化を必要とする種類の物事ではないということだ。さらに言えば、我々はそれらを実際に真あるいは偽でありうる種類の物事であるようにはみなしていない。それらの判断は実際には単に好みの問題である――あるいは嫌悪の問題と言うべきだろうか。

それらは、エッフェル塔の高さは一八〇メートルであるとか国連は無能であるといった判断のようなものではない。これらの場合において、我々は判断が正確に世界を描写していると言えるためには世界がどのようなものでなくてはならないかについて、ある程度わかっている。しかし「気持ち悪い判断」はこのようなものではない。あなたがある対象を気持ち悪いと判断する場合、対象を調査するために多くの時間を費やす必要はない——あたかも、（おそらく顕微鏡のもとで）十分に近くで見れば、気持ち悪さという見つけにくい性質が見つかり、それによってあなたの判断が正当化できるかのように。我々の時間のより有効な利用法はあなたを調べることだろう。あなたがその判断をした理由を説明するあなたについての事柄——あなたの遺伝的性質、あなたの教育など——はいったい何だろうか。つまるところ、あなたは子どもの時、あなたがたとえばスパゲッティを気持ち悪いと思う理由を説明するような、普通ではない経験をしたのかもしれない。我々の先の例を考えると、あなたの友人は死体解剖の長い経歴を持つ法医病理学者であるかもしれず、そしてこのことはなぜ彼女が腐った死体を気持ち悪いと思わないのかを説明するだろう。

　説明プロジェクトの結論を思い出そう。我々の「気持ち悪い判断」について説明される必要のあるすべてのことを、人間だけが知覚することのできる特別な性質——気持ち悪さ——を持つ事物が実際に存在すると決して認める必要なく、我々は説明することができる。したがって、我々の「気持ち悪い判断」が真であるわけを探し求める理由はないことになる。なぜその判断が下されたのかについて我々が知る必要のあるすべてのことを我々は知っているので、我々は以下のことをわざわざ尋ねる必要はない。つまり、しかしその判断は正当化されるか、と。その人はその判断が真であると考える十分な理由を持っていたのか、と。進化と倫理の場合には、説明プロジェクトは正当化プロジェクトを不適切なものにする。ルースの言い分はこうである。「なぜ誰かが何かを信じているのかについて因果分析を行なうと、合理的な正当化を求めることは不適切であるということをすでに示したことになる場合がある、――合理的な正当化は存在しないのだ」(1998 : 124)。これはルースが十年以上も前になしていたのと同様の主張である。「ある人が提示できるのは、なぜ我々が倫理的な信念を持っているのかを示す因果的な論証だけである。しかし一度そのような論証が提示されると、それが必要とされるすべてのことだと我々は理解することができる」(1986 : 102)。

7　本章のまとめ

ウィルソンとルースは進化倫理学を甦らせたが、しかしそれは、スペンサー（とおそらくレイチェルズ）が想像していた形では全くなかった。スペンサーに対する批判的反応は、進化は実質的な倫理的問題に対して全く関連をもたないという印象を与えた。であるの領域は、何をなすべきかに影響を与えることはできないのだ。そこで、進化倫理学は質の悪い哲学の炎の中で滅んだと考えられた。ルースは、ページをめくり別のトピックに移るために人がなす必要があるのは、『自然主義的誤謬』という魔法の呪文をつぶやくこと」だけだった、と冗談めかして述べている。

しかしウィルソンとルースは進化と倫理の間の新しい関係を構想した。スペンサーは、進化が倫理を支持すると考えた。ウィルソンとルースは、（少なくとも倫理が客観的規則に存するという意味においては）進化が倫理を破壊すると考えている。進化倫理学に対するアプローチの変化は次の引用によく反映されている。

進化論者はもはや事実的基盤から道徳を導く試みはしていない。彼あるいは彼女の主張は今や、道徳を導くことのできるいかなる種類の基盤も存在しないというものだ。……明らかに倫理は実在しないものではないため、進化論者は我々の道徳的感情を単純に人間心理という主観的な本性に見出している。このレベルにおいては、道徳は我々が見知らぬものに感じる恐怖――これは疑いなく、よい生物学的価値を持つもう一つの感情である――がもつ地位以上のものでは（また以下のものでも）ない。

(Ruse 1986 : 102)

自らの見解を支持するために、ウィルソンとルースはいくつかの論証を提示している。特異性論法によると、我々の道徳的信念は特異的なプロセスの結果であり、もしそのプロセスが異なったものであったならば、我々の道徳の基準も異なったものになっていたであろう。しかし道徳の客観性がもつ含意の一つは、道徳の基準は変化しないという考えである。つまり、不正なものは不正である――あなたの信念と背景がどのようなものであろうともだ。重複論法によると、倫理の客観性を信じることは不必要である。なぜなら、倫理が実際に客観的かどうかにかかわらず、我々は倫理の客観性を信じているからだ。このことは、我々の道徳的信念をもたらした因果的プロセスを、そのような信念の正当化（とされるもの）から区別することによって、より深く理解しうる。ルースは因果的プロセスを理解すれば我々の道徳的信念の正当化は不要になると論じている。この世界に客観的な気持ち悪さの性質がないのと同様、この世界には客観的な道徳的諸性質は存在しない。我々はまるでそれがあるかのように信じ会話しているが、このことはそのような物事に言及することなく説明できる。我々の説明は生物学的および環境的な原因を指し示すことだけで足りるのだ。進化は、結局のところ、我々を騙していたのである。

文献案内

Sober, Elliott (ed.)（1994）*Conceptual Issues in Evolutionary Biology*, 2nd edn.（MIT Press）.

Wilson, E. O. (1975) *Sociobiology : The New Synthesis* (Harvard University Press).（エドワード・O・ウィルソン『社会生物学［合本版］』伊藤嘉昭他訳、新思索社、一九九九年）

第11章　最近の進化論的反実在論

非道徳的な系譜の利用可能性によって、我々のもつ道徳的信念が一つでも真であると考えるべき理由は全く失われるように思える。

——リチャード・ジョイス『道徳の進化』

二〇〇六年、リチャード・ジョイスは進化論的反実在論の擁護に一冊丸ごと費やした著作を刊行した。それは間違いなく今日に至るまでで最も包括的なものだろう。その本の構造は本書の構造と並行関係にある。彼は人間の道徳が生得的だという「暫定的で或る程度思弁的な」仮説を擁護するところから始めている。これは我々が第I部で探究した仮説だ。次にジョイスはこの仮説の哲学的な意義を問うている。それはスペンサーが考えたように道徳を擁護するものなのか[1]。あるいはそれを損なうものなのか。ジョイスは後者の仮説を擁護している。ルースと同様、ジョイスは道徳が客観的な基礎をもっていることを否定する。進化論的反実在論についてのジョイスの議論は最も近年のものであり、また最も徹底したものである。そこで、彼の主張の全貌を明らかにすることはいくらかの時間を割くに値するだろう。第12章でジョイスの主張に対するいくつかの応答を検討する。

1　ナポレオンの錠剤

進化論的反実在論を支持する主張への理解を得るために、ジョイスは以下のような思考実験を持ち出す。服用するとナポレオンがワーテルローの戦い[i]に負けたと信じるようになる錠剤が存在すると想像してみてほしい。次に、服用するとナポレオンがワーテルローの戦いに勝ったと信じるようになる錠剤が存在すると想像してみてほしい。最後に、それぞれに対応する解毒剤が存在すると想像してみてほしい。すると、たとえば（ナポレオンが戦いに負けたと信じさせる錠剤を飲んだ後で）「ナポレオンが戦いに負けた」解毒剤を飲むと、あなたはもはやナポレオンがワーテルローの戦いで負けたとは信じなくなる。あなたはナポレオンが戦いに負けたことが偽であると信じるようになるわけではない。むしろ、あなたはナポレオンが戦いに負けたことを信じることも信じないこともないだろう。あなたは不可知論者になる（ついでながら、これらの錠剤は他の信念には影響しない）。

さてあなたは、ナポレオンがワーテルローの戦いに負けたと信じさせる錠剤を若い頃にこっそりと飲まされたのは自分であると、確信したとしよう。あなたは自分がその錠剤を飲まされたという申し分のない証拠を持っているとする（あなたのかかりつけ医が法的措置をとると脅されて医療記録を提出したと考えるとよい）。もちろんあなたは、自分はナポレオンが戦いに負けたとされることを学校で「学んだ」ものと考えるだろうが、正直なところ自分がその信念をどのようにして得たのか言うことはできない。しかしここで明らかなのは、(a)あなたはナポレオンがワーテルローの戦いに負けたと信じていること、(b)この信念はそれに関係する錠剤によって引き起こされたものであること、である。一息ついてこのことをじっくり考えてみてほしい。

ここでジョイスが持ち出す問いは、あなたは解毒薬を飲むべきなのか、というものだ。あなたはナポレオンがワーテルローの戦いに負けたという信念を消し去る解毒剤を飲むべきだろうか。あなたの動機に疑いのないように、（あなたが今しているように）あなたが正当化された真なる信念――あるいはこう言った方がよければ、知識――を持つことに恒常的な関心を持っていることを明確にしておこう。それならあなたは解毒剤を飲むべきなのだろうか。ジョイスはもちろんだと考える。ナポレオンがワーテルローの戦いに負けたというあなたの信念は、少なくとも「疑わしいもののリストに記される」べきである。あなたはナポレオンのワーテルローでの奮闘について不可知論者であるべきなのだ。あなたはナポレオンがワーテルローで勝ったと信じるべきなのだろうか。そうではない。ジョイスによるとあなたはワーテルローにおけるナポレオンに関する判断をすべて保留すべきなのである。あなたはワーテルローで実際に何があったのかについて、いかなる信念を持つことも正当化されていない。

それはなぜだろうか。この例が明らかにすると考えられるのはどのような教訓だろうか。ジョイスによれば、その教訓とは「ある場合においては、信念の起源についての知識はその信念を損なう」（2006 : 179）ということである。ジョイスの例のように、もし信念が「通常の」仕方で生み出されていないなら、我々はそれを受け入れるべきではない。このとき、「通常の」という語は何を意味しているのだろうか。

その教訓を以下のように解読してみよう。すなわちもしpについての信念（pは単に、「ナポレオンがワーテルローの戦いに負けた」もしくは「今日は月曜日だ」もしくは「二足す二は四だ」といった何らかの命題を表している）が直接もしくは間接的にpという事実から引き起こされたのではないなら、あなたがその信念を持つことは正当化されていない。これは最も洞察力のある定義とは言えないが今のところは問題ないだろう。ジョイスの例では、ナポレオンがワーテルローで負けたというあなたの信念は（当たり前だが）直接その出来事を知覚することで起こったのではなく、間接的に、いわばその出来事につながる証言の連鎖によって起こったのでもない。そのかわり、あなたのナポレオンについての信念は事実（だと言われるもの）と全く関係のない何かによって引き起こされたのだ。つまり、錠剤によって引き起こされたのである。これは信念の真理性についてのあなたの信頼を妨害するだろう。[2] これは信念の起源についての知識が信念を損なう状況と言える。そこで、真なる信念を持つことが大事だとあなたが考えるならば、あなたはナポレオンについての信念が事実（とされるもの）それ自体とは異なるものから引き起こされたという事実を問題にすべきである。したがって、あなたは解毒剤を飲むべきだ。

もしジョイスがこのすべてに関して正しいとすると、道徳についてどんなことが帰結するだろうか。さて、我々の道徳的信念が、全般的に言って、ダーウィン流の長い選択のプロセスによって引き起こされたというのが正しいと仮定してみよう。しかし我々が第6章から第10章にかけて学んだのは、このプロセスは道徳的に善いものもしくは道徳的に悪いものによって導かれたわけではないということであった。なぜ我々が今持っているような道徳的信念を持っているのかという点についての我々の説明は、道徳的〔実在の〕領域に言及していない。我々の説明は純粋に記述的なものである。ダーウィン流の説明は物事がどうあるべきかを示唆しないし、またある形態を善いとか悪いとかみなすこともしない。我々の道徳心に関する限り、ジョイスは「自然選択が道徳判断に関して想定していた機能は、世界の特徴を検知することとはかけ離れたものであり、むしろ優れた社会的行動を奨励することに近い」と主張している（2006：131）。このことを我々の視覚システムと比較してみよう。我々の視覚システムが選択されたのは、その表面上の目的（環境内の対象を視覚的に検知すること）が、実際の目的（環境内の対象を視覚的に検知すること）と一致していたからであった。言い換えると、我々は自身の視覚システムがなぜ進化したのかを、実際に我々が視覚化する事物に言及することなしには説明できない。進化は我々を騙して我々の周囲に精神から独立した実際の対象があるなどと信じさせることはしなかった。そのような対象は本当に我々の周囲にあるのだ（懐疑論者は地獄に落ちよ）。

ジョイスによると、道徳心については同じように言うことができない。この場合、我々は、行為が実際に正しいか間違っているかに言及することなしになぜ道徳に関する我々の信念体系が進化したのかを説明することができる。この場合、進化は我々を騙してきたのだ。

ここまでの議論をまとめてみよう。我々の道徳的信念は道徳的事実（とされるもの）によってではなく、そうした事実（とされるもの）とは全く無関係なプロセスによって引き起こされている。しかしナポレオンの錠剤の例が示したと考えられるのは、pという信念が直接または間接的にpという事実から引き起こされていないのなら、あなたがその信念を持つことは正当化されていないということである。したがって進化論的反実在論者の結論は、道徳的信念に関する限り、我々がそれを信じることは正当化されていないというものである。我々は道徳の解毒剤を飲むべきなのだ。我々は道徳的義務が現実にはどのようなものであるのかに関する信念を留保すべきである。それどころか、ジョイスによると我々は「道徳的に正しいまたは間違っている何ものかが存在しているかどうかについては判断を控えておき、世界を道徳的用語で記述することはホロスコープを真剣に受け止めることと同じようなものであるという可能性［を受け入れる］」べきである（2006 : 181）。

我々が道徳の言語を使い続ける公算は高い。しかし、サンタクロースに関する言葉遣いと同様に、それは世界において物事が実際にどうなっているかを記述する目的では用いられないだろう。つまり、我々はサンタクロースが昨晩プレゼントを運んできたかのように語るだろうが、そのように言うことは（少なくとも十分に分別を身につけたと言える年齢の我々によっては）プレゼントが実際にどのように現れたのかを説明する真正な試みだとは解釈されないだろう。そのように言うことは、価値のある文化的伝統を存続させるための方便なのだと主張することもできよう。そこで、このアナロジーで言えば、道徳の言語はあらゆる種類の物事に用いられる。しかし、進化論的反実在論者が正しいなら、（少なくとも分別のある人なら）それを用いることのできないただ一つの目的は、世界が現実にどうなっているかを記述するということだ。結局のところ、世界における何ものも客観的に正しかったり間違っていたり善かったり悪かったりはしない。そのように信じることは進化の策略なのだ。

2　ダーウィン主義のジレンマ

リチャード・ジョイスが進化論的反実在論についての論証を構築しているのとほぼ同時期に、シャロン・ストリートは多かれ少なかれ同じ結論に至る一連の論証を構築していた。ストリートは道徳的実在論者が直面するジレンマに注意を促した。この文脈でのジレンマとは、ある問題に対して二つの選択肢があるが、いずれの選択肢も魅力的ではないということを意味している。あなたはそれをしても非難されるし、しなくても非難される。そのジレンマは、ストリートの見るところでは、我々の道徳心の形成において「途方もなく大きい役割」を果たした進化の力と、独立の道徳的真理（とされるもの）との間の関係に関わるものである。道徳的実在論者は両者に関係があるということを否定することも、その関係を説明することもできる。ストリートによると、そのどちらの選択肢にも見込みがない。

ルースやジョイスのように、ストリートは我々の道徳感覚がどのように進化したのかについての推測から「哲学的に言えるだろうこと」へと話を進めている。そして哲学的に言えるだろうことは、ストリートによると、「実在論的な価値論は、ダーウィン流の力が人間の価値観の内容に深い影響を与えたという事実を認めることが明らかにできない」（2006：109）ということである。したがって、実在論的価値論は放棄されるべきである。かわりに、我々は反実在論を採用すべきである。もし反実在論が正しいとわかったら、我々の態度とは独立に成立する道徳的事実や真理は存在しないことになる。つまり、道徳はすべて我々の頭の中にあるということだ。

ストリートの論証の概要は今やなじみ深く見えるはずである。彼女は我々が第I部で詳しく述べたのと同じ一連の考え方から始めている。彼女によれば、「自然選択は『我々がもつ非常に基本的な評価的傾向』に途方もなく大きな直接的影響を与え、そしてこれらの基本的な評価的傾向が今度は、我々が行なう評価的判断に対して大きな影響を与えた」(2006 : 119–20)。進化のプロセスによって、我々はいくつかの道徳判断を他の道徳判断よりも受け入れる傾向をもつようになった。(我々の味覚の嗜好を考えてみるとよい。我々はブロッコリーよりもブラウニーを自然と好む。)ウィルソンとルースによる主張と同様に、ストリートは、もしこれらの基本的な評価的傾向が違ったならば、我々の評価体系の内容(つまり、我々が実際に評価するもの)も違っていただろうと主張する。ストリートはウィルソンとルースとジョイス(そして他の多くの人)と同じ馬へと自分の荷台をつなげている。つまり、進化が我々の道徳心を形成したのだ。

さて、道徳的実在論者はこれに対してどう応答すればよいのだろうか。道徳的実在論者は我々が考えたり感じたり欲求したりするものからは独立な、すなわち我々の評価的態度からは独立な道徳的事実や真理が存在すると主張していることを思い出してほしい。比較として、地球の形について考えてみよう。地球の丸さはあなたや私や誰かがどう判断するかに依存していない。地球は我々が丸いと信じる前から丸かったし、それはそう信じる人が誰一人いなくなった後でも(宇宙の衝突が起こった場合を除いて)まだ丸いだろう。さらに言えば、地球に感覚を持つ生き物が全くいなかったとしても、地球はやはり丸かったであろう。(3) 道徳的実在論者についても同様に、道徳的真理は我々のあらゆる評価的態度からは独立に成立している。たとえば、楽しみのために他者を殺すことは、人が何を信じたり感じたり欲求したりしているかに関わりなく間違っている。それは我々がそう信じる前から間違っており、またもし我々が誰一人そう信じていなかったとしても間違っていただろう。そこで、道徳的実在論者にとっての難問は、これらの真理と、進化が我々の道徳心を形成したという考えとの関係がどのようなものであるのかについて答えることである。

第一の選択肢は、両者に少しでも関係があることを否定してしまうことだ。道徳的実在論者は、我々の道徳心を形成した進化の力はこうした独立の道徳的真理の存在や構造に対して何らの関係も持たないと主張することができる。しかし、ストリートによれば、こう主張すると進化の力が我々の評価的判断に「純粋に歪みを与える影響」を及ぼしていることになってしまう。彼女はその状況をバミューダへと〔ヨットで〕航海しようとするが、完全に風と潮のなすがままになっている状況になぞらえる。風と潮はあなたがどこへ行こうとしているかに無関心であり、十中八九あなたを違った方角へと向かわせるだろう。もちろん、万一あなたがバミューダの海岸に打ち上げられたとしたら、いくら控えめに言ってもそれは驚くべき偶然だろう。ストリートが懸念しているのは、進化の力が実際に我々の道徳心に途方もない影響を及ぼしたという前提をあなたが受け入れるなら、正と不正、善と悪についての我々の信念の大部分が「十中八九ほとんど誤っていることになる」ということだ。つまるところ、それらは「正当でない影響によって完全に浸透され汚染されている」(2006 : 122)。しかし善や悪、正や不正と考えるものについて我々がほぼすべて間違っているというのは全くもっともらしくない。明らかに我々はこれらの物事を非常によく把握しているはずである。ストリートによると、(我々の道徳心を形成する進化の力と独立の道徳的真理との) 関係を全く否定してしまうと、この懐疑的な結果に至るため、道徳的実在論者はこの選択肢を捨てた方がよい。道徳的実在論者はもう一つの選択肢に取り組むべきである。そして、あなたは思い出すだろうが、もう一つの選択肢とは、その関係とは何なのかについて説明しようと試みることである。

この関係を説明するための最も明らかな方法は追跡説 (tracking account) を用いることである。この説明によると、いくつかの行動は禁止されているという客観的な性質を持っていて、我々はその性質を「追跡」する心的能力を進化させてきた。この説明は他の心的システムをモデルとしている。たとえば、我々が視覚認識のシステムを持っている理由は、物理的世界に周囲の光をたまたま反射する対象があり、我々の視覚認識能力はそれらの対象を追跡するために進化してきたからである。そうすることは生物学的に有益であった。道徳の場合、我々が道徳判断を行なう傾向がある理由は、そのような判断が全般的に言って真であり、我々の道徳能力はそれらの真理を追跡するために進化してきたからである。そうすることは生物学的に有益であった。我々はこれらの事柄を第3章で検討した。道徳的に禁止されていたり道徳的に要請されていたりするものを認識できることは、他の条件が同じなら、それらのものを認識できない場合よりも大きな生殖上の有利さを個体に与える。道徳的真理を認識することは、崖の淵を認識することと同じように、あなたにとって、そしてあなたの子孫にとって良いことである。

これはもっともらしく聞こえるが、そのもっともらしさは安っぽいものである、とストリートは主張する。問題は、追跡説の良い点をすべてもっていて、その欠点をもっていないような、より説得力のある他の説明が存在するかどうかである。言い換えると、より無駄がなく、科学的により認めやすい説明があるだろうか。ストリートはあると信じている。我々の道徳的傾向に関する他の科学的理論との直接の競争において、追跡説は彼女が適応的関係説（adaptive link account）と呼んでいるものに負ける。適応的関係説では、我々の道徳心は特定の環境と生物学的に有益な行動とを関係づけるために進化してきたのであり、それで話は尽きている。ストリートによると、道徳判断は「それらが独立の評価的真理の知覚であったからではなく、むしろそれらが我々の祖先の環境とその環境に対する彼らの反応との間に適応的な関係を形成したために」（2006 : 127）進化してきた。彼女はこの傾向を「反射機構」になぞらえる。反射機構は世界の中にある正や不正、善や悪を検知する仕事をしているわけではない。むしろ、その機構は単に特定の種類の状況と特定の種類の反応との間の関係を強化しているにすぎない。具体例が理解を助けてくれるだろう。

あなたがガートルードに助けてもらったと認識する場合を考えてみよう。ガートルードがあなたに自分の食べ物を分け与えたことにしよう。するとこの認識は次に、あなたはその好意にお返しをすべきだという判断を引き起こす。つまり、機会があればガートルードに自分の食べ物を分け与えるべきだという判断だ。そしてこの判断が今度は、あなたにまさにそれをする動機を与える。機会がやってきたときに、あなたは実際に自分の食べ物を彼女に分けてあげる。ここでの重要な問いは、あなたが好意にお返しすべきだという判断の機能は何なのかということだ。それは、追跡説が主張するように、何らかの仕方で状況に「貼りつく」特別な道徳的性質（すなわち、義務）を検知することなのだろうか。これは神秘的なことであることは言うまでもなく、生物学的に余分なように見える。あなたは好意に報いるべきだという判断の機能は、単にあなたを好意に報いさせることだと言うべきではないだろうか。ストリートはそう考えている。適応的関係説では、重要なのは行為へとあなたを動かすことだ。好意に応える道徳的義務（とされるもの）を検知する必要はない。特定の仕方で行為することだけが必要なのである。(4)

ストリートが注意するように、反射機構と道徳判断の間にはもちろん違いもある。一つには、道徳判断は理由としてあなたに提示される。たとえば、ある行動が間違っていることはそれをしない理由である。そして我々はこうした理由について熟考する能力を持っている。我々はそれらを受け入れたり拒絶したりすることができる。しかしこの事実は適応的関係説を不適切なものにするわけではない。つまるところ、これらの理由をあなたに提示することの要点は、あなたを生物学的に適応的な仕方で反応させることなのだ。我々は確かにハエトリグサよりも洗練されているが、同じ進化的な力に支配されている。

ここでの哲学的に重要な点は、適応的関係説によって、より少ない構成要素から追跡説の説明力のすべてが得られるということだ。なお良いことに、適応的関係説が捨てた構成要素は奇妙なものと認められているもの、すなわち客観的な正と不正である。適応的関係説は幸いにも道徳判断の真理性という困難な問題を無視することができる。この［特定の］状況で嘘をつくことは本当にそして真に不道徳なのだろうか。三人の人を救うために一人の人を殺ことは本当にそして真に道徳的に許されるのだろうか。適応的関係説に関する限り、こうした問いは、一番ましな場合でも、無関係である。ストリートによると、適応的関係説は世界における道徳体系の存在について、「評価的真理が果たす役割を一切必要とすることなく」(2006 : 129) 我々が説明したいと望むすべてのことを説明することができる。最悪の場合、そのような問いは一様に偽である。世界における何ものも不道徳だったり非道徳だったりすることはない。

したがって、実在論者に立ちはだかるダーウィン主義のジレンマは克服困難に見える。ストリートは道徳的実在論者には「逃げ場がない」と考えている。もし道徳的実在論者が我々の道徳心に対する進化の影響と独立の道徳的真理との間にある関係を否定することを選ぶなら、彼は、進化は「我々をこうした評価的真理からは離れた方向へと押しやるか、そうした倫理からは全く関係のない方向へと連れて行ってしまう」(2006 : 135) という支持困難な見解を採用しなければならなくなる。他方、唯一利用可能な別の選択肢はある種類の追跡説である。しかし、ストリートによると、適応的関係説は常に (経験的にそして哲学的に) いかなる追跡説よりも望ましいものである。

3 本章のまとめ

哲学者のフィリップ・キッチャーは「道徳性の生物学的基礎に強い関心をもつ哲学者たちは、客観性についての問題に苦しむ」(2007 : 177) と述べているが、彼のこの意見はおそらく正しい。これまでに明らかになったのは、ダーウィン流の進化論が道徳哲学者の議論に持ち込んだのは、我々が今日持っているような道徳的信念を持っている理由についての物語であり、そしてこの物語は客観的な道徳を必要としていない。第10章では私はマイケル・パーシンガーの脳神経科学的な発見に基づいたアナロジーを提示した。神の存在の正当化が自分の宗教的経験のみに基づいているなら、その正当化はそのような経験の神経心理学的な原因が提示されることによって失敗する。リチャード・ジョイスはナポレオンの錠剤のアナロジーを提示した。ナポレオンがワーテルローの戦いに負けたと信じることの正当化が単にその信念を持っていることに基づいている限り、その正当化はあなたがそのような信念を引き起こす錠剤を投与されたことが発覚することによって失敗する。ストリートによると、道徳的性質の実在性を擁護する人は、その信念と、進化が道徳的信念を採用する我々の傾向に絶大な影響を及ぼしたという事実（とされるもの）とを、どうにかして調和させなければならないとされる。

文献案内

Joyce, Richard (2006) *The Evolution of Morality* (MIT Press).

Kitcher, Philip (2007) Biology and Ethics. In D. Copp (ed.), *The Oxford Handbook of Ethical Theory* (Oxford University Press).

Ruse, Michael (1986) *Taking Darwin Seriously : A Naturalistic Approach to Philosophy* (Oxford University Press).

Street, S. (2006) A Darwinian Dilemma for Realist Theories of Value. *Philosophical Studies*, 127 : 109–66.

第12章　進化論的実在論者が取りうる選択肢

私が思うに、道徳性の生物学的基礎に強い関心をもつ哲学者たちが、客観性についての問題に苦しむことは全くの偶然ではない。

——フィリップ・キッチャー「生物学と倫理学」

進化論的実在論者は、ここで、窮地に追いやられたと感じるに違いない。先の二つの章では、道徳が実在するものであるという考え、そして行為が実際に客観的に不正、善、あるいは悪でありうるという考えに同調する人々にとっては、かなり陰鬱な像が描き出されたのである。では、道徳的実在論という考えにコミットする者にとってはどういった類の選択肢が可能なのか。本章において我々は四種の選択肢を探ろう。一つ目の選択肢が示すのは、かなり切れ味の悪い手法である。すなわち、我々のもつ道徳感覚の発展において、進化がいかなる役割を果たしたことも否定する、というものである。私がこれを「切れ味の悪い手法」と述べたわけは、その手法が進化論的反実在論者の中心的主張を受け入れることを拒否するものだからである。それどころか、その手法は議論の行なわれているテーブルからすべてのものを取り払って、新しく議論を始めようとするものと言える。

我々が探ることになる他の三つの選択肢は、進化論的反実在論者によって重視された発達に関する枠組みの内部で解決を試みるものである。それらの選択肢は、進化が我々の道徳心の発達においていくらかは役割を果たしたという考えを、程度は様々に異なるにせよ受け入れる。このことは前章でストリートによって提示されたような追跡説に実在論者をコミットさせるだろうか。そうとは言えない。実際、これらの立場のうち少なくとも二つ——反応依存性（response dependency）と徳倫理学——は、実在論擁護のための追跡説を要しないような、ある種類の道徳的実在論の可能性を表している、と述べることは正当であるように思われる。哲学者のジェシー・プリンツは、反応依存性を一種の道徳的実在論として擁護しようと企てている。この見解に従えば、道徳的な不正さという属性は、おかしさや吐き気を催させるという属性と、以下のような意味において類似している。すなわち、それらの属性は、正常な条件下で主体に典型的な仕方で反応させるよう傾向づける、という意味においてである。プリンツは、進化が我々の道徳心の形成において、我々の議論してきた反実在論者がそうと考えているほど決定的な役割を果たしたと言えるのか疑わしく思っている。かわってプリンツが論じるのは、進化はある核となる一群の感情を選択するのに責任を負い、その一群の感情がその後、環境によって重要な仕方で形成されるということだ。ともあれプリンツは、我々の道徳心の形成において進化にいくらかの役割を実際に割り当てている。したがって、彼の見解は私が上で説明したような切れ味の悪い手法ではない。

哲学者のウィリアム・ケースビアおよび——いくぶん留保はあるが——フィリップ・キッチャーらは、進化論的な反実在論者に対する応答において別の針路をとる。彼らは進化という文脈において徳倫理学の一つのバージョンを擁護する。徳倫理学が示唆するのは、道徳的評価の焦点を主に行為にではなく、人物の性格に当てるというものだ。徳倫理学者が答えを探っているのは、どんな人物に私はなるべきかという問いであって、私の道徳的義務は何かという問いではない（あるいは、第一義的にはそうでない）。そして、どんな人物に私はなるべきかという問いに答えるため、現代の徳倫理学者はダーウィン流の選択に目を向ける。詳細は後に回そう。

最後に、他の人々の著作に基づきつつ私がこれまでに提示してきたのは、道徳的構成主義の立場である。それによれば、道徳的な正・不正は、振舞いを統御するための規則として行為者が（特殊な見地から）受け入れるだろうものから成り立っている。本章で概説された他の選択肢と違い、私の立場は追跡説を明示的に探究するものである。私は以下のように述べようと目論んでいる。すなわち、我々が道徳判断を下すように進化した理由は、こうした圧倒的多数の判断が真であったという事実と厳密に関連しているということである。詳細は後にとっておこう。

話を始める前に、試みに道徳的実在論という厄介な考え方について、一言述べておくほうがよいだろう。他の多くの専門用語同様、道徳的実在論という語は哲学者たちの間で受け入れられた一つの意味を有するものではない[1]。最低限の理解を見つけることさえ困難である。だが、以下のことを提示したい。すなわち、道徳的実在論が真であるのは次の場合であり、またその場合に限られる。(1)道徳的性質(正・不正のような)が実在し、かつ(2)それらの実在が、ある人がそれらが実在していると考えている(または欲しているか、気にしている)かどうかに左右されない場合である。これは単に実在論に対する一般的定義を拡張したものにすぎない。より多くのことを主張する哲学者もいれば、より少ないものを受け入れて満足する者もいる。これらすべての違いを一覧にすることで我々の議論が前に進むことはないだろう。その理由は、部分的には、道徳的実在論に関する論争が時に用語上の論争にすぎないためである。哲学者たち曰く、私は君の見解の構成要素すべてを理解するけれども、それは「実在論」という名称に値するのか。〔答えて曰く、〕いや、それはもちろん君の実在論の定義による、云々。しかしながら、我々は定義よりもっと実質的な事柄に関心をもつことが望まれるだろう。こうした理由から私が提案するのは、我々はそうした見解そのものの詳細を議論することに時間をかけるべきだ、ということである。そうした見解が実際に実在論的と呼ばれるに値するかどうかというのは、副次的な関心とみなすことができる。

1　選択肢1——正・不正の学習

進化論的反実在論者は次のように論じることで自身の主張に説得力をもたせようとしていることを思い起こそう。すなわち、道徳判断を下す我々の性向は重要な意味において、学習されるものではない、ということである。そうではなくて、我々の道徳感覚は進化上の遺産なのである。反実在論者のメタ倫理学的主張の要点は、我々がこうした進化上の遺産を検討すれば、我々の道徳感覚を説明するために道徳的事実からなる独立の領域に訴える必要などないとわかる、というものである。必要なのは進化論的な物語のみなのだ。

進化論的実在論者にとっての一つの選択肢は、我々の道徳感覚が進化上の遺産であるということを否定することである。我々がそれを宇宙人や神から受け継いだという可能性を締め出せば、そうした否定は我々が正・不正を学んだということを含意するであろう。そして進化論的実在論者にこのような主張ができるなら、それによって、正・不正を学ぶことは部分的には道徳的事実とは何かを学ぶことであるという可能性の余地ができることになる。換言すれば、人類が道徳感覚を発展させるようになるのはどうしてなのかということに関する最良の説明は、おそらく何らかの方法で人間から独立して実在する道徳的性質について言及しなければならないということである。そうでなければ我々の説明は不完全である。進化論的反実在論者が自身の主張を完全だと考えるのは、我々が説明を欲するすべてのことが進化論的な物語によって説明されると主張するからである。だがもし進化論的な物語が見当違いである——あるいは、良くても不完全である——場合、その主張は誤っていることになる。そして今度は進化論的実在論者が、人間と道徳的性質との「相互作用」に依拠した道徳的発達の説明を与えることによって、その空席を埋めることができるのだ。

この選択肢について二つの但し書きを記そう。第一に、この選択肢を採るには、進化論的反実在論者によってなされる実証的な主張を徹底的に退けることが（その他の事柄を置いておいたとしても）必要である。第4章および第5章で反実在論者によって導入された一連の証拠を思い起こそう。哲学的な思弁が疑いなくここで役割を発揮する一方、反実在論者はそうした思弁を一連の研究、すなわち、脳神経科学から霊長類学にまで及ぶ研究につなげようと、少なくとも試みている。反実在論者は概念的な誤りを犯しているとして非難するだけでは十分ではない。一つ一つが好奇心をくすぐるような、慎重に取り組まれる必要のある多くの証拠が存在するのである。私はそのような取り組みが論外だと提言しようとしているわけではない。実際、ちょうどそのような取り組みを我々は第4章および第5章ですでに考察してきた。私のここでのポイントは、我々の議論している選択肢は非常に重い実証的な重量挙げをせねばならないということである。そしてどれほど我々の哲学的安楽椅子が快いものであろうと、椅子から立ち去ってデータに向かい合うことのない限り、我々はこの選択肢が報われるものであると期待することはできない。

第二の但し書きは、第一の但し書きの調子を繰り返すものである。もともと私が実在論者の選択肢について概略を描いた際、注意して次のように述べた。すなわち、道徳的発達に関する進化論的な主張が誤りであると示すことによって、道徳的事実の「可能性の余地ができる」にすぎない、と。こう述べることで私が示したかったのは、実在論者の務めがまだ始まったばかりであるということであった。あなたの見解が真である可能性の余地ができるということは、あなたの見解が真であることを示すこととは程遠い。後者を論証するには、（第3章第1節で述べられたような）道徳判断が、我々みなが受け入れられる、世界に関する事実によっていかにして真とされるかということに関して、注意深い考察に取り組む必要がある。道徳的実在論は、それ自体を擁護する場合に限って特別な許可証を持つということはない。

したがって、実際には選択肢1は多段階のプログラムのうちの第一段階に相当する。第一段階は主として実証的な問題であり、実のところそれが含んでいるのは、我々の道徳心の進化に関して進化論的反実在論者が行なう主張に対する批判である。第二段階およびそれ以上は哲学的な問題である。それには道徳判断に関する我々の理解を世界に関する事実と繋ぐということが含まれる。ある緩い意味において、私は哲学者ジェシー・プリンツの研究をつい今しがた説明し終えた。しかし、これとは別に私が彼の研究を扱うことに決めた理由の一部は、次節において説明されるだろう。

2　選択肢2――反応依存性

ジェシー・プリンツは道徳が生得的なものであるということに納得しない。我々は第5章第6節において彼が念頭においていることを検討した。プリンツが主に念頭においているのは次のことだと思われる。すなわち、(最近彼が述べたように) 世界中の道徳規範における「全くもって目眩のするような」多様性である (2008a : 221)。また彼によれば、ジョイスや他の論者が道徳の生得説を擁護する際に指摘しているデータというのは非生得説の説明によっても同じくらい容易に説明されうる。換言すれば、我々は (たとえば) 文化横断的な類似性や子どもが持っているように思われる道徳的知識を説明するために、心には特別な道徳的「能力」があると想定する必要はないのだ。そうは言ってもプリンツは、我々の道徳心に関して進化が果たす役割に全くないと主張するわけではない。

プリンツは、我々は道徳感覚を下支えする一群の能力、すなわち感じる能力を備えて実際に生まれてくると考えている。プリンツにとって、感情は道徳性の中心にある (彼は著書『情動による道徳の構築』において自らの主張を提示している)。そしてプリンツの考えるところによれば、進化は我々が実際持っているような感情をなぜ我々は持つのかに関する説明において、決定的な役割を果たすかもしれないのだ。いわゆる道徳的感情というのは、より基礎的な感情によって構成される。したがってたとえば、道徳的な怒りとは権利を侵害したりあるいは不正を犯したりする者に向けられるような怒りである。罪悪感とは己が権利を侵害した、あるいは不正を犯した際、自分自身に向けられる悲しみである(Prinz 2008b: 69ff.)。そしてダーウィン流の選択圧が人間のこうした感情体系に対してその責を負っている限り、進化と道徳は、プリンツの見方では無関係ではないのだ。

しかしながら、これは奇妙に思われるかもしれない。たとえば、プリンツの道徳心理学的な見解はそのまま進化論的反実在論に通じるのではないかと疑いたくなるかもしれない。つまるところ、こう論じられるかもしれないのだ。すなわち、もし人間の道徳性が我々のような生物がもっている感情的な性向を単に指摘することだけで説明されうるなら、道徳的事実に訴える必要など全くないことになる、と。道徳性は、我々自身の感情的状態の押し合い圧し合い以上の何ものでもない。道徳性は――あたかも――我々の頭の中だけで尽きている。プリンツは、事情はこれよりも複雑だと考えている。実際は、彼が自身の推論に基づいて主張するところによれば、「道徳的事実は実在し、かつ動機づけるものなのである」(2008a: 223)。やはり道徳的実在論は発言力を持つのだ。

ここで道徳的実在論の擁護者が勝利の美酒をあおる前に次のことを理解しておくことが肝要である。すなわち、こうした道徳的実在論の見解が何を含意しているか――そして何を含意していないか、ということだ。というのは、とりわけこの見解が含意していないことこそが、一部の道徳的実在論者を落胆させることになろうものなのだから。(実際に違った風に想像していたとしたらいけないので)何よりもまず第一に、道徳的事実とはたとえば物理的事実のようなものとは似ていないだろう。それはポケットに入れられたり、顕微鏡の下で観察できたりするような具体的な実体ではないということだ。道徳的事実がそうした類の地位を持つと期待する人はほとんどいないだろうから、ここでのダメージは大きくない。だがさらに進んで、プリンツの見方によれば、道徳的事実は数的な事実のようなものとも似ていないという。哲学者たちは標準的には数を抽象的対象、すなわち実在はするが時間あるいは空間に居場所を持たないような対象として扱う。道徳哲学者たちの中には、この考えを好み数的事実に倣って道徳的事実を理解しようとしてきた者もいる。しかしプリンツの見解はこの点でもあまり慰めになるものではない。彼の見解では、道徳的事実は数のような何かと同じものでない。では、プリンツが提案しているのは何だろうか。

プリンツが他の反応依存性の理論家たちの著作に従って論じていることによれば、不正である（being wrong）という性質は以下のような仕方で、おかしい（being funny）という性質と似ている。すなわち、この性質を有するということは、観察者に一定の反応を引き起こす傾向を有するということにほかならない、という仕方である。我々はたとえば、あることがおかしいのは、その上にふりまかれたある特別なコメディ粉をそれが有しているからだ、と言う気はない。さもなくば、よりアカデミックな精神に則って、それらは（哲学者アンリ・ベルクソンによって示されたような）人間の知能と人間の習慣との間の「不一致な関係」の実例であると言う気もない。むしろ、おかしなものをおかしくさせているのは、単にそれらが人々を楽しませる傾向をもっているということに尽きる。それだけなのである。こうした典型的反応よりも深層のレベルで、おかしなものすべてを統一するような何ものかを探しに行っても、手ぶらで戻ってくることになろう、というのが反応依存性の理論家たちの見解である。おかしいというのが反応依存的性質の一例であるのは、ある対象（ジョーク、人、等々）がおかしいということが真であるか否かが、観察者の典型的な反応に本質的に依存するからである。反応依存性の見方に従うと、もし大抵の人々に或る特定のジョークをおかしいと思うような傾向がなければ、それはおかしいものではないのだ。その他の反応依存的性質には、おいしい、いまわしい、吐き気を催させるなどが含まれるだろう。

プリンツがこの見解に惹かれる理由の一部は、それが次のような直観と合致するからである。その直観とは、おかしいものやおいしいものに関して実際に間違えることがありうるということだ。稀な例を脇に置けば、葬式はおかしいものではないし、腐った肉はおいしいものではない。仮に別様に判断したとすれば間違っていよう。しかし、その間違いは、ある深遠な（喜劇的あるいは葬式的）性質を把握しそこねている点にあるのではなく、人々を笑わせる傾向をもつもの、ないしは人々に味覚的な喜びを与える傾向をもつものを評価しそこねているという点にあるだろう。

では不正であるというのが反応依存的性質であるということは何を意味するのだろうか。大まかには、行為が不正であるのはただそれが観察者に否認（あるいは非難）を引き起こすような傾向をもつ場合に限る、ということである。ユーモアのケースとちょうど同じように、典型的な反応よりも深層のレベルにおいて、不道徳な行為すべてを統一するような何ものかを探しに行っても、手ぶらで戻ってくることになろう。我々はそのような行為が観察者にどのように思われる傾向があるのかということに訴えることなくしては、不道徳なものを取り出すことができない。このような仕方で、道徳判断は真理適合的（truth-apt）、すなわち真または偽であることが可能なものとして扱われうるのである。さらには、いくつかの道徳判断が実際に真であろうことは明白なはずである。たとえば、戯れの子殺しが不正であるという判断は真である。過去に人が助けてくれたのであれば、その人を助けるべきだという判断も同様だ。そうした判断を真にするものは、そうした行為が観察者にもたらす傾向がある種類の反応と関係している。このような仕方で、プリンツ（および他の反応依存性の理論家たち）は自らの見解を一種の道徳的実在論として推し進めることができる。つまるところ、隣人の車を戯れに盗むことが不正かどうかに関する事実は存在する。そしてその事実は、人がたまたま考えたり欲したりすることの外部にあるのだ。

なるほど、この手の実在論は全員を満足させるものではないだろう。鋭い読者なら早々に指摘することだが、こうした見方では道徳的事実は偶然的となる疑いがある――すなわち、それらは一歩間違えれば異なっていたかもしれないということだ。それだけでなく、プリンツの見解は明らかに相対主義的に思える。というのは、情動的反応が異なる傾向をもつ文化にとっては、我々が許容できないとみなす行為が許容可能なものとなるかもしれないからだ。現代の西洋文化においては、たとえば自分の地位を上げるために別の集団の成員を抹殺することは否認される。しかし原初的な文化の中には、全く同じ実践が承認を得るような文化もある。プリンツの見方が正しければ、その実践は我々の文化においては不正であるが別の文化においては不正ではない。つまるところ、プリンツの見解には、誰もがどこでも同じ類の振舞いに対して同じ類の情動的反応を有する傾向にあるということを要求するようなものは何もない。もちろん、このことが真である場合には道徳的な統一性が存在するだろう。しかし真でない場合、道徳的な多元性が存在するだろう。

こうした含意は悩ましいものであるかもしれないが、それらはプリンツの見解の批判にはならない。ここで心に留めておくべきことは、プリンツが道徳的実在論は約束しても道徳的客観性は約束していないということだ。前者の考えが示しているのは、ひどく大ざっぱに言えば、道徳的に言って人が何をすべきか、あるいはすべきでないかということに関する事実が存在するということである。後者の考えが示しているのは、ひどく大ざっぱには、それらの道徳的事実がそれらに対して人々がとるだろう様々な態度に依存していないということである。明らかに、プリンツの見方に従えば道徳的実在論は道徳的客観性を含意しない。ともあれプリンツがこうした見方へと駆られるのは、その見方が以下の二つの重要な観察と適合することに成功しているためである。すなわち、第一に情動が道徳判断の中心であること、そして第二に道徳的な見方が諸文化によって様々に異なること、である。もしこれが読者が道徳的実在論者の立場に期待していたものでないならば、プリンツはきっとそのことは問題を示していると言うだろう。ただしそれは、この〔プリンツの〕見解における問題ではなく、見る人〔読者〕の側の問題なのだ。プリンツは彼が反実在論者を退けるのと同様の確信をもって相対主義（彼はそれを主観主義と呼ぶ）を明確に受け入れている。

プリンツの見解に対する応答は、本書の執筆時点において、徐々に集まり始めたばかりである。彼の見解がどのように一般的に受け入れられるかということを現時点で我々は述べることができない。とはいえ、少なくとも一人の進化論的反実在論者——リチャード・ジョイス——がどう感じているかを我々は知っている。しかしここではジョイスのプリンツへの反論を議論せず、それについては本章の最後まで延期しておくことにする。というのはジョイスが考えるには、彼のプリンツへの反論は等しい効力をもって、私が提案したような構成主義的立場にも当てはまるからである。したがって話のつながりのために、ジョイスおよび彼の批判者たちの話に進む前に、道徳的実在論者に可能な他の二つの選択肢をまず概観しておきたい。

3　選択肢3——自然化された徳倫理学

道徳哲学の歴史は、——非常に大ざっぱな描き方をするなら——正や不正、道徳的義務、あるいは権利についての議論から始まったわけではない。古代の哲学者たちからすると、何が行為を不道徳にするのかについて分析するという研究は、方向性が間違っているとまでは言わないにせよ、奇妙なものだと思えただろう。最も影響力のある古代の哲学者の一人であるアリストテレスの視点からすると、哲学の基礎的な問いは、ある意味ではこれよりもかなり幅広いものであった。我々は次のように問うべきである。すなわち、私はいかに生きるべきか。私が追求すべきことはどんな種類のものか、と。こうした問いは我々が述べてきたような道徳判断と関係することは間違いないが、それらの問いはその先ないしその根底にあるものでもある。アリストテレスや後代のアリストテレス主義者にとって、そうした問いは、以下のような問いへと我々を向かわせる。すなわち、私はどんな人間であるべきか。私はどんな特徴を持つのがよいのか。こうした特徴を表すギリシャ語は「アレテー（arete）」であり、しばしば「徳（virtue）」と訳される。徳倫理学と呼ばれるのはこのためである。我々は様々な徳のカタログを作成することによって、自分自身がどんな特徴を発達させるべきかを述べることができる。（アリストテレスに従う）徳倫理学者たちは、誠実、親切、勇気、節制のような特徴をしばしば指し示す。アリストテレスによればこのような特徴を持つことが、最良の人生の構成要素になる。それらの徳を持つのはよいことである。

しかし、なぜこれらの特徴が重要なのか。つまるところ、論理的に言えば、徳は我々が想定するものとは根本的に異なっているという可能性もある。もしかすると、よい人生はごまかし、卑劣さ、そして貪欲からなっているのかもしれない。（一九八七年の映画『ウォール街』の架空の英雄ゴードン・ゲッコーはよく知られているように「貪欲は……よいものだ」と宣言しなかっただろうか。）ここから徳倫理学者の仕事が始まる。なぜなら、よりよい人生が、卑劣さや貪欲のような特徴でなく、誠実さや寛大さのような特徴から成り立っていると我々が考えるには、説得力のある理由が必要だからである。そのような特徴が我々にとっての徳となるのは一体なぜなのか。我々のような生物にとっての善とは何であるかを、どのようにして我々は知るのだろうか。

アリストテレスの答えは、気持ちよいくらいに率直なものであった。つまり、機能（function）である。考えてみよう。よいハンマーをよくしているのは何なのか。よいピアニストをよくしているのは何なのか。よいコンピュータをよくしているのは何なのか。これらの問いに答えようと試みるにあたって、あたかもそれぞれのものが他のものと共通して或る「よさ」の原子を持つかのように、これらの事柄のミクロ物理学的性質の探究を始める者はいないであろう。その答えはより身近な所にある。よいハンマーをよくしているものは、それがもつ、釘を上手に打ち込んだり、簡単に引き抜いたりするといった能力である。よいピアニストをよくしているのは、上手にピアノを弾くその人の能力である。よいコンピュータをよくしているのは、それがもつ情報を速く正確に処理する能力や、多くの情報を蓄積する能力などである。我々がこれらの例から一般化できることは何だろうか。つまり、どのようにして次の定義を完成させたらよいだろうか。

すべてのxについて、xがよいのは、xが□の場合であってその場合に限る。

さて、上のそれぞれの事例において、ある具体的な事物をよくしているのは、それがもつ機能をうまく果たす能力であった。よいハンマーがよく作られているのは、まさにそれがその与えられた機能をうまく果たせるからである。よいピアニストがよいのは、まさに彼女が彼女の与えられた機能をうまく果たせるからである、等々。

我々は次にこの小さな公式を携えて、我々の大好きな主題であるところの我々に目を向けることができる。よい人間をよくするのは何であるか。何がよい（人間の）人生をよくするのか。我々の公式を用いるなら、これらの質問に答えるには、我々の機能についての理解が必要となる。アリストテレスは以下のように問いを提示する。

> 大工や皮革職人は何らかの機能とか働きをまさに持っているが、人間自体にはそんなものはないのか。人間は機能を持たずに生まれついたのか。眼や手や足やその他身体の各部分が何らかの明らかな機能をもっているように、それと同じように人間についてもこうしたすべての機能以外に人間の機能と呼ぶことのできる何らかの機能を考えることができるのではないか。ではこれはいったいいかなる機能であるのだろうか。
>
> (1988/350 BCE : BOOK I, § 7)[1]

これは徳倫理学者による筋書きの大事な部分である。もし、徳倫理学者がこのパズルのピースをきちんと適切なところに置くことができれば、その場合我々は自然の事実から、我々の人生をどのように生きるべきかについての事実に直接つながる線を引くことができる。アリストテレスが我々の機能を見つけ出すために使った方法には、我々を他の生物から区別する能力を探し出すことが含まれていた。そして、アリストテレスによると、我々を他の生物から区別するのは「理性的要素を持つ生」である。言い換えれば、理性的に考える能力と理性に従う能力である。他の生き物と違って我々は腹が減っている場合（いつも）食べるわけでもないし、また、我々が人と対立しているときに（いつも）闘うわけでない。かわりに我々はある一連の行為の賛成論と反対論を比較衡量する能力、つまり熟慮する能力を持つ点で唯一の存在である。もしかすると、今食べること（または闘うこと）は、他の目的と対立するかもしれない。いずれにせよ、我々を特別にするものは、熟慮する能力、すなわち理性の能力である。もしこれが正しいなら、我々の機能は理性に従って生きることである。もしこれが正しいなら、その場合アリストテレスによれば、人間の生をよくしているものは、理性に従う人生であることになる。さて、アリストテレスは理性に従う人生というこの考えを説明するにあたって、いくつかの知的および社会的（または道徳的）徳を採用すべきことを示唆しているが、我々はこれ以上深く掘り下げるのを控えよう。我々はすでに二、三の困難にぶつかってしまっているからだ。

この手の議論に対して現代の読者がもつ一つの懸念は、我々を他の生物から区別する特徴に関するものである。人間は実際に、アリストテレスが言及したところの熟慮する能力を持つ唯一の生物であるというのはそこまで明らかなのかと人々は問うだろう。高等な霊長類は、我々がかつて考えていたかもしれないような思慮のない野獣だとは言えないように思える。しかしこれが唯一の問題ではない。人間は理性的な能力を持つという点で特別だということが真だと仮定してみよう。この主張から、理性を用いることこそが我々の機能であるという主張へ結びつけることがどうしてできるのか。つまるところ、人間に固有の特徴はほかにも確かに存在する。たとえば、直立歩行、再帰的な文法、帽子をかぶることなどである。我々だけが（たとえば）言語を話す能力があるからといって、我々の機能は話すことであるとか、我々はもっと話すべきだとまじめに考える人がいるだろうか。もし、人間と他の動物とを区別するものから人間の機能への移行が本当に不当なものだとしたら、我々にとって最良の人生は理性的な生であるということを我々に納得させるにはより多くのことがなされる必要がある。

おそらく、現代の思想家にとってさらに大きな関心は、自然界に関するアリストテレスの考え方で、特に自然の種は（動物や植物、そして岩さえも）すべて目的、すなわちテロス（telos）を持つという彼の見解である。アリストテレスの考えによると、ちょうどハンマーの目的ないし機能は釘を打つことであると言うことができるように、鳥の目的は飛ぶこと、魚の目的は泳ぐことなどということができる。しかし、現代の科学は（第6章第2節で記したように）この図式を無効にしてしまったように思える。我々はもはやそれぞれの存在が完全な状態、すなわちその本質と関連するある状態を「目指して努力する」ような事物の住まうところとして世界を思い描くことはない。確かに鳥は飛ぶ。しかしそのことと、彼らが飛ぶべきだとか飛ぶことは彼らの本質であるということは、論理的に全く異なった種類の言明である。より深いレベルで言うなら、科学者たちは、特定の有機体を構成するすべての物理的諸性質（たとえば一匹のヘビを構成する原子）に加えて、そのヘビに何らかの仕方でくっついたある非物質的な性質――つまり、その機能、それが行なうはずの事柄――が存在するという考えに納得していない。一体この不思議な性質は厳密にどこに存在するのか。細胞の中にあるのだろうか。

しかしながら、これらの批判によってアリストテレス主義者たちが負けを認めたわけではなかった。機能という考え方を支持する者たちは、その大義を捨てなかったのだ。生物学の哲学者たちは一九七〇年代の初めに機能の話を復活させること（また、それを尊重に値するものとすること）を試みた。この復活の動力となったのはダーウィン流の自然選択という考えであった。生物学の哲学者であるラリー・ライト（1973）は、機能についての話は選択についての話を用いて理解すべきであると提案した。人間の心臓という簡単な一つの事例を取り上げよう。現代の生物学は、人間の心臓が血液を送り出すのはそれが進化の歴史の中で選択されたためであるという主張に対し、説得力のある証拠を与える。そこでおそらく、人間の心臓は一つの機能を持つという直感的に説得力のある考えを、我々はこのように理解すべきである。つまり、心臓は血液を送り出すべく選択され、そしてその選択が〔心臓が〕今も現存することを説明するのだ、と。そうすると、機能は進化論的選択の記録から「読み取る」ことができることになる。

一部の新アリストテレス主義者は、機能の話を用いた説明の正当性を示そうとするこのような試みと共に歩むことを決めた。たとえば哲学者のウィリアム・ケースビアは、（彼の表現で言えば）「アリストテレスの考えを最新版にする」（2003 : 49）ための一つの方法としてこの現代的な機能の概念を採用している。その要となるのは、アリストテレスのもっともらしくない自然の概念を科学的にきちんとした概念と取り替えることである。機能に関する限り、ケースビアは、哲学者のピーター・ゴドフリー゠スミスによって導入された一つの分析を採用している。それはすなわち、「機能とは選択の文脈において或る特徴がどうして最近まで維持されているのかを説明する傾向性であり方である」（1994 : 344）というものだ。言い換えれば、機能とは「最近の」選択圧によって作用を受けている傾向性のことである。ケースビアは、この機能という「完全に自然化された概念」（2003 : 53）こそが、まさしくアリストテレスをしっかりした土台の上に連れ戻すために必要とされるものだと考えている。なぜなら、機能に関する科学的にきちんとした概念があれば、それによって我々は、ケースビアの言葉を用いれば「道徳的事実は機能的事実」（2003 : 53）であるということを示せるからである。[2] このアリストテレスの考えを更新した理解に基づけば、我々が道徳的に何をなすべきかは、我々が発達させるべき特徴の種類から導出することができる。そして我々が発達させるべき特徴の種類は、我々がいかなる種類の生物になるべく定められているかがわかればそこから導出される。そして（最後に）我々がいかなる種類の生物になるべく定められているかは、生物学的に与えられた我々の機能から導出されるのである。

そこで、これらのすべてのことは実践上は何を意味するのだろうか。その答えは、望まれるほど簡単なものでない。というのは、我々の機能を明らかにするには、息の長い実証研究が必要だからである。それは、単に哲学者が安楽椅子に座って人類の進化の過去について一生懸命に考えるだけで済む事柄ではない（あるいは、それとはほぼ全く異なると言ってもよい）。必要とされているのは生物学的な研究である。とはいえ一般的に言えば、我々の諸機能は、ケースビアによると「入れ子になる」か「なめらかに積み上がる」であろう。より低いレベルの機能は一般的により高い機能の役に立つであろう。たとえばケースビアは我々の種の社会的本性、すなわち我々が第Ⅰ部を通して述べた事柄を強調している。そこで「よい人間」であることはこのより高いレベルの機能に役立つ特徴を発達させることを含意する。ケースビアが認めるように、ここには「豊かな複合体」があり、この複合体を腑分けすることは、我々が今のところ持ちあわせていないほどの生物学的理解を必要とする。いずれにしても、ケースビアが与えたように思えるものは、道徳的事実と道徳的発達の進化論的説明とを調和させるための原理的な手法である。この説明を一つの追跡説、すなわち我々とは独立に何らかの仕方で存在する道徳的事実を「追跡する」べく我々は進化したのだという説明として描き出すことは誤解を招くものだろう。ケースビアの考え方では、道徳的事実は機能的事実と同様、何ら神秘的なところはない。そして機能的事実は、（少なくともケースビアの理解によれば）生物学的にきちんとした事実である。そしてその事実はたとえ「環境そのものの中には見出されず、むしろ生物の中にある」（2003：48）ものだとしても、実際に客観的なものである。

哲学者のフィリップ・キッチャーは自然化された徳倫理学に関して少し異なった解釈を提示している。キッチャーは一つの見解を要約しているにすぎず、その見解を彼がさらにそれ以上深く展開するかどうかわからないため、私は彼の考えを省略せずに引用しよう。

規範的な行為指針（と、原始道徳の規則）のより直接の機能は、まず第一に我々が社会性を身につけることを可能とする心理的能力を高めることであった。それらの心理的能力は、一部の他人のニーズと利益に対しある程度共感する能力を含んでいた。そしてそれらは、たとえ少なくとも最初は共感的な反応がない場合であっても、他の人々の計画や事業をより重視せよという指令によって高められた。そこで、道徳の主たる機能は、そもそも我々が社会的動物になることを可能にした原始的な利他的傾向を拡張し拡大することであり、そしてこのことは社会的凝集性を促進する二次的な効果をもつということが言える。私が好む機能の説明に基づけば、たとえ（自然的および文化的な）選択の過程が社会的調和のあり方に違いをもたらすかもしれないとしても、道徳の機能は我々の利他性に与える影響とみなすことができる。道徳の機能は、我々の心理的な利他的傾向を拡大することによって社会的凝集性を強めることだと言えるかもしれない。（2005 : 178）

私のキッチャー理解では、進化は初期段階の能力、すなわちプリンツが示したような能力に全く似ていなくもないような能力を用意する。それはすなわち感じる能力である。特に他人に共感し、彼らの痛みを感じ、彼らの欲求を自分のものとして感じるといった能力である。だがよく知られているように、これらの能力は限定されている。あなたの友人の痛みは知らない人のそれよりもあなたにとってより大きな重要性をもつ。しかし我々が第Ⅰ部で見てきたように、あなたに最も近い関係にある仲間を超えた人々に対しても共感することは、現実の生物学的な分け前をもたらす。キッチャーの考え方ではこれこそが道徳の役割である。すなわち、自分の共感を他者へと広げることである。これが意味するのは、道徳的な生物として我々の機能は、我々の共感的な反応を広げ、我々の利他的な傾向を広めることである。そこで、徳とは、キッチャーが述べるように、我々が生物学的に与えられた利他的な傾向を増大するような特徴を発達させるということである。ケースビアと同様、キッチャーは客観的によりよい生き方やより悪い生き方が存在するという考えを捨てずに我々の道徳心の進化論的説明を受け入れる方法を提示している。人間の心臓の機能についてあなたが間違えることがありうるように（たとえば〔心臓の機能は〕拍子を取ることであるなど）、あなたは人間としてのあなたの機能についても間違えることがありうる。

アリストテレスの考えを自然化し、科学に基づく徳倫理学を提供する試みは道徳哲学者たちの間でちょうど広がり始めたところである。それゆえ、これらの提案が今後どれだけうまく行くのかを知るにはまだ早すぎる。しかし我々はこの論争の主要な論者の一人であるリチャード・ジョイスが徳倫理学を自然化することについてどう考えているかは知っている。我々は本章第5節で彼の応答について考察するつもりである。その前に道徳的実在論者の最後の選択肢を先に見ておこう。

4 選択肢4——道徳的構成主義

おそらく、プリンツは何かに気づいていた。先の章の話を思い出してほしいのだが、プリンツは、道徳的発達の進化論的説明（に強く依存していないとしても）と完全に両立できる仕方で、道徳的事実が存在する余地を作りたいと考えていた。彼の解決策は、反応依存的視点を、道徳性の感情的基礎と道徳的実在論を受容できる仕方で作りかえることであった。道徳的事実は、精神に依存してはいるが、実在している。全般的には、これは道徳性が理解されるべき仕方だと私は考えている。しかしながら、プリンツと異なり、私の道徳性の説明は、道徳的事実は客観的であって相対的でないという結論をもたらすと考えられる。さらに、私の説明は、我々の実践的な〔道徳〕心は、それが道徳的事実を追跡していたからこそそのように進化したという意味において、単純な追跡説である。もし道徳的事実が異なっていたならば、我々の道徳心も異なっていたであろう。

私の提案は二つに分かれている。第一の部分は、我々がいかにして道徳的に考えるように進化してきたかについて、第Ⅰ部で述べた話を洗練させたものである。私は、他人が自分の行動を（特定の視点から）どのように見るかに対して、我々が特別な感受性を発達させたと主張する。第二の部分は、メタ倫理的な話で、つまり道徳判断とは何か、そして何が真なる道徳判断を真たらしめるのかについての話である（そして私は、いくつかの道徳判断は実際に真であると信じている）。私が以下で主張するように、これらの二つの話を合わせると、我々の特定の道徳感覚の進化は仮説的な合意に関する事実を認識した結果であった、ということを含意するものと解釈できる。初期の人類は、自分がやろうとしていることに対して他人が合理的に反対することがありうると判断する傾向性をもち、しかもその判断に動機づけられる場合、一つにはそのような判断がしばしば真であったという理由から、生殖上の適応度を高めた。ところで、これは、道徳的実在論の名に相応しいものである――あるいは、私はそのように主張する。

第一に、我々は自分の振舞いに対して他人がいかに反応しそうであるかを考慮する傾向性を進化させた。社会生活への適応圧は、他者が〔自分の〕行動のある部分を合理的に否認することがありうるという趣旨の判断をすること――それはしばしば感情の内部で生じるものである――の価値を高めたであろう。特定の社会的視点を共有した他者が、自分の行為にどのように反応するかを深く気にかけた初期の人類は、それを気にかけなかった初期の人類よりも多くの協力的なやりとりによる利益を享受した。そして、今度はこれによって個人の生殖上の利益が得られた。他者が自分の行動にどのように反応するかを考えない、かつ／または、気にかけない者は、信頼に足るパートナーになれなかったであろう。つまるところ、そういう者は他者の利益を害するか脅かす行為をなすことを差し控えることができなかったであろう。

しかし、自分の仲間のそれぞれが〔自分の〕様々な振舞いにどのように反応するかを記憶し続けることは困難だっただろう。そして、見込み違いは高くついたかもしれない。たとえば、もしあなたが、オッグは騙されることを気にしないと誤って考えたならば（実際には気にしない者はオッグの兄弟のアッグであったとき）、あなたはその集団から追放されるという深刻なリスクを冒すことになる。私の理解では、明らかな、また言うまでもなく安価な解決策は、初期設定として次の立場を採用することであろう。すなわち、もしここにいるあなたの相手が単に、生活の指針として全員が同意しうる原理を求めているだけだとしたら、彼はあなたの振舞いを非難する何らかの理由をもつだろうか、というものだ。この段階へと至る過程は、たとえば統語法の習得へと至る過程と同様に、漸進的なものであっただろうということを心に留めておく必要がある。何代にもわたる世代を経て、実践的熟慮の対象は、ますます抽象的なものとなり、最終的には仮想的観察者の評価に関わるようなものへと至る。かくして、現代人が舞台に登場する頃には、人々は、提案された行為に対して、他者が（特定の観点から）どう反応するかということに特別の重要性を置くような道徳心を進化させるにいたったのである。

もちろん、これは〔哲学者による〕「安楽椅子」からの推測にすぎない。現代の研究はこの話とどのように関係するだろうか。実証研究のいくつかはこの見解を間接的に支持する。第一に、心理学者が現在まである程度長い間支持してきた考えによれば、心には「心の理論（ＴＯＭ）」のモジュールないしシステムが生得的に備わっており、それは行動の説明と予測の手段として同種の者に信念と願望を帰属させる機能を持っている（Baron-Cohen 1995; Carruthers et al. 2005-6 を参照）。ＴＯＭモジュールをいかに理解するかについては議論すべき点が残っているが（Goldman 2006 を参照）、次の考えについては意見の一致が見られている。すなわち、世界に関する我々の社会的認識は、他の人々を動かしている心的状態についての一組の核となる仮定を中心にして作り上げられているということである。しかし、もしあなたが、我々の道徳感覚は他者の評価的態度に同調しているという見方に〔心理学の知見とは」独立して魅力を感じているならば、TOMモジュールというのはまさにあなたが期待する種類の認識的先駆物であろう。（そして、この能力は幼少期のかなり早い時期に発達するという事実は、適応仮説を支持するものである。）もしこのモジュールの出力が、どのような経験がどのような心的状態をもたらすかということに関するあなたの一人称的な一連の仮定と結びついたなら、あなたは帰納法により、ある一定の環境下で他者が持ちそうな種類の評価的態度についての仮定を作ることができるだろう。

第二に、多くの霊長類の社会および現存している狩猟採集民族との両方に関してあまり予想されていなかった特徴の一つに、平等主義への強い傾向がある（Binmore 1998 ; Boehm 1999 ; de Waal 1996）。この傾向の一つの説明は、「人は衝突を起こしそうな競争的または利己的な振舞いを選び出し、それらを抑制することによって、結果的に前もって衝突を発生しにくくしている」というものである（Boehm 1999 : 85）。そこでボームは、「人間集団によって最初に非合法化され統制された行動は、支配〔関係〕の表明であった可能性が高い」と考えた（1999 : 97）。すると、そのような状況にある個人は、彼の同類が受け入れることのできる基準へと彼の行動を合わせるように気をつけるであろうことは明らかなはずだ。つまるところ、第4章で見たように、人々は集団内の他の成員を搾取したり騙したりする個人を罰する。それどころか、彼らは金を払ってでも罰を与えるであろう。これらの観察は、個々人は集団内の成員の非難を免れるような仕方で自身を統制する強い傾向をもつだろうという予測を支持することになる。

第三に、前述の研究と歩調を合わせるように、一部の生物文化人類学者とゲーム理論家は、最も初期の道徳共同体（と考えうるもの）は道徳の社会契約的伝統を体現しているはずである、と主張する。というのは、強力な支配者（または哲学者である王）がいないなら、集団内の個々人の福祉に影響する意思決定は共同で行なわれなければならなかったであろうからだ（Binmore 1998 ; Skyrms 1996 を参照）。実際、いくつかの実験的結果によれば、様々な文化における個々人が、分配的正義の原則を選ぶことを要請された場合、彼らはほとんどいつも以下に記述される構成主義的アプローチの中で生き残るのと同じ原理を選ぶのである（Frohlich and Oppenheimer 1993）。

最後に、私が主張してきたように、もし選択が、特定の行動の許容性を評価する際の特定の見地、すなわち仮説的な合意によって特徴づけられる見地を採る個々人に有利に働いたとするなら、この観点が文化横断的な規範の中に埋め込まれている証拠の存在が予測されるはずである。そして、そのような証拠を支持する推測がある。仏教（「あなた自身が有害だと思う仕方で、他を害してはならない」）からユダヤ教（「汝にとって憎むべきことを、同胞に対して為してはならない」）やイスラーム教（「自らのために望むものを同胞のために望むまでは、何人も信者にあらず」）に至るまで、社会規範の核は、公正への配慮によって制約を受けているように見えるのだ。つまり、人は社会生活のために他者が容認できる原理のみを自分自身に拡大適用するのである（Hauser 2006 : 357ff. を参照）。明らかに、様々な規範が成り立っている異なる諸文化においてさえ、実践的な問題において我々の注意を求めるようなある固定された熟慮の視点が存在するだろう。

起源についての話はここまでにしておこう。第二の部分は道徳性自体の本質に関係する。プリンツによる道徳的不正の説明を思い起こしてほしい。彼の説明では、ある行為は、その行為が観察者に否認の感覚を生む傾向がある場合、かつその場合に限って不正である。この場合に不正さは、正常な状況下だったら事態はどのようなものだろうか（あるいはどのようなものだっただろうか）ということに、決定的に依存している。哲学者はこのことを反実仮想という。私は反実仮想が道徳判断において重大な役割を確かに果たすと思う。しかしながら、プリンツが考えるのとは少し違った仕方で、である。私の理論では、ある行為は、他者——行動を規制する一般的規則に関心のある者——がその行為に反対する傾向があるだろうと考えられるような場合、またその場合に限り、不正である。この説明は、哲学者のT・M・スキャンロンの先駆的仕事を敷衍したものであり、スキャンロン自身は、哲学者のジョン・ロールズの研究を基礎に理論を作った人物である。スキャンロンは、ある行為が不正であるのは、それがすべての人が受け容れることのできる原理を探している誰によっても、合理的に拒絶されうる行為である場合であり、またその場合に限る、と主張している。それゆえ、道徳は構成ないし手続である。正と不正は、何であれ、この仮説的手続の中で生き残ったもののことである。

感情は、そのような判断に通常は伴うかもしれないが、必ず伴うわけではない。この「スキャンロン主義」の図式によれば、誰かが或る特定の行動に合理的に反対できるかもしれないということは、その行為を不正とするのに十分である。道徳的構成主義とは、ある人の行為に対して他者がどのように反応するかに関する事実が道徳的な事実や真理それ自体を構成する、という見解を述べるために、幾人かの哲学者たちが使う名称である。構成主義者の説明によれば、道徳的事実は、非常に粗っぽく言えば、ある特定の見地からの吟味を経て生き残る原理によって定まる。その場合、進化論は道徳的実在論を損なわない。私は、進化論は道徳的実在論が真である可能性の高い理由を説明すると主張する。

ここにはまだ、実在論と客観性について厄介な疑問が残っている。私が提示している見解は、それが道徳的事実を同定しているという意味で、実在論的であるだろうか。この点については、その答えはわかりやすいものだと思う。つまり、イエスである。少なくともいくつかの状況では、万人が生活の指針とすることのできる規則を見つけることに関心を持っている人が合理的に反対できるであろう事柄が、事実としてあることを想像することは難しくない。さらに、道徳的事実は、人々がある特定の機会にたまたま持つ態度からは重要な点で異なっている。所与の道徳原理Pを正当化するものは、Pは関連した構成的手続からの吟味に耐えると我々は考えるということではなく、誰かがそのことを実際に熟慮したのであろうとなかろうと、Pが関連する手続からの吟味に耐えるということである。反実仮想（つまり、行為者がある状況にあったならば同意するであろうもの）に依存するおかげで、少なくともいくつかの道徳的真理は精神からは強く独立することができ、それは、理性的な行為者が全くいない世界に照らして評価されるときでさえ、成り立つのである。

しかし、客観性についてはどうであろうか。これはより複雑な論点である。一方で、その見解〔道徳的構成主義〕は（私が言うところの）局所的相対主義を支持しない。局所的相対主義によれば、道徳的事実は私かあなたが、この機会においてたまたま思うこと、あるいは感じることによって定まる。実際は、道徳的事実はこれよりもずっと独立したものだ。つまり、もしすべての人がある特定の行動は許容できるとたまたま考えたとしても、彼ら全員が間違っている可能性がある。彼ら全員が間違っている可能性があるというのは、誰もその行為が拒絶されうるかどうかを、上記の見地からたまたま考慮しなかったかもしれないからだ。このことから私は、この見解を一種の道徳的客観性をもつものと解釈する。我々は実際、どの行為が不正であるかを発見できるし、そしてこの発見により、我々は以前はみな、それらの行為の道徳的地位を誤って理解していたことが示されうるだろう。他方で、その見解は超越論的相対主義（と呼びうるもの）を排除しない。超越論的相対主義によれば、道徳的事実は我々が知るところの人間本性についての事実と相対的である。そこで、それはこの現実世界では合理的に拒絶されうるかもしれないが、その行為が合理的に拒絶されえないかもしれない世界を、もし我々が想像できるならば、道徳的事実は変わりうると考えられる。あることが、あちらの世界では許容可能だが、こちらの世界では許容不可能だということがありうる。この可能性を理解することは困難であるが、その可能性を否定できる方法を私は知らない。これはこの見解を相対主義的なものにするだろうか。上で示したように、それは究極的には、我々の使う言葉にかかっており、世界自体にかかっているのではないかもしれない。結局のところ、この決定は読者に任されているように思われる。

5　実在主義者の選択肢に対する批判

これらの選択肢の見込みはどのようなものだろうか。道徳的実在論者は、結局のところ世界には道徳的事実のための場所があるということに満足してもよいのだろうか。その答えは、もちろんこれらの様々な選択肢が注意深い吟味をどれだけうまく耐え抜くかによる。リチャード・ジョイスはこれらの選択肢に対して、彼が徹底的な吟味だと考える検討を行なったが、まだ納得していない。我々はすでに第一の選択肢——道徳の生得説の否定——の長所と短所について議論した。ジョイスは残りの選択肢にも注意を向けている。それは、反応依存説、自然化された徳倫理学、そして道徳的構成主義である。この最後の節で、私は手短に各選択肢についてのジョイスの懸念を説明しよう。

ジョイスは反応依存説と道徳的構成主義を同じ哲学的立場としてひとまとめにしている。これは、両説とも道徳的事実を、ある観察者たちがある行為に対していかに反応するかによって決定されるものとみなしている、という理由による。私自身もプリンツの見解と私の見解の類似性について述べているため、ジョイスがそれらをひとまとめに論じることは全く正当性を欠く解釈とは言えない。ジョイスは（いわゆる）反応依存説的な見方が直面している問題は三つあると考えている。それは不完全性の問題、実践的重要性の問題、そして内容の問題である。

ジョイスによれば、不完全性の問題とは判断者あるいは観察者が反応する際の状況の特定化にかかわる不完全性に関することである。ジョイスは議論をプリンツに絞っている（もっとも、彼の批判は私の構成主義の立場にも及ぶことになろうが）。ジョイスは次のように問う。「［ある者］（Xにとって）道徳的に不正であるとは、Xに否認を生じさせるものであるとされるが、それは、十分な情報の下での話なのか、不偏的な注意の下でなのか、冷静な反省の下でなのか、あるいはそれ以外の状況下でなのだろうか」(2008：252)。このことが重要な理由は、Xがその問題に十全な注意を払っている場合にXに否認を生じさせる傾向にあるものは、Xの注意がいくらか損なわれている場合とでは異なる可能性があるからである。またこのことが重要なのは、ある行為が不正であるか否かが(恣意的であることは言うまでもなく)非常に幅広く異なるであろうことを意味するからである。だが仮に我々が、不正さはもしXがその問題に十全に注意しているならばXに否認を生じさせるであろうものに依存すると主張するとしよう。だとしても、Xに否認を生じさせるであろうものは、Xがザンビアの野生の中で育てられたのか、元気のないアメリカの十代の若者か、テルアビブの年配のユダヤ人かで、依然として差異が残ったままになろう。これらすべてのことは、最初に想像されたものと比べてずっと極端な相対主義をもたらすように見える。ジョイスに言わせれば、「プリンツ流の自然主義にとりついている怪物は、最も急進的で激しい種類の相対主義である」(2008：252)。

プリンツにかわって、次の解決策を示すことができるかもしれない。すなわち、ある行為は、XがABCの性質を有し、そしてDEFの状況下にあることを前提として、それがXに否認を生じさせる場合に、かつその場合に限り、不正である。つまり、事前にすべての「適切な」状況を明確に定めるということだ。しかしこの解決策は新たな問題を生む。つまり、実践的重要性の問題である。簡単に言えば、これらの高度に特定化された状況下で「適切な」状況下にある誰かが否認を感じるだろうということが、なぜXにとって重要であるべきなのか、ということだ。第3章第1節において、道徳判断の本質的要素の一つはその実践力であると論じていたことを思い出してほしい。つまり、道徳判断は、我々の判断と合致した行動をするように(いかにわずかであろうとも)我々を動かす。人工妊娠中絶は不道徳であると主張するのに、中絶を回避することを(あるいは中絶をする人を非難することを)全く実践しない人がいたら、その主張には明らかな疑念が生じる。今もし道徳的な不正さとは、状況DEFの下で、性質ABCを有する誰かに否認を生じさせる行為の性質のことであるとしたら、これは道徳判断が持つとされる実践力を省略してしまうように見える。つまるところ、私の次のような判断には、何ら特に奇妙な点があるようには見えない。それはすなわち、一方で、(すべてが「適切な」状況下で) 誰かがある行為に対して否認を感じ、しかも他方で、私がその行為を行なわないように動機づけられることは全くない、という判断である。これはなぜなのか。それは私がその行為に対して否認を感じていないからだ!

ジョイスは彼の懸念を次のように要約している。「道徳的領域の存在論的な構成要素として「プリンツが提供している」種類の傾向に基づく自然的性質は、道徳的性質がどうあるべきかに関する前理論的な必須要件を全く満たさない」(2008: 253)。換言すれば、もし正・不正が、第3章第1節で説明された特徴づけと少しでも似ていると想定するなら、プリンツの見解は失敗となる。なぜなら、その見解が提供する説明は、その特徴づけを一切支持するものではないからだ。

似たような意見は道徳的構成主義にも当てはまると思われる。道徳的構成主義によれば、不正な行為とは、行動を統制する一般的規則を見出すことに関心のある人が合理的に反対することのできる行為として解釈されることを思い出してほしい。しかしジョイスは、そのような人が合理的に反対することができるものを、なぜ自分が気にしなければならないのかと問う。なぜその事実が、その行為を行なうことに抵抗する理由を私に与えるべきなのか。実践的重要性の問題は、換言すれば、道徳的構成主義にとっての問題でもある。道徳性に関してうまく説明できる理論は、不正さという特徴がどのように実践的に私に重要であるべきなのか、なぜそれが私を動かすべきなのかを、明らかにすべきである。そして、ジョイスによれば、道徳的構成主義はこのことを明確にしていない。

同様に、道徳的構成主義は不完全性の問題に直面する。誰もが――あるいは一般的規則に関心のある人だけでさえ――合理的に拒絶できるような一連の明確な行為があると我々は確信をもって言えるであろうか。ものすごく差異があるのではないだろうか。(「酒に酔ったヴァイキング」、「中世の侍」そして「ソビエト共産党員」が何を合理的に拒絶するだろうかについてよく考えるようにとジョイスは我々に言う。）ジョイスはプリンツの見解を苦しめたのと似たような「急進的で激しい」相対主義が道徳的構成主義を苦しめるのではないかと考えている。

しかし、（ジョイスによれば）問題はそこで終わらない。上記の〔二つの〕問題と並んで、内容の問題が存在する。この問題は反応依存性〔の理論〕と／または道徳的構成主義が不正であると認識する行為は、常識的な道徳感覚が不正であると認識する行為と同一だろうかという疑問に関わっている。ジョイスは両見解が「直観的に不道徳的」であるいくつかの行為を容認可能なものとするであろうと予見する。「（たとえば）合理的であることが民族浄化の選好を排除するであろうということでさえ、我々にはどうやってわかるのだろうか」（2008：257）とジョイスは問うている。もちろん、この道理に合わない結果を避けようとして、何が合理的に拒絶できるかを熟考する行為者が有徳であること、つまり、不道徳な行為を拒絶することに内在的関心を持つことが要請されるかもしれない。不運にも、この試みは徒労に終わる。というのも、不道徳とは行為者が何を合理的に拒絶できるであろうかによって理解されると考えられるはずではなかっただろうか。もしそうならば、このことは内容の問題を解決できないであろう。つまるところ、何が合理的に拒絶できるであろうかを熟慮する行為者が、何が合理的に拒絶できるかを熟考することに内在的な関心をもつということを付け加えたとしても、何の役立つことがあろうか。他方で、もし我々が徳を（たとえば）公正さによって特徴づけるなら、これは本当に何らかの成果を得るかもしれない。しかしながら、この一手を打つためのコストは法外に高いだろう。なぜなら、道徳的構成主義はもはや重要な哲学的役割を果たしていないからである。それは無用の長物である。（たとえば）もし公正さが客観的に正しいからという理由から、公正さが意思決定を御するのなら、正しさを決定するのは意思決定の過程ではなくて、公正さ自体である。そうすると、道徳的構成主義は、道徳的行為が起きる現場には登場しないことになる。

あなたが間違いなく予想しているように、反応依存的見解の支持者はこれで死に体になったわけではない。彼らは積極的に応答を生み出している。議論の焦点を維持するために、ジョイスが最後の発言者となることを私は認めよう。それは、彼の批判が決定的である（と私が信じる）からでなく、これらのメタ倫理学的な論争は全く別の本の主題であるという理由からである。いずれにしても、本章の終わりにある文献案内は、もっと知りたいと思う貪欲な読者に歯ごたえのあるものを提供するであろう。

自然化された徳に対するジョイスの応答について論じることで、締め括らせてもらいたい。この道徳的実在論者の選択肢は、道徳的事実と現代生物学によって明らかにされている機能的事実とを同一視しようとする試みであることを思い出してほしい。よい人であること（あるいは繁栄した人生を送ること）とは、我々の人間としての機能を十分に実践することである。人間の機能が何であるかは、心臓の機能が何であるか、目の機能が何であるかなどを認識するのと同じ仕方で認識される。そこで、心臓が一定の速度で血を送り出すべきである（そして、そうすることのない心臓は悪い心臓である）と言えるのとちょうど同じように、人は（たとえば）社会的調和を促進すべきである、あるいは正直であるべきであると、我々は言うことができる。そして、そうでない人は悪い人だ、と。

心臓と目が何をなすべきかについて語ることは、ある程度の意味があるとジョイスは認める。しかし、『ジョーの心臓が血を送り出すべきこと』から『ジョーは約束を守るべきこと』を我々がいかにして導けるのかは、依然として問題含みである」（2006：170）と彼は主張する。問題含みであるのは道徳に特徴的な規範性（あるいは理由付与の性質）である。つまり、道徳の要請は特別の権威を持ち、それは不可避のものだという事実である（これについても、第3章第1節を見ること）。以下のことについて考えてほしい。心臓は血を送り出すべきであると言うことはできる。〔しかし〕心臓は血を送り出すことが求められている、あるいは義務づけられている——あるいは実践的要請という意味で、心臓は血を送り出すべき理由を有していると言うことは、それとは全く異なることである。しかし、後者の話し方は、まさに道徳的「べし」を特徴づけていることである。たとえば、あなたは約束を守ることを要求されているとか、あなたは不必要に人々を害してはならない理由を有していると言われる。明らかに、生物学は道徳的領域が示す種類の規範的な力を与えられそうにない。

次のように考えるとよい。心臓が血液を送り出すべきだと我々が判断する際、我々は何を言わんとしているのか。それは次のようなことではないか。すなわち、統計的に言えば、ほとんどの心臓は血液を送り出す傾向にあり、したがってこの心臓も同じことをするだろうと予測される、ということだ。さて、この判断を、あなたは過去に自分を助けてくれた人を助けるべきであるという判断と比較してみよう。この判断は単に（あるいはかりそめにも）次のように言うようなものだろうか。すなわち、統計的に言えば、ほとんどの人は、過去に自分を助けてくれた人を助ける傾向にあり、したがってあなたもそうするだろうと予測される、と言うことだ。明らかに、この判断はこれ以上のことを述べているはずである。私があなたは過去にあなたを助けてくれた人を助けるべきであると判断する場合、私はほとんどの人がする傾向にあることを指摘しているわけではない。私が指摘しているのは、あなたに課せられた要請であり、この要請は他の誰かがたまたますることとは独立に成り立つものである。道徳がこれを要請するのである。さらに、もしあなたが、過去に自分を助けてくれた人を助けることを拒むのであれば、あなたは（少なくとも原則としては）処罰に値するのだ。なぜか。なぜなら、あなたは道徳法則に違反したからである。対照的に、血液を送り出さない心臓は処罰に値すると想定することはおかしなことであろう（もし何かに値するとすれば、心臓は移植を受けるに値するのだ！）。それゆえ、生物学的な「べし」は、道徳的な「べし」を説明するにはあまりにも「弱々しい」と思われる。「進化論的生物学から引き出される規範性は、この〔道徳の現象を説明するための〕必須要件をうまく満たすところまでは全く至っていない」（Joyce 2006 : 174）。最新版のアリストテレス主義者たちは、道徳がこの規範的な力を持つという考えを放棄するか、あるいは生物学がそれを供給できることを示す約束をするかのいずれかである。第一の選択肢は極端である。第二の選択肢はまだ果たされていない約束にすぎない。よく言って、自然化された徳倫理学は進行中の仕事である。

6　本章のまとめ

道徳的実在論者には、いくつかの興味深い選択肢がある。我々はこれまでに四つの選択肢を論じてきた。すなわち、道徳の生得説を退けるもの、反応依存性、自然化された徳倫理学、および道徳的構成主義である。後者の三つの選択肢は、かなり洗練されたメタ倫理学的な理論展開を含んでいる。プリンツの理論のような反応依存的見解は、道徳的事実を反応依存的な事実と同定している。具体的には、ある種類の行為が観察者に生み出す傾向のある感情的反応についての事実と同定している。プリンツにとっては、道徳とは究極的には感じられる（だけの）ものである。それと関連する反応依存的な見解は道徳的構成主義である。それによれば道徳的事実は人々が（もし彼らが生活の指針となる一連の規則を探しているのであれば）自発的に受け入れる規則についての事実と同定される。自然化された徳倫理学は焦点を行為よりは行為者に転じる。この場合、目的は性格特性を発展させ維持させることであり、またどのような性格特性を発展させるべきかは我々の（諸）機能についての注意深いダーウィン流の研究に左右される。

進化倫理学に対する関心が再燃していることを考えると、さらなる実在論的な選択肢——および、さらなる反実在論的な応答——が登場することは間違いない。こうした将来的な論争の中心にあるのは、道徳の生得性をめぐる実証的な議論である。これは第I部における我々の主題であった。我々が問題にしていたのは、我々の道徳心は（仮にそうだとしたら）どの程度まで自然選択による進化の結果なのだろうか、ということであった。この問題はまだ解決していないため、メタ倫理学的な話は次の仕方で制限が付けられなければならない。つまり、道徳それ自体の本質についての主張は、条件文として理解される必要があるということである。すなわち、もし自然選択が我々の道徳心［の発達］に関して大きな責任をもつなら、道徳についての真理はかくかくしかじかということになるであろうということだ。もしそうでなければ、話は白紙に戻ることになる。振り出しに戻ってやりなおしである。

同時に、論争は部分的には、道徳的事実が道徳的実在論の名に値するにはどのぐらい実在的でないといけないかを問題にするであろう。第11章で見たように、ジョイスとストリートは、道徳的事実を根拠づけることに成功しそうだと言えるようなものがこの世界にあると信じる理由は全くないと論じている。実在的な性質は幻想である、と。他方、今日の実在論者は、道徳的事実を根拠づける自然的性質が実際にあると論じている。この論争は進化論的な考慮とはかなり別個に、道徳哲学の片隅において熱心に論じられ続けている。

とはいえ、我々みなが同意できることは、次のことである。もし道徳的実在論に可能性があるとすれば、次のことを理解する方法が必要である。すなわち、一方では、我々の道徳心を形成することに自然選択がどのように決定的な役割を果たしたかということを理解し、また他方で、このことと、道徳判断に特徴的な性質を十分に裏づけるような道徳的事実の説明とをいかにして調停できるのかを理解する方法である。道徳的実在論者はこのような見解が存在すると主張する。（ジョイスとストリートのような）進化論的反実在論者はこれを否定している。

良かれ悪しかれ、倫理を「生物学化」する過程は進行中である。しかし、この探究はいくつかの形態を取りうる。たとえば、道徳判断をする我々の傾向性が（仮にそうだとすれば）いかにしてダーウィン流の選択圧――トラの縞模様や樫の木の葉っぱを生み出したのと同一の選択圧――の結果であるのかを理解しようとするという形態を取りうる。このような探究については第Ⅰ部で検討した。他方、それはダーウィン流の原理が、いかにして直接的または間接的に道徳原理を明らかにするのかを理解しようとする形態を取りうる。もしかすると、我々が道徳的になすべきことは、我々の進化論的な過去が我々に（それが何であれ）そう行為するよう傾向づけたことから直接に導出されるかもしれない。これが我々の第II部の主題であった。そして最後に、倫理を「生物学化」するという探究は、我々が道徳的に考えるように進化してきたという仮定のもとに、道徳的性質の本性を理解しようとする試みの形態を取るかもしれない。進化論的反実在論者の主張によれば、進化論的な話は客観的に実在的な道徳的秩序に関する信念を損なう。実在論者はこの主張に反論している。我々はこれらの議論を最後の三章で苦労して検討した。これらの異なる探究方法に関する我々の理解は、我々の進化論的な過去についての理解が進むにつれ、進むであろう。そして、それは我々の道徳それ自体についての理解が進むにつれ、進むであろう。

文献案内

Casebeer, W. (2003) *Natural Ethical Facts : Evolution, Connectionism, and Moral Cognition* (MIT).
James, S. (2008) The Caveman's Conscience : Evolution and Moral Realism. *Australasian Journal of Philosophy*, 87/2 : 1–19.
James, S. and P. Carruthers (2008) Human Evolution and the Possibility of Moral Realism. *Philosophy and Phenomenological Research*, 77/1 : 237–44.
Joyce, Richard (2006) *The Evolution of Morality* (MIT Press).
Joyce, Richard (2008) Replies. *Philosophy and Phenomenological Research*, 77/1 : 245–67.
Kitcher, Philip (2007) Biology and Ethics. In D. Copp (ed.), *The Oxford Handbook of Ethial theory* (Oxford University Press).
Prinz, Jesse J. (2007) *The Emotional Construction of Morals* (Oxford University Press).
Prinz, Jesse J. (2008a) Acquired Moral Truths. *Philosophy and Phenomenological Research*, 77/1 : 219–27.
Scanlon, T. M. (1998) *What We Owe to Each Other* (Harvard University Press).

訳者解説

哲学と、「人文学」と称する分野では、今なお、ダーウィンなど存在したことがないかのような教育が行なわれている。

——リチャード・ドーキンス『利己的な遺伝子』

本書は Scott M. James による *An Introduction to Evolutionary Ethics*（Wiley-Blackwell, 2011）の全訳である。

道徳は自律的だという考え方がある。道徳は科学とは独立の営みであり、科学がどのように発展しようがそれと道徳とは無関係だという考え方である。しかし、両者はそこまで無縁ではなく、道徳は科学に何らかの仕方で依存しているという考え方もある。どちらが正しいのだろうか。また、依存しているとしたら、どのような仕方で依存しているのだろうか。科学は我々がどう生きるべきかを示すことができるのだろうか。

進化論は、一九世紀中葉にダーウィンが『種の起源』を出版した当初から、我々の道徳に影響を与えると考えられてきた。だが、進化論と倫理と言えば社会ダーウィン主義や優生学が想起されるように、その関係は紆余曲折の多いものである。ムーアの自然主義的誤謬が出てきたときにこの話は終わったと考えている哲学研究者も多い。しかし、本書を読めばわかるように、現代でも、進化論は規範倫理学およびメタ倫理学の一方あるいは両方について、少なからぬ影響力をもちうると考えられている。

両者の関係が倫理学の分野でどう考えられてきたかについては、これまであまりよい邦語文献がなかった。唯一の例外はおそらく内井惣七による『進化論と倫理』（世界思想社、一九九六年）であるが、一九九〇年代に出版されていることもあり、残念ながら今日ではあまり読まれておらず、また近年の道徳心理学の議論はカバーされていない。また、進化論関連の著作、たとえばグールドやドゥ・ヴァール、あるいは進化心理学に関するピンカーの著作などはよく翻訳されているが、本書の文献案内にあるような進化論に関する哲学的著作はほとんど翻訳されていない。そこで本書である。本書は英米でも比較的珍しいと思われる進化論と倫理の関係を扱った入門書である。本書を読めば、現代における科学と道徳の関係を考える上で、進化倫理学が重要な位置を占めていることがわかる。

著者のスコット・ジェイムズは、米国のノース・キャロライナ・ウィルミントン大学の哲学科の准教授であり、メリーランド大学で哲学の博士号を取得している。比較的若手の研究者であり、教員紹介のウェブサイトでは、価値論、道徳心理学、進化論などを専門にしているとある。(1) Eメールで尋ねたところ、メリーランド大学では哲学と認知心理学の領域で研究をしているピーター・カラザース（Peter Carruthers）にとりわけ影響を受けたという。また、大学で進化と倫理学についての講義をしている中で、よい入門書がないため本書を書いたとのことだ。今後も進化論が人生の意味などの伝統的な哲学的問題についてどのような影響をもちうるかについて研究を続けたいと述べている。

著者の英語は比較的わかりやすいが、ところどころくだけた口語的表現や日本語に訳しにくいジョークが出てくる。また、誤字脱字や間違った記述も多少あったため、重要な点についてはEメールで確認の連絡をとり、訳注に記しておいた。

以下では、各章の簡単な紹介をする形で本書の解説をしてみたい。

第I部では、進化論の基礎的な解説から始まり、我々人間の道徳的思考や振舞いに関する近年の進化心理学（脳科学、霊長類学を含む）の知見が紹介されている。

第1章では、最初にダーウィンの進化論の基礎的な考え方が説明される。次に、近年では進化論が生物の形態（たとえばアヒルの水かき）だけでなく、生物の行動や人間の心的な諸機能の起源を説明するためにも用いられるようになっていることが説明され、我々の道徳感覚も進化によって備わった機能であることが示唆される。進化論に関するよくある誤解についてもわかりやすく説明してあるので、初学者は読んでおくことを勧める。

第2章では、哺乳類に限らず社会的生活を営む動物において広く見られる協力行動や自己犠牲的振舞いが、自然選択の理論からどのように説明されるかが検討されている。すなわち包括適応度と互恵的利他性による説明である。とはいえ著者が注意しているように、ここで言う「利他性」はあくまで本能的な行動であり、人間の場合のように利他的な動機を伴うものではない。その意味で、こうした利他的行動は章題にあるようにあくまで道徳の「最も初期の起源」に留まるものと言える。

第3章では、我々の道徳的な思考法も自然選択によって進化してきたという理論が紹介される。本章では最初の節で、そもそも「道徳的である」とはどういうことかについて説明がなされている。筆者は道徳がどのようなものであるかについて六つの特徴を述べているが、このように「道徳がどのようなものとして人々の間で経験されているか」は、「道徳の現象（moral phenomenology）」と呼ばれることがある（これは哲学的方法論としての「現象学」ではない）。こうした「道徳の現象」が、何らかの理論によって説明されるべき被説明項である。従来、このような説明を試みてきたのは、いわゆるメタ倫理学の諸理論であった。だが、本章の第2節以降にもあるように、進化論もこのような道徳の現象の説明を試みるため、両者の関係が大きな問題になる。これは第II部の後半の話題である。

第3章の後半では道徳的思考、とりわけ欲求からは独立した義務の意識（カントの用語を借りれば定言命法的思考）が、協力行動をするのに役立つがゆえに進化の過程で我々に備わってきたという仮説が提示される。とくに大事な点として、我々にとっては「義務の意識を持つことは協力行動を維持するために有用であり、それゆえ生存と生殖に有利である」というような思考は不要であるがゆえに、我々はそのような意識的な正当化は必要とせず、義務感は本能的なものとして備わったのだろうという説明がなされている（第2章の訳注ⅰも参照）。

第4章では、前半で最後通牒ゲームや公共財ゲームといった、いわゆる行動経済学（近年の認知心理学の知見を取り入れ、合理的な経済人モデルではなく実際の人間行動を前提にして理論を構築しようとする立場）で用いられる実験の概要が紹介されている。ここで強調されるのは、不正を犯した者に対して我々がときに自分の利益を犠牲にしてまでも処罰を与えようとする傾向である。第3章の話と同様、ここでも我々は必ずしも処罰を与えることの効用は意識しておらず、むしろ我々は不正を見ると道徳的に憤慨し、処罰に値すると考える生得的な傾向をもつ。同様のことが我々が感じる罪の意識についても述べられている。後半ではこうした説明に対する批判が検討されている。

第5章では、人間がもつ道徳心が進化によって発達してきたことを裏づけるような近年の研究が紹介されている。発達心理学、霊長類学、脳神経科学などの近年の研究からすると、道徳に関連する共感能力や認知能力がある程度まで生得的であることはかなり明確である。だが、それだけでは共感能力や認知能力が生得的であるだけで、嘘をつくことは悪いといった特定の道徳判断を行なうことまでもが生得的だとは言えないかもしれない。そこで後半では、言語の生得性の議論とも対比しながら、どこまで道徳性そのものが生得的と言えるのかについて、いくつかの対立する見解を紹介している。「美徳と悪徳の科学は、まだ最終評決を出すにいたっていない」（本文一六一頁）と筆者がまとめているように、道徳性に関する実証研究はまだ不明な点も多い。しかし、こうした道徳性に関する近年の実証研究が、進化が道徳に対してもつ影響に関する理論的研究の刺激になったことは明らかであり、第Ⅱ部ではこれらの議論を前提として、進化論が倫理学に対してどのような含意をもつのかについて検討がなされる。

第Ⅱ部では、進化論の知識によって、我々はどう生きるべきかを知ることができるか、また、こうした知識は、道徳について我々が持っている理解を損なうのではないか、という二つの問題が扱われる。前者の問いは、主に規範倫理学に関わり、後者は、主にメタ倫理学に関わる。規範倫理学とは、我々は何をなすべきかを問題にする領域であり、これは今日の社会における法や道徳などの倫理規範を批判的に検討しつつ、正しい行為の基準を探究する営みである。また、メタ倫理学とは、道徳とはそもそもどのようなものかを問題にする領域であり、道徳は客観的なものか主観的なものか、合理的なものか感情的なものか、といった道徳の本性を解明しようとする探究である。

第6章では、スペンサーの進化倫理学が検討対象になっている。スペンサーは進化を、生物がより複雑性を増す過程と捉え、「より進化している」ことは「より善い」ことだと考えた。ダーウィンの進化論は基本的に機械論的(つまり進化にはいかなる意図や目的もない)であるのに対して、スペンサーの進化論理解は目的論的である。本章では主に、このスペンサーの進化論理解が誤っていることが論じられている。なお、スペンサーの進化論理解の背景にはラマルクの進化論(とりわけ後天的な獲得形質の遺伝)があるが、本書ではその点には触れられていない。本書は進化論の歴史についてはそれほど詳しくカバーしていないため、関心のある読者は、たとえばピーター・ボウラーの『進化思想の歴史』(朝日出版社、一九八七年)などを読むことが望ましい。

第7章では、「である」言明のみから「べし」言明を論理的に導出することはできないとする「ヒュームの法則」が説明されている。また、第8章では、ヒュームの法則とよく似ているが異なる議論として、「善さ」という価値的性質を「快さ」などの自然的性質によって定義することは誤りであるとするムーアの「自然主義的誤謬」が説明されている。そのうえで、進化論という科学理論から進化倫理学という規範理論を導出しようとしたスペンサーやE・O・ウィルソンらはまさにこれらの法則に抵触するがゆえに誤謬を犯しているという議論が解説されている。この議論の是非については第9章で検討される。

なお、日本ではしばしばヒュームの法則とムーアの自然主義的誤謬が同じものとして解説されることがあるが、本書にあるように、両者は厳密には異なるものである。両者は共に事実と価値の隔たりに関わる論点であるが、ヒュームの法則が推論の妥当性に関わる論点であるのに対し、ムーアの自然主義的誤謬は価値語の定義に関わるものである。したがって、仮にムーアの主張が間違いであったとしても、ヒュームの法則は生き残る可能性がある。

第9章では、ヒュームの法則とムーアの自然主義的誤謬に関する批判が検討されている。ムーアの自然主義的誤謬はうまく行かないという標準的な見解が述べられたあと、ヒュームの法則に対するサールとレイチェルズの挑戦が検討されている。著者はサールとレイチェルズもヒュームの法則を乗り越えるところまでは行っていないと述べているが、レイチェルズをスペンサー二・〇と述べて一種の社会ダーウィン主義として扱っている点には若干疑問が残る。確かにレイチェルズもある種の「べし」言明を暗に前提しているかもしれないが、彼はその「べし」言明によって進化論から倫理理論を導出しているというよりは、「人間の尊厳」の主張が前提している人間と動物の間の違いは進化論が示す事実を考慮に入れると支持できないものであり、それゆえ「人間の尊厳」の立場は間違えている、と主張していると言える。ピーター・シンガーも似たような仕方で、つまり進化論の知見を用いて、義務論的な倫理理論が依拠している倫理的直観を批判するという仕事をしている。(2) こうした取り組みを、著者が行なっているように、スペンサーと同類として簡単に片づけてしまうことはできないように思われる。この文脈では、ノディングズのような、進化論がケア倫理学や広くフェミニズムに対してもつ影響を検討している論者もおり、(3) 進化論が規範倫理学に対してもつ含意の掘り下げは、まだ課題として残されているように思われる。

第10章から第12章までは、進化論が道徳の客観性に対してもつ含意が検討されている。これは上述したメタ倫理学的な問題設定である。繰り返しになるが、メタ倫理学の課題の一つは、第3章で述べられていたような「道徳の現象」を理論的に説明することである。「道徳の現象」は、「自然現象」と類比的に考えるとよい。たとえば雷が鳴ったときに、「あれは雲の上で鬼が怒って太鼓を叩いたのだ」という説明がありうるが、それよりも雷の発生について科学的によりシンプルでもっともらしい説明ができる場合、我々はわざわざ鬼の存在を仮定する必要はない。

逆に、もし鬼を仮定しない限りは十分に雷が鳴ることを説明できないならば、我々は（自分では見たことがないとしても）鬼の存在を認めざるをえないだろう。

これと同様に、道徳の現象をどう説明すれば一番よい説明になるのかをメタ倫理学は問題にしている。以下で問題になるように、道徳の現象を説明するために、何らかの道徳的性質の実在を認めざるをえないという立場が道徳的実在論であり、そのような実在を認めなくても道徳の現象は説明できるという立場が道徳的反実在論である。本書で問題になる問いは、進化論によって道徳の現象の説明が可能な場合に、道徳的実在論が成り立つ余地はあるのか、ということである。[4]

一見してこの問題は抽象的で読者の関心を惹かないかもしれない。しかし、ダーウィンの進化論を知った同時代人のフランシス・コブが、ダーウィンの進化論を用いた道徳の説明が本当であれば、神の存在は不要となり、「人類の徳に弔鐘が鳴ることになる」とダーウィンを批判したように、[5]進化論は形而上学的な不安をも引き起こすものである。以下のメタ倫理学の問いは、コブの批判の現代版と考えるとよい。ただし、問題になっているのは神の実在ではなく、善悪や正・不正といった道徳的性質の実在である。付言すると、読者はこれが形而上学的なレベルの議論であることに留意して読み進めてほしい。言い換えると、道徳的実在論者も反実在論者も、我々に道徳的能力が備わっていることや、社会に道徳規範が存在することは前提として認めている。彼らは、道徳判断の究極的な根拠は何であるのか、というレベルで論争しているのだ。

第10章では、社会生物学を提唱したウィルソンと生物学の哲学で有名なマイケル・ルースが協力して、道徳性の進化に関する進化論的説明が正しいのであれば、道徳の客観性を主張する道徳的実在論は不要であるとする、道徳的反実在論を説いたことが説明されている。我々は確かに道徳を客観的だと思う傾向があるが、そのような感受性は人間に特異的な進化の歴史から説明可能であるため、我々の道徳的信念について、「世界の側に道徳的性質があるからそのような信念を持つのだ」と説明することによって信念を正当化する試みは、端的に言って不要である。

このような道徳的実在論批判は、マッキーの錯誤説を想起させるものである。マッキーの錯誤説は、『倫理学』(一九七七年、邦訳は加藤尚武監訳、産業図書)に詳しいが、自然科学的な世界観においては道徳的性質が実在する余地はなく、道徳の客観性についての我々の信念はすべて誤っているとするメタ倫理学上の理論である。ルースは、一九八四年のウィルソンとの共著論文ではマッキーの名前を出していないが、二〇〇九年の論文では影響があったことを認めている。(6) マッキーは、一九七六年に出されたドーキンスの『利己的な遺伝子』を高く評価しており、そのためにドーキンスの著作を「哲学的利己主義」を称揚するものとして批判した哲学者のメアリ・ミジリーに名指しで批判されることになり、それがルースの目に留まることになった。以下で見るように、ルースらの議論に端を発する進化論的な道徳的反実在論による挑戦は、今日のメタ倫理学の一つの大きな争点になっている。

なお、本章でも著者は、進化論はスペンサーのように道徳を支持するものではなく、道徳的反実在論のように道徳を破壊するものだ(二三〇―一頁)という説明を行なっているが、前述したように、これは誤解を招くものである。この記述を読んだ読者は、進化論が規範理論のレベルで、ある理論を支持するか、その根拠を破壊するかという話と、メタ倫理学のレベルで、道徳の客観性を支持するか、その根拠を破壊するかという話を混同してしまうおそれがある。繰り返しになるが、規範理論のレベルで既存の人間の尊厳の理論を「破壊」しようとしていたレイチェルズのような人物もいるのであり、二つのレベルの支持ないし破壊を一緒にするべきではない。

第11章では、最近の道徳的反実在論の支持者として、リチャード・ジョイスとシャロン・ストリートの議論が紹介されている。いずれの論者も、道徳判断を行なう我々の傾向性は、道徳的性質の実在を仮定することなく、進化論的説明によってよりよく説明することができると論じている。ジョイスはこのような進化論に基づく反道徳実在論の立場から、別の著作では「道徳的フィクショナリズム(虚構主義)」というメタ倫理学説を提示している。これは、道徳に関する客観性を信じる我々の傾向と、実際には道徳は客観的ではないという反実在論の立場を調和させようとする立場であり、マッキーの錯誤説以降に出てきた理論の一つと言える。簡単に言えば、道徳の客観性を否定しても、我々の道徳の営みを撤廃するよりはフィクションとして存続させた方がよいという考え方である。(7)最終章である第12章では、前章で問題になっていた我々の道徳性に関する進化論の知見と道徳的実在論の調停可能性の問題について、道徳的実在論の諸理論が述べられ、ジョイスによる批判が紹介されている。詳しくは本文に譲るが、哲学者たちが、近年のメタ倫理学の進展を踏まえて、進化論と道徳的実在論を様々な仕方で調停しようとしていることがわかる。

本文にあるように、著者は道徳的構成主義の立場から道徳的実在論を支持している。この立場は合理的な人であれば拒否できないような道徳原理は実在するというもので、間主観的な理論だと言えるが、著者も譲歩しているように、この立場を「実在論」と呼ぶかどうかは定義の問題とも言えるだろう。反応依存性の理論もそうであるが、現在の道徳的実在論は、実在(存在)の意味を「そこに机が存在する」と言ったときとはかなり異なる仕方で用いる傾向にある。この動向を理論的洗練と見るか、あるいは詭弁と見るかは、読者の判断に任せたい。

少し補足しておくと、著者も注で少し触れているように(第3章の注3)、そもそもメタ倫理学が理論的に説明するべき道徳の現象とは何なのか、という問題もある。とりわけ、本章や他の章では、道徳は客観的であると人々は思っているということが前提で話が進んでおり、その点に違和感を覚える読者もいるかもしれない。私の感覚では、道徳の客観性(実在性)を強く信じている人は日本では必ずしも多くない。そのため、道徳的実在論者の議論を読むと、神の存在を誰も信じていない社会で神の存在証明を論じているかのような場違いな感覚を抱く者もいるかもしれない。そのような読者は、よい問題意識を持っていると言えるが、ひとまずは第3章を再読したうえで、あらためて第10章以降の議論を読んで考えてみてもらいたい。

最後に、本翻訳の成立過程について記しておく。本書は訳者が所属する京都大学大学院文学研究科の外書講読の授業で二〇一五年から二年間かけて扱った。毎週学生が訳してきた文章を授業中に添削しながら毎週数ページずつ読み進めていき、二年間かけてひとまず最後まで訳した。二〇一六年度の講義が終わった後、名古屋大学出版会の橘宗吾さんに相談し、翻訳の出版が決まった。学生の訳文はほぼ原型を留めていないが、授業で訳を作成してくれた学生諸君には感謝している。下記に名前のみ記して感謝の意を表したい。松尾大樹、馬場大夢、田中創一朗、上田雄亮、東志哲二、佐上芳春、大橋風歩、谷口直也、安田淳敏、立場貴文、黒田和裕、大島祐輝、井澗真人、辻均。このうち、立場貴文君には原稿の整理や書誌情報のチェックを手伝ってもらった。

翻訳の出版を快諾いただいただけでなく、まだ訳文が不十分な段階で丁寧に読んで下さった橘さんには深く感謝している。また、校正を担当してくれた名古屋大学出版会の山口真幸さんにも、くり返し丁寧に全体を読んで怪しい訳をチェックしていただいたことと、遅れがちな原稿の提出を辛抱強く待っていただいたことに感謝する。とはいえ、訳文に間違いや読みにくいところがあればすべて私の責任である。初校の校正は途中まで、スイスのジュネーブにあるブロシャー財団の研究所で客員研究員をしている間に行なうことができた。記して謝意を表する。また、この翻訳はＪＳＰＳ科研費15K01998の助成の成果の一つである。

最後になったが、迷惑をかけた妻と娘にも感謝の意を記しておく。娘はやはり四歳ごろには「誤信念テスト」（第５章）ができるようになっていた。遺伝か学習かわからないが、娘は道徳心が人一倍強いようである。

二〇一七年一一月

児玉　聡

中尾　央著
人間進化の科学哲学
―行動・心・文化―
A5・250 頁
本体 4,800 円

松永俊男著
ダーウィン前夜の進化論争
A5・292 頁
本体 4,200 円

松永俊男著
ダーウィンの時代
―科学と宗教―
四六・416 頁
本体 3,800 円

伊勢田哲治著
動物からの倫理学入門
A5・370 頁
本体 2,800 円

久木田水生・神崎宣次・佐々木拓著
ロボットからの倫理学入門
A5・200 頁
本体 2,200 円

冨田絢矢著
道徳はなぜ価値判断の問題になるのか
―ヘアの道徳哲学と好敵手たち―
A5・334 頁
本体 5,800 円

L. A. ポール著／奥田太郎・薄井尚樹訳
今夜ヴァンパイアになる前に
―分析的実存哲学入門―
A5・236 頁
本体 3,800 円

デイヴィッド・ルイス著／出口康夫監訳／佐金武ほか訳
世界の複数性について
A5・352 頁
本体 5,800 円

エリオット・ソーバー著／松王政浩訳
科学と証拠
―統計の哲学 入門―
A5・256 頁
本体 4,600 円

マイケル・ワイスバーグ著／松王政浩訳
科学とモデル
―シミュレーションの哲学 入門―
A5・328 頁
本体 4,500 円

デイヴィッド・ヒューム著／田中敏弘訳
ヒューム　道徳・政治・文学論集［完訳版］
A5・500 頁
本体 8,000 円

《訳者略歴》

児玉《こだま》　聡《さとし》

1974 年　大阪府に生まれる
2002 年　京都大学大学院文学研究科博士後期課程研究指導認定退学
東京大学大学院医学系研究科医療倫理学分野専任講師などを経て
現　在　京都大学大学院文学研究科倫理学専修教授
主　著　『功利と直観——英米倫理思想史入門』（勁草書房，2010 年）
『功利主義入門——はじめての倫理学』（ちくま新書，2012 年）
『実践・倫理学——現代の問題を考えるために』（勁草書房，2020 年）
『オックスフォード哲学者奇行』（明石書店，2022 年）
『予防の倫理学——事故・病気・犯罪・災害の対策を哲学する』（ミネルヴァ書房，2023 年）他

進化倫理学入門

2018 年 2 月 1 日　初版第 1 刷発行
2023 年 12 月 30 日　初版第 2 刷発行

定価はカバーに
表示しています

訳　者　児　玉　　聡
発行者　西　澤　泰　彦

発行所　一般財団法人　名古屋大学出版会
〒 464-0814　名古屋市千種区不老町 1 名古屋大学構内
電話(052)781-5027/FAX(052)781-0697

© Satoshi Kodama, 2018
Printed in Japan
印刷・製本 ㈱太洋社
ISBN978-4-8158-0896-9
乱丁・落丁はお取替えいたします。

JCOPY〈出版者著作権管理機構 委託出版物〉
本書の全部または一部を無断で複製（コピーを含む）することは，著作権法上での例外を除き，禁じられています。本書からの複製を希望される場合は，そのつど事前に出版者著作権管理機構（Tel：03-5244-5088，FAX：03-5244-5089，e-mail：info@jcopy.or.jp）の許諾を受けてください。

索　引

ア　行

アイアンズ，ウィリアム　88
アイゼンバーグ，ナンシー　126
アリストテレス　171, 273-278, 281
——主義者　273, 277, 278, 293
アレテー　274
遺伝　7, 8, 18, 49, 54, 129, 152, 165, 170, 240, 247
——的なボトルネック（genetic bottleneck）　20
遺伝子　8, 10, 11, 17, 20, 21, 32, 35-38, 45-54, 65, 111, 114, 124, 133, 155, 161, 196
——機械（gene-machine）　11
——組換え食品　164
——決定論　7, 8, 30, 35, 36
——プール　196, 206, 230
——変異　19-21, 24, 26, 41, 45, 47, 52, 54, 64, 133
ヴァラデース，ディグダス　171
ウィリアムズ，G. C.　44
ウィルソン，E. O.　1, 167, 195, 196, 206, 228, 231, 235-241, 243, 248-250, 257
ウェスターマーク，エドワード　155
——嫌悪　155
生まれと育ち　25
ウラム，スタニスワフ　23
エーリック，ポール　35
応報　104
オマキザル　124

カ　行

カールスミス，ケビン　104, 105
ガクター，サイモン　99-102, 105
カス，レオン　165
可能世界　181, 193
環境決定論　35
慣習的規則　138-140, 145, 146, 154, 159
感情移入　126-129, 131, 132
ギースリン，マイケル　11
偽善者　11, 77
キッチャー，フィリップ　2, 196, 206, 261, 263, 264, 279, 280
機能　15, 19, 28, 38, 125, 130, 137, 180, 254, 260, 274-281, 283, 292, 294
気持ち悪い判断　245-247
共感　42, 74, 111, 126, 137, 195, 280
偽陽性　55
協力的なやりとり　63, 64, 66, 90, 282
禁止　73-75, 77-79, 81, 89, 92, 94, 113, 114, 117, 121, 139, 140, 152, 153, 158, 234, 258, 259
道徳的——　76, 77, 81, 155, 158
近親相姦　117, 153-155, 240
空主語パラメーター　151
グールド，スティーヴン・ジェイ　177, 178
グテル，ロビン　179
苦悩（distress）　126-129, 131-133, 137, 160
——テスト　126
グリーン，ジョシュア　133
グルーミング　59, 60
クワイン，W. V.　18
群選択　44, 45
傾向性　5, 43, 47, 88, 89, 121, 158, 159, 278, 282, 295
系統発生学　171
ケースビア，ウィリアム　264, 278-280
ゲーム理論家　62, 112, 284
血縁者　46-55, 60, 65, 85, 110, 111
非——　58, 59, 65, 85
言語生得主義者　150, 151, 153
行為者性（agency）　176
公共財　99, 114
孔子　68
公正な報いモデル　104
行動経済学　92, 99
公平感　97
後方視的　104
合法性　75, 76, 226
心の「モジュール」説　28
心の理論　135, 136, 140, 283
心を読むこと（mind-reading）　134

誤信念テスト　134, 140

サ　行

サール，ジョン　215–217
ザーン＝ワクスラー，キャロライン　126
最後通牒ゲーム　96, 98, 100
サイコパス　129–132, 226
サバンナモンキー　42, 59, 60
サル　59, 60, 128, 170, 173
サンデル，マイケル　165
視覚システム　3, 29, 254, 258
刺激の貧困論証　145
　道徳の――　145, 159
事実と価値の区別　190, 191, 217
自然言語　150
自然主義的誤謬　167, 198, 208, 225, 248
自然選択　5, 12, 14–17, 19–22, 25–28, 39, 44–46, 48, 49, 53–55, 64, 65, 68, 69, 82, 84, 86, 103, 110, 111, 116, 118, 119, 124, 166, 167, 170, 174, 176–178, 182, 193–195, 228, 235–240, 254, 257, 277, 294, 295
実在論　6, 256, 265, 271, 286
　進化論的――　263, 266
　進化論的反――　231, 234, 235, 239, 240, 243, 251, 252, 255, 256, 263, 266–268, 273, 295, 296
　道徳的――　256–258, 261, 263–265, 267, 269, 271–273, 281, 282, 286, 288, 292, 294, 295
　道徳的反――　235
実践的重要性の問題　288–290
実践力　289
しっぺ返し　102, 112
視点獲得　137, 140
『社会生物学――新たな総合』　236–239
社会的規則性　79, 80
社会的調和　3, 166, 167, 174, 182, 194, 214, 228, 230, 280, 292
ジャスティン＝ジーニッヒ，ジョアンナ　225, 226
囚人のジレンマゲーム　61–64, 85, 88, 91, 95, 102, 106, 109, 111, 112, 114, 115, 121
修繕屋（tinkerer）　22, 24, 54
主観主義　272
『種の起源』　166, 176
ジョイス，リチャード　54, 73, 78, 79, 86, 90, 141, 231, 251–257, 262, 268, 273, 281, 288–292, 295
情動共鳴　156
『情動による道徳の構築』　268
処罰　74, 75, 77, 78, 80, 81, 94–96, 99–107, 109, 118, 123, 293
ジリス　42, 43, 47, 56
ジンガー，タニア　131
進化
　――心理学　4, 5, 24–36, 38, 52, 81, 83, 109, 115, 236
　――生物学　17, 24, 26, 43, 44, 119
　――道徳心理学　13
　――倫理学　2, 7, 165, 168, 169, 183, 220, 223, 229, 231, 233, 248, 294
進化論　2, 3, 6, 8, 11, 13, 17, 18, 25, 30, 34, 37, 38, 43, 44, 53, 71, 81, 82, 90, 92, 110, 116, 124, 166, 167, 174, 178, 181, 182, 220, 221, 223, 229, 231, 236, 243, 246, 248, 249, 261, 263, 264, 266, 267, 269, 273, 278, 281, 286, 293, 295, 296
　――的実在論　→実在論
　――的反実在論　→実在論
人工妊娠中絶　289
信念帰属　136
シンプソン，バート　123
真理適合的（truth-apt）　271
人類学　4, 5, 13, 84, 88
ズウィックル，デリック　179
スキャンロン，T. M.　285, 286
スティッチ，スティーヴン　118, 119
ストリート，シャロン　231, 256–263, 295
スペンサー，ハーバート　166, 167, 169, 174–176, 178, 179, 181–183, 193–196, 199, 204–206, 214, 220, 221, 228, 230, 248, 251
スミス，アダム　11
スミス，J. メイナード　44
スミス，ピーター＝ゴドフリー　278
刷り込み　18
スリパーダ，チャンドラ　118, 119, 153–156, 158
性格特性　294
正義　69, 78, 98, 123, 139, 153, 182, 183, 192, 195, 202, 240, 241, 284
生殖成功度　16–18
精神から独立した存在　213, 214, 233
性選択圧　32
生態的地位（niche）　180
正当化　6, 30, 32, 33, 37, 52, 78, 79, 81, 104, 105, 109, 139, 167, 181, 196, 199, 211,

218–220, 222, 225, 227–230, 233, 235, 241–244, 246–249, 253, 255, 262, 286
——プロジェクト　244, 246, 247
生得性　141, 146, 147
道徳の——　142, 149, 294　→道徳生得説
生得的バイアスモデル　154
生物学化（biologicization）　1, 3, 5, 167, 168, 195, 228, 295, 296
生物学的決定論　7, 36
生命の樹　171, 172, 175, 179, 180
説明プロジェクト　244, 245, 247
前方視的　104
創始者効果　20
相対主義　287
局所的——　287
超越論的——　287
道徳的——　238
相貌失認　130
ソーシス，リチャード　88, 89
ソクラテス　106
ソネット　22–24, 173
存在の大いなる連鎖　170, 171, 175

タ　行

ダーウィン，チャールズ　1, 5, 15, 16, 20, 21, 24, 25, 35, 39, 41–44, 52, 68, 161, 164, 166, 168, 170, 175–178, 181, 182, 192–195, 197, 199, 228, 231, 233, 235–237, 243, 254, 256, 261, 264, 269, 277, 294, 295
社会——主義　3, 5, 166–168, 181, 183, 192–195, 198, 199, 202, 204, 208, 209, 214, 215, 221, 223, 228
ダーレイ，ジョン　104
体外受精　164
タンクレディ，ローレンス　131, 132
チスイコウモリ　42, 56, 59, 60, 70, 73
重複論法　241, 243, 249
チョムスキー，ノーム　123, 150, 157
チンパンジー　73, 124, 130, 173
追跡説　258–261, 263–265, 279, 281
償い　80, 81
罪　12, 75, 77, 78, 80, 81, 104–109, 186, 219, 269
——の感情　80
デイ，ジョナソン　137
DNA　21
ティンバーゲン，ニコラス　18
適応　3, 4, 15, 17–21, 26, 27, 30–34, 36–38, 59, 66, 85, 104, 111, 119, 120, 125, 148, 149, 165, 173, 177, 244, 245, 259, 260, 282, 284
——圧　18, 18, 82, 125, 282
——的関係説　259–261
——的であること　30
——問題　27, 29, 31, 32, 38, 49, 54, 68, 85
デネット，ダニエル　15, 18, 21, 45, 164
テュリエル，エリオット　139, 140, 145, 146
テロス　277
同一性　207, 208, 210, 211, 213
ドゥ・ヴァール，フランス　12, 42, 124, 128
動機　45, 56, 57, 68, 73, 77, 81, 99, 104, 119, 120, 219, 253, 260
——づけ　50, 53, 73, 76, 77, 86, 87, 91, 92, 97, 113, 198, 269, 282, 290
道徳感覚　1, 18–21, 25, 27, 37, 38, 73–75, 79, 81, 86, 103, 104, 110, 120, 129, 133, 136, 195, 240, 243, 244, 256, 263, 266, 268, 282, 283, 291
道徳規範　6, 70, 103–105, 154, 155, 167, 223, 238, 268
道徳原則　2, 3
道徳心　15, 22, 39, 117, 118, 120, 122–126, 154, 161, 239, 254, 256–259, 261, 263, 264, 268, 281–283, 294, 295
道徳心理学　3, 12, 15, 141, 148, 149, 228, 269
進化——　→進化
道徳性　13, 75, 76, 79, 81, 88, 89, 105, 111, 124, 132, 157, 160, 175, 261, 263, 268, 269, 281, 285, 290
——の進化論的説明　2, 88, 94, 109, 113, 114, 118, 119, 121, 129, 243, 279, 280, 281
道徳生得説　148, 149, 268, 288, 294　→生得性（道徳の生得性）
道徳的感受性　13, 159, 174
道徳的感情　2, 13, 69, 94, 110, 126, 159, 238, 249, 269
道徳的規則　119, 139, 140, 145, 146, 154, 157–159
道徳的義務　3–5, 65, 112, 113, 117, 197, 224, 255, 260, 264, 273
道徳的客観性　239, 272, 287
道徳的構成主義　264, 286–288, 290, 291, 294
道徳的思考　13, 22, 39, 69, 87–92, 94, 109, 110, 114, 121, 155, 160, 165
道徳的事実　6, 255–257, 266, 267, 269–272, 278, 279, 281, 286–288, 292, 294, 295
道徳的信念　117, 119, 159, 214, 215, 244, 249,

251, 254, 255, 261, 262
道徳的責任　7, 36
道徳的発達　137, 152, 154, 266, 267, 279, 281
道徳的「べし」　78, 292, 293
道徳の客観性　2, 6, 239, 249
道徳の現象　293
道徳判断　2, 13, 18, 37, 71, 74–77, 81, 91, 92, 105, 117, 123, 133, 136, 137, 140, 152, 157, 160, 227, 228, 239, 243, 244, 254, 257, 259, 260, 265–268, 271–273, 282, 285, 289, 295
動物行動学　18
ドーキンス，リチャード　10, 11, 24, 44–47, 155, 169, 176, 179
徳　11, 33, 117, 159, 161, 195, 274, 276, 292
　——倫理学　264, 274, 275, 281
　自然化された——倫理学　279, 288, 294
特異性論法　240, 249
独裁者ゲーム　98
独身男性　147, 200, 201, 205, 210, 212, 219
突然変異　38, 44, 64, 83, 109
ドブジャンスキー，テオドシウス　17
トリヴァース，ロバート　58, 64
ドレッシャー，メルヴィン　61

ナ　行

内在的に善い　82
内面化　80
ナポレオン　252–255, 262
ニコルズ，ショーン　137, 140, 141, 155, 156
人間本性　2, 4, 8, 13, 27, 30, 165, 287
　『——論』　182, 191
認識論　233, 241
妊娠中絶　71, 72, 74–79, 89, 91, 114
認知心理学　129, 245
ヌッチ，ラリー　139
脳神経科学　120, 125, 129–132, 239, 262, 267
ノワック，マーティン・A.　115, 116

ハ　行

パーシンガー，マイケル　232, 233, 261
　——効果　233
配電盤　151–153
ハウザー，マーク　152–156, 158
バス，デイヴィッド　29
パッカー，クレイグ　60
バディシステム　59
母なる自然　17, 21, 22, 24, 54
バミューダ　258
ハミルトン，ウィリアム　46, 48, 58
　——の法則　48, 49
反応依存性　264, 270, 271, 291, 294
非生得主義　157–160
非道徳者　109
非道徳的な個体　110
ヒューム，デイヴィッド　167, 182, 183, 191–195, 197–199, 215, 216, 220, 221, 223, 229, 230
　——のギロチン　195
　——の法則　167, 183, 192, 194, 195, 197–199, 209, 217, 218, 220
評判　86, 91, 92, 94, 106, 108, 111, 114
ヒリス，デイヴィッド・M.　179
ピンカー，スティーブン　36, 144, 145
フェール，アーネスト　99–102, 105
不可知論　232, 252, 253
不完全性の問題　288, 290
複雑性への不可避の動因　178
不道徳者　109
普遍道徳　117, 152, 157
　——文法　152, 157, 161
普遍文法　150, 151, 153, 157
プラチェット，テリー　15
ブラック，マックス　195
フラッド，メリル　61
フランク，ロバート　108
フリーライダー　61, 88, 101
プリンツ，ジェシー　157–159, 264, 268–273, 280, 281, 285, 288–291, 294
ブレア，ジェイムズ　131
文化的進化　155
ヘッケル　171, 172
ペトラルカのソネット　22
ベルクソン，アンリ　270
偏愛　50, 52
変異　16–18, 21, 24, 38, 41, 44, 47, 55, 133, 177
包括適応度　43, 44, 47–55, 58, 59, 65, 84
ボーム　284
ボノボ　124
ホフマン，マーティン　118
ホモ・サピエンス　177, 196, 206
本能　1, 50, 54, 126, 145, 149

マ　行

マーティンセン，デイヴィッド　118
マッキー，J. L.　216, 217
マン，ホレース　123

ミーム　155
ミカイル，ジョン　145, 152, 156
未決問題テスト　201-205, 208-211, 215
ムーア，G. E.　167, 183, 198-200, 202-204, 206-211, 213, 214, 223, 229, 230
ムーア，トマス　94
無心（mindlessness）　17, 176, 177
無神論　7
メタ倫理学　228, 231, 266, 292, 294, 295
盲目の時計職人　176
モーガン，スティーヴン　225-228, 230, 231

ヤ・ラ行

抑止モデル　105
抑制　72, 80, 131, 132, 174, 284
ライエル，チャールズ　176
ライト，ラリー　277
ラムズデン，チャールズ　238
利己主義　41, 43, 44
『利己的な遺伝子』　10
利他性　56, 57, 70, 86, 280
　互恵的――　43, 44, 56-60, 64
良心　1, 86, 107, 110-112, 237
　――の呵責　80
類人猿　15, 59, 124, 128, 170
ルース，マイケル　85, 86, 225, 229-231, 235, 239-241, 243, 244, 247-249, 251, 256, 257
レイチェルズ，ジェイムズ　198, 218, 220-223, 229, 230, 248
霊長類　12, 42, 120, 124, 125, 276, 284
　――学　5, 42, 60, 120, 124, 125, 128, 267
レヴィ，ニール　117
ロールズ，ジョン　285
ローレンツ，コンラート　18
ロック，ジョン　68
ロットシェーファー，ウィリアム　118
ロビンソン，ポール　104

ワ　行

ワーテルローの戦い　252, 253, 262
ワーネケン，フェリックス　127
ワール，ドナルド　89

引用文献

Aristotle (1988/350 BCE) *The Nicomachean Ethics*, trans. D. Ross, ed. J. L. Ackril and J. O. Urmson (Oxford University Press).

Barkow, Jerome, Leda Cosmides, and John Tooby (1995) *The Adapted Mind : Evolutionary Psychology and Generation of Culture* (Oxford University Press).

Baron-Cohen, S. (1995) *Mindblindness* (MIT Press).

Binmore, K. G. (1998) *Game Theory and the Social Contract, II : Just Playing* (MIT Press).

Black, Max (1964) The Gap Between "Is" and "Should." *The Philosophical Review*, 73/2 : 165–81.

Blair, J. (2005) *The Psychopath : Emotion and the Brain* (Wiley-Blackwell).

Boehm, C. (1999) *Hierarchy in the Forest : The Evolution of Egalitarian Behavior* (Harvard University Press).

Boehm, C. (2000) Conflict and the Evolution of Social Control. *Journal of Consciousness Studies*, 7/1–2 : 79–101.

Brockman, John (1995) *The Third Culture : Beyond the Scientific Revolution* (Touchstone).

Buller, David (2006) *Adapting Minds : Evolutionary Psychology and the Persistent Quest for Human Nature* (Bradford Books, MIT).

Burnstein, E., C. Crandall, and S. Kitayama (1994) Some Neo-Darwinian Decision Rules for Altruism : Weighing Cues for Inclusive Fitness as a Function of the Biological Importance of the Decision. *Journal of Personality and Social Psychology*, 67, 773–89.

Buss, David (2007) *Evolutionary Psychology and the New Science of the Mind* (Allyn & Bacon).

Campbell, R. (1996) Can Biology Make Ethics Objective ? *Biology and Philosophy*, 11 : 21–31.

Carlsmith, K. M., J. Darley, and P. Robinson (2002) Why Do We Punish ? Deterrence and Just Deserts as Motives for Punishment. *Journal of Personality and Social Psychology*, 83 : 284–99.

Carlsmith, K. W., T. Wilson, and D. Gilbert (2008) The Paradoxical Consequences of Revenge. *Journal of Personality and Social Psychology*, 95/6 : 1316–24.

Carruthers, Peter, Stephen Laurence, and Stephen Stich (eds.) (2005–6) *The Innate Mind*, vols. 1 and 2 (Oxford University Press).

Casebeer, W. (2003) *Natural Ethical Facts : Evolution, Connectionism, and Moral Cognition* (MIT).

Chapais, Bernard, Liane Savard, and Carole Gauthier (2001) Kin Selection and the Distribution of Altruism in Relation to Degree of Kinship in Japanese Macaques. *Behavioral Ecology and Sociobiology*, 49/6 : 493–502.

Chomsky, Noam and Carlos Peregrín Otero (2004) *Language and Politics* (AK Press).

Cima, Maaike, Franca Tonnaer, and Marc Hauser (2010) Psychopaths Know Right from Wrong But Don' t Care. *Social, Cognitive, and Affective Neuroscience*. Advanced access : http: //scan.oxfordjournals.org/content/early/2010/01/06/scan.nsp051.full.

Darwin, Charles (2003/1859) *On the Origin of Species* (Signet Classics). (チャールズ・ダーウィン『種の起原 上・下』八杉龍一訳，岩波文庫，1990 年)
Darwin, Charles (2009/1871) *The Descent of Man* (Dover Publications). (チャールズ・ダーウィン『人間の由来 上・下』長谷川眞理子訳，講談社学術文庫，2016 年)
Darwin, Charles (2007) *The Life and Letters of Charles Darwin*, vol. 2 (Kessinger Publishing).
Dawkins, Richard (1976) *The Selfish Gene* (Oxford University Press). (リチャード・ドーキンス『利己的な遺伝子』日高敏隆・岸由二・羽田節子・垂水雄二訳，紀伊國屋書店，2006 年)
Dawkins, Richard (1982) *The Extended Phenotype* (Oxford University Press).
Dawkins, Richard (1986) *The Blind Watchmaker* (Norton).
Dawkins, Richard (1995) *River out of Eden*, Weidenfeld & Nicolson, 1995. (リチャード・ドーキンス『遺伝子の川』垂水雄二訳，草思社，2014 年)
Dawkins, Richard (1999) Eating People Is Wrong. Interviewed by Mary Riddell, *New Statesman*, March 26. http://www.newstatesman.com/199903260013.
de Waal, Frans (1989) *Peacemaking Among Primates* (Harvard University Press). (フランス・ドゥ・ヴァール『仲直り戦術――霊長類は平和な暮らしをどのように実現しているか』西田利貞・榎本知郎訳，どうぶつ社，1993 年)
de Waal, Frans (1996) *Good Natured : The Origins of Right and Wrong in Humans and Other Animals* (Harvard University Press). (フランス・ドゥ・ヴァール『利己的なサル，他人を思いやるサル――モラルはなぜ生まれたのか』西田利貞・藤井留美訳，草思社，1998 年)
de Waal, Frans (2005) *Our Inner Ape* (Riverhead). (フランス・ドゥ・ヴァール『あなたのなかのサル――霊長類学者が明かす「人間らしさ」の起源』藤井留美訳，早川書房，2005 年)
de Waal, Frans (2006) *Primates and Philosophers : How Morality Evolved* (Princeton University Press).
Deigh, Jonathon (1996) *The Sources of Moral Agency* (Cambridge University Press).
Dennett, Daniel C. (1995) *Darwin's Dangerous Idea : Evolution and the Meanings of Life* (Simon & Schuster). (ダニエル・C. デネット『ダーウィンの危険な思想――生命の意味と進化』山口泰司監訳，青土社，2000 年)
Desmond, A. and J. Moore (1991) *Darwin : The Life of a Tormented Evolutionist* (Norton). (エイドリアン・デズモンド，ジェイムズ・ムーア『ダーウィン――世界を変えたナチュラリストの生涯』渡辺政隆訳，工作舎，1999 年)
Dobzhansky, Theodosius (1964) Biology, Molecular and Organismic. *American Zoologist*, 4 : 443–52.
Dreber, A., D. Rand, D. Fudenberg, and M. Nowak (2008) Winners Don't Punish. *Nature*, 452/7185 : 348–51.
Dugatkin, Lee Alan (2006) *The Altruism Equation : Seven Scientists Search for the Origins of Goodness* (Princeton University Press).
Dunbar, Robin (1997) *Grooming, Gossip, and the Evolution of Language* (Harvard University Press).
Dunford, C. (1977) Behavioral Limitations of Round-Tailed Ground Squirrel Density. *Ecology*, 58 :

1254–68.
Ehrlich, Paul R. (2002) *Human Natures : Genes, Cultures, and the Human Prospect* (Penguin).
Eisenberg, Nancy and Paul Henry Mussen (1989) *The Roots of Prosocial Behavior in Children. Cambridge Studies in Social and Emotional Development* (Cambridge University Press).（ナンシー・アイゼンバーグ，ポール・マッセン『思いやり行動の発達心理』菊池章夫・二宮克美訳，金子書房，1991 年）
Emlen, S. T. and P. H. Wrege (1988) The Role of Kinship in Helping Decisions among White-fronted Bee-eaters. *Behavioral Ecology and Sociobiology*, 23/5 : 305–15.
Essock-Vitale, S. and M. T. McGuire (1985) Women's Lives Viewed from an Evolutionary Perspective. II : Patterns of Helping. *Ethology & Sociobiology*, 6 : 155–73.
Farmer, Colleen (1997) Did Lungs and the Intracardiac Shunt Evolve to Oxygenate the Heart in Vertebrates ? *Paleobiology*, 23/3 : 358–72.
Fehr, E. and Simon Gachter (2002) Altruistic Punishment in Humans. *Nature*, 415 : 137–40.
Frank, Robert (1988) *Passions within Reason : The Strategic Role of the Emotions* (Norton).
Frohlich, N. and J. A. Oppenheimer (1993) *Choosing Justice : An Experimental Approach to Ethical Theory* (University of California Press).
Ghiselin, Michael T. (1974) *The Economy of Nature and the Evolution of Sex* (University of California Press).
Godfrey Smith, P. (1994) A Modern History Theory of Functions. *Nous*, 28 : 344–62.
Goldman, A. (2006) *Simulating Minds : The Philosophy, Psychology, and Neuroscience of Mindreading* (Oxford University Press).
Gould, Stephen J. (1992) *The Panda's Thumb* (Norton).（スティーヴン・ジェイ・グールド『パンダの親指――進化論再考 上・下』桜町翠軒訳，早川書房，1996 年）
Gould, Stephen J. (1996) *The Mismeasure of Man* (Norton).（スティーヴン・ジェイ・グールド『人間の測りまちがい――差別の科学史 上・下』桜町翠軒訳，早川書房，2008 年）
Greene, J. (2005) Cognitive Neuroscience and the Structure of the Moral Mind. In P. Carruthers et al. (eds.), *The Innate Mind : Structure and Contents*, vol. 1 (Oxford University Press).
Haidt, Jonathan (2006) *The Happiness Hypothesis : Finding Modern Truth in Ancient Wisdom* (Basic Books).（ジョナサン・ハイト『しあわせ仮説』藤澤隆史・藤澤玲子訳，新曜社，2011 年）
Hamilton, W. D. (1964) The Genetical Evolution of Social Behaviour, I and II. *Journal of Theoretical Biology*, 7 : 1–16, 17–52.
Hamilton, W. D. (1998) *The Narrow Roads of Gene Land : The Collected Papers of W. D. Hamilton. Evolution of Social Behavior* (Oxford University Press).
Hauser, Marc (2006) *Moral Minds : How Nature Designed our Universal Sense of Right and Wrong* (Ecco).
Hitt, Jack (1999) This Is Your Brain on God. *Wired*, 7.1.
Howard, Jane (1978) *Families* (Simon & Schuster).
Hudson Institute (2007) *Index of Global Philanthropy* (Hudson Institute).
Hume, David (2009/1882) *A Treatise on Human Nature* (General Books LLC).（デイヴィッド・ヒューム『人間本性論 第 1 巻～第 3 巻』法政大学出版局，2011–12 年）
Huxley, Thomas (1863) *Evidence as to Man's Place in Nature* (Williams & Norgate).

Iredale, W., M. Vugt, and R. Dunbar (2008) Showing Off in Humans : Male Generosity as Mating Signal. *Evolutionary Psychology*, 6/3 : 386–92.

Irons, William (2001) Religion as a Hard-to-fake Sign of Commitment. In R. Nesse (ed.), *Evolution and the Capacity for Commitment* (Russell Sage Foundation).

James, S. (2008) The Caveman's Conscience : Evolution and Moral Realism. *Australasian Journal of Philosophy*, 87/2 : 1–19.

James, S. and P. Carruthers (2008) Human Evolution and the Possibility of Moral Realism. *Philosophy and Phenomenological Research*, 77/1 : 237–44.

Joyce, Richard (2006) *The Evolution of Morality* (MIT Press).

Joyce, Richard (2008) Replies. *Philosophy and Phenomenological Research*, 77/1 : 245–67.

Kass, Leon (1997) The Wisdom of Repugnance : Why We Should Ban the Cloning of Human Beings. *The New Republic*, June 2.

Kitcher, Philip (1985) *Vaulting Ambition : Sociobiology and the Quest for Human Nature* (MIT Press).

Kitcher, Philip (2007) Biology and Ethics. In D. Copp (ed.), *The Oxford Handbook of Ethial theory* (Oxford University Press).

Levy, N. (2004) *What Makes Us Moral? Crossing the Boundaries of Biology* (Oneworld).

Locke, John (1996/1693) *Some Thoughts Concerning Education* (Hackett).（ジョン・ロック『ジョン・ロック「子どもの教育」』北本正章訳，原書房，2011 年）

Lorenz, Konrad and Robert D. Martin (1997) *The Natural Science of the Human Species : An Introduction to Comparative Behavioral Research* (MIT Press).

Lumsden, C. J. and E. O. Wilson (1983) *Promethean Fire : Reflections on the Origins of Mind* (Harvard University Press).（C. J. ラムズデン，E. O. ウィルソン『精神の起源について』松本亮三訳，思索社，1990 年）

Mackie, J. L. (1977) *Ethics : Inventing Right and Wrong* (Viking).（J. L. マッキー『倫理学——道徳を創造する』加藤尚武監訳，哲書房，1990 年）

Mann, Horace (1855) *The Life and Works of Horace Mann* (Nabu Press).

Masserman, J. H., S. Wechkin, and W. Terris (1964) "Altruistic" Behavior in Rhesus Monkeys. *American Journal of Psychiatry*, 121 : 584–5.

May, Rollo (1975) *The Courage to Create* (W. W. Norton).（ロロ・メイ『創造への勇気——ロロ・メイ著作集 4』小野泰博訳，1981 年）

Maynard Smith, J. (1974) *Models in Ecology* (Cambridge University Press).

Maynard Smith, J. (1982) *Evolution and the Theory of Games* (Cambridge University Press).（J. メイナード－スミス『進化とゲーム理論——闘争の論理』寺本英・梯正之訳，産業図書，1985 年）

Mayr, Ernst (2002) *What Evolution Is* (Basic Books).

Mikhail, John (2009) The Poverty of the Moral Stimulus. In W. Sinnott-Armstrong (ed.), *Moral Psychology : The Evolution of Morality*, vol. 1 (MIT Press).

Miller, Greg (2002) Gene's Effect Seen in Brain's Fear Response. *Science*, 297/5580 : 319.

Moore, G. E. (1903) *Principia Ethica* (Cambridge University Press).（G. E. ムア『倫理学原理』泉谷周三郎・寺内平治・星野勉訳，三和書籍，2010 年）

Moore, Thomas (1868) *The Poetical Works of Thomas Moore* (D. Appleton).

Nichols, Shaun (2004) *Sentimental Rules : On the Natural Foundations of Moral Judgment* (Oxford University Press).

Nowak, M. A. (2008) Generosity : A Winner's Advice. *Nature*, 456 : 579.

Nucci, L., E. Turiel, and G. Encarcion-Gawrych (1983) Children's Social Interactions and Social Concepts : Analyses of Morality and Convention in the Virgin Islands. *Journal of Cross-Cultural Psychology*, 14 : 469–87.

Packer, C. (1977) Reciprocal Altruism in Papio Anubis. *Nature*, 265 : 441–3.

Pinker, Steven. (1994) *The Language Instinct : How the Mind Creates Language* (Morris).（スティーブン・ピンカー『言語を生みだす本能 上・下』椋田直子訳，NHK ブックス，1995 年）

Pinker, Steven (1997) *How the Mind Works* (Norton).（スティーブン・ピンカー『心の仕組み 上・下』椋田直子訳，ちくま学芸文庫，2013 年）

Pinker, Steven (2002) *The Blank Slate : The Modern Denial of Human Nature* (Viking).（スティーブン・ピンカー『人間の本性を考える——心は「空白の石版」か 上・中・下』山下篤子訳，NHK ブックス，2004 年）

Pratchett, Terry (1999) *Hogfather* (Harper).

Prinz, Jesse J. (2007) *The Emotional Construction of Morals* (Oxford University Press).

Prinz, Jesse J. (2008a) Acquired Moral Truths. *Philosophy and Phenomenological Research*, 77/1 : 219–27.

Prinz, Jesse J. (2008b) Is Morality Innate ? In W. Sinnott-Armstrong (ed.), *Moral Psychology : The Evolution of Morality*, vol. 1 (MIT Press).

Quine, W. V. (1969) Natural Kinds. *In Ontological Relativity and Other Essays* (Columbia University Press).

Rachels, James (1990) *Created from Animals : The Moral Implications of Darwinism* (Oxford University Press).（ジェームズ・レイチェルズ『ダーウィンと道徳的個体主義——人間はそんなにえらいのか』古牧徳生・次田憲和訳，晃洋書房，2010 年）

Richards, Robert (1986) A Defense of Evolutionary Ethics. *Biology and Philosophy*, 1 : 265–92.

Rosaldo, M. Z. (1980) *Knowledge and Passion : Ilongot Notions of Self and Social Life* (Cambridge University Press).

Rottschaefer, William A. and David Martinsen (1995) Really Taking Darwin Seriously : An Alternative to Michael Ruse's Darwinian Metaethics. In P. Thomson (ed.), *Issues in Evolutionary Ethics* (SUNY Press).

Ruse, Michael (1986) *Taking Darwin Seriously : A Naturalistic Approach to Philosophy* (Oxford University Press).

Ruse, Michael (1995) Evolutionary Ethics : A Phoenix Arisen. In P. Thomson (ed.), *Issues in Evolutionary Ethics* (SUNY Press).

Ruse, Michael (1998) Evolution and Ethics : *The Sociobiological Approach.* In L. Pojman (ed.), *Ethical Theory : Classical and Contemporary Readings* (Wadsworth).

Ruse, Michael and E. O. Wilson (1986/1994) Moral Philosophy as Applied Science. *Philosophy*, 61 : 173–92 ; repr. in Sober (1994 : 421–38).

Sadava, D., H. C. Heller, G. H. Orians, W. K. Purves, and D. M. Hillis (2008) *Life : The Science of Biology*, 8th edn. (Sinauer Associates and W. H. Freeman).（デイヴィッド・サダヴァ他『カ

ラー図解 アメリカ版 大学生物学の教科書 第1巻～第5巻』講談社ブルーバックス，2014-2016年）

Sandel, M.（2004）The Case Against Perfection : What's Wrong with Designer Children, Bionic Athletes, and Genetic Engineering. *The Atlantic*（April）; repr. in B. Steinbock, J. Arras, and A. J. London（2008）*Ethical Issues in Modern Medicine*, 7th edn.（McGraw Hill）.

Scanlon, T. M.（1998）*What We Owe to Each Other*（Harvard University Press）.

Schino G.（2007）Grooming and Agonistic Support : A Meta-analysis of Primate Reciprocal Altruism. *Behavioral Ecology*, 18 : 115-20.

Searle, John R.（1964）How to Derive "Ought" from "Is". *Philosophical Review*, 73 : 43-58.（ジョン・R. サール『言語行為――言語哲学への試論』坂本百大・土屋俊訳，勁草書房，1986年，第8章「「事実」から「当為」を導く議論について」）

Seyfarth, R. M. and Cheney, D. L.（1984）Grooming, Alliances, and Reciprocal Altruism in Vervet Monkeys. *Nature*, 308 : 541-3.

Sherman, Paul（2009）. Squirrels（with L. Wauters）and The Role of Kinship. In D. W. Macdonald（ed.）, *The New Encyclopedia of Mammals*（pp. 150-61, 162-3）（Princeton University Press）.

Singer, T.（2007）. The Neuronal Basis of Empathy and Fairness. In G. Bock and J. Goode（eds.）, *Empathy and Fairness*（pp. 20-30 ; discussion pp. 30-40, 89-96, 216-21）（John Wiley & Sons, Ltd）.

Sinnott-Armstrong, Walter（ed.）（2008）*Moral Psychology : The Evolution of Morality*, vol. 1（MIT Press）.

Skyrms, Brian（1996）*Evolution of the Social Contract*（Cambridge University Press）.

Smith, Adam.（2010/1759）*The Theory of Moral Sentiments*（Penguin Classics）.（アダム・スミス『道徳感情論』高哲男訳，講談社学術文庫，2013年）

Smith, M. S., B. L. Kish, and C. B. Crawford（1987）Inheritance of Wealth as Human Kin Investment. *Ethology and Sociobiology*, 8 : 171-82.

Sober, Elliott（ed.）（1994）*Conceptual Issues in Evolutionary Biology*, 2nd edn.（MIT Press）.

Sober, Elliott and David Sloan Wilson（1998）*Unto Others : The Evolution and Psychology of Unselfish Behavior*（Harvard University Press）.

Sosis, Richard（2004）The Adaptive Value of Religious Ritual. *American Scientist*, 92 : 166-72.

Spencer, Herbert（1851）*Social Statics*（John Chapman）.

Spencer, Herbert（2004/1879）*The Principles of Ethics*（University Press of the Pacific）.

Sripada, C. and S. Stich（2006）A Framework for the Psychology of Norms. In P. Carruthers, et al.（eds.）, *The Innate Mind*, vol. 2（Oxford University Press）.

Sripada, C.（2008）Three Models of the Innate Structure That Shapes the Contents of Moral Norms. In W. Sinnott-Armstrong（ed.）, *Moral Psychology : The Evolution of Morality*, vol. 1（MIT Press）.

Stich, S.（2008）Some Questions about The Evolution of Morality. *Philosophy and Phenomenological Research*, 77（1）: 228-36.

Stratton-Lake, Phillip（2003）*Ethical Intuitionism : Re-Evaluations*（Oxford University Press）.

Street, S.（2006）A Darwinian Dilemma for Realist Theories of Value. *Philosophical Studies*, 127 : 109-66.

Tancredi, Laurence（2005）*Hardwired Behavior : What Neuroscience Reveals about Morality*（Cambridge University Press）.

Thomson, Paul (ed.) (1995) *Issues in Evolutionary Ethics* (SUNY Press).

Trivers, R. L. (1971) The Evolution of Reciprocal Altruism. *Quarterly Review of Biology*, 46 : 35–57.

Trivers, R. L. (1985) *Social Evolution* (Benjamin/Cummings). (ロバート・トリヴァース『生物の社会進化』中嶋康裕・福井康雄・原田泰志訳，産業図書，1991 年)

Trivers, R. L. (2002) *Natural Selection and Social Theory : Selected Papers of Robert L. Trivers*. Evolution and Cognition Series (Oxford University Press).

Turiel, Eliot (1983) *The Development of Social Knowledge : Morality and Convention* (Cambridge University Press).

Ulam, Stanislaw (1975) *Adventures of a Mathematician* (University of California Press). (ウラム『数学のスーパースターたち――ウラムの自伝的回想』志村利雄訳，東京図書，1979 年)

Warneken, F. and M. Tomasello (2007) Helping and Cooperation at 14 Months of Age. *Infancy*, 11, 271–94.

Warneken, F. and M. Tomasello (2009) Varieties of Altruism in Children and Chimpanzees. *Trends in Cognitive Sciences*, 13/9 : 397–402.

Warnock, Mary (1966) *Ethics Since 1900* (Oxford University Press).

Wechkin, S., J. H. Masserman, and W. Terris, Jr. (1964) Shock to a Conspecific as an Aversive Stimulus. *Psychonomic Science*, 1 : 47–8.

Wilkinson, Gerald S. (1984) Reciprocal Food Sharing in the Vampire Bat. *Nature*, 308 : 181–4.

Wilkinson, Gerald S. (1990) Food Sharing in Vampire Bats. *Scientific American*, February : 76–82.

Williams, G. C. (1966) *Adaptation and Natural Selection* (Princeton University Press).

Wilson, E. O. (1975) *Sociobiology : The New Synthesis* (Harvard University Press). (エドワード・O. ウィルソン『社会生物学［合本版］』伊藤嘉昭他訳，新思索社，1999 年)

Wilson, E. O. (1978) *On Human Nature* (Harvard University Press). (エドワード・O. ウィルソン『人間の本性について』岸由二訳，ちくま学芸文庫，1997 年)

Wimmer, H. and J. Perner (1983). Beliefs about Beliefs : Representation and Constraining Function of Wrong Beliefs in Young Children's Understanding of Deception. *Cognition*, 13 : 41–68.

Wright, C. (1992) *Truth and Objectivity* (Harvard University Press).

Wright, Larry (1973) Functions. *Philosophical Review*, 82 : 139–68.

Wright, Robert (1995) *The Moral Animal : Why We Are the Way We Are. The New Science of Evolutionary Psychology* (Vintage). (ロバート・ライト『モラル・アニマル 上・下』小川敏子訳，講談社，1995 年)

Young, L., F. Cushman, M. Hauser, and R. Saxe (2007) The Neural Basis of the Interaction between Theory of Mind and Moral Judgment. *PNAS*, 104/20 : 8235–40.

Zahn-Waxler, Carolyn, E. Mark Cummings, and Ronald J. Iannotti (1991) *Altruism and Aggression : Social and Biological Origins. Cambridge Studies in Social and Emotional Development* (Cambridge University Press).

注

＊算用数字は原注，ローマ数字は訳注である。

序　文　哲学者と生物学者がバーに入っていくと……

（1）もちろん，あなたがたとえば腹内側前頭前野に大きな損傷を受けていれば別であるが。その場合，あなたは自分の行動について制御する力を欠いている可能性が高い。

（2）これについては，E. O. ウィルソンの『社会生物学』の出版の後に続いた大論争をよく知っている者であれば証言できるだろう。

（3）関心のある読者は Kitcher (1985) と Pinker (2002) を読むことを勧める。

第 1 章　自然選択と人間本性

（i）ダニエル・C. デネット『ダーウィンの危険な思想』山口泰司監訳，青土社，2001 年，28 頁を参照した。

（ii）ダーウィン『種の起原』下巻，八杉龍一訳，岩波文庫，1990 年，235 頁を参照した。

（1）ある強力な補助的な力——性選択——は，交尾に関わる圧力に従って機能する。一つには，一方の性の成員が他方の性の成員と交尾するための権利をめぐって競う，同性間での競争がある。この競争は同性の競争相手の間での適応をもたらす傾向にある（霊長類の雄の体重がその例である）。また，一方の性の好みが，どのような形質が他方の性で優勢を占めるかを決定する傾向にある，異性間の競争がある（クジャクの雄の輝く羽がその例である）。

（2）発達初期の重要な期間，子ガモは自分より大きな，独立した物体の動きに彼らの母親を連想する。そのため，その物体の行くところどこへでも付いていくのだ。ほとんどの環境では，そのような生物は彼らの母親であるが，実験的な環境では子ガモは無生物を，あるいは科学者の脚を「刷り込み」うる。

（3）念のために断っておくが，すべての条件が等しければ，我々のような生物には緑色に見えるような酸素運搬物質を母なる自然が選択しないと考える原則的な理由はない。

（4）私はとても大きく論争的な問いには蓋をしている。たとえば，道徳感覚の目的とは（それがあるとすれば）何である／あったのだろうか。後の章では我々は徹底的に大掃除を行なう。そのしかるべき場所で，この問いに取りかかることにする。

（iii）tinker は，いじくる，（下手な）修繕をする，という意味。以下，突然変異が無計画に生じて，たまたまうまく行ったものが生き残り繁殖する様を、自然を下手な修繕屋に擬えて説明している。

（iv）本文中の文献案内では『利己的な遺伝子』が参照されているが，実際には以下の文献からの引用である。Richard Dawkins (1995/2015), *River out of Eden* (Weidenfeld & Nicolson), p. 81.（翻訳：リチャード・ドーキンス『遺伝子の川』垂水雄二訳，草思社，2014 年，101–2 頁）

（5）注意書き。特殊化した道徳感覚に対する関心は進化心理学者の間で非常に高いが，彼らだけが議論に関わっているわけではない。研究者の中には，進化の起源とは無関係に，

心は何らかの特殊化された能力を有しているのだろうかという，より一般的な問いを追究している者もいる。以下で進化心理学を強調するのは，活発な研究の一領域に光を当てるだけの意図しかない。他の重要なモデルは，第4章の終わりで示されることになる。

（6）我々の比喩をさらに進めて，あなたの家の鍵を考えてみよう。この鍵は他のほとんどの錠には使えないが，問題となっている錠，すなわちあなたの家の錠には安価ながらもとても確実な鍵である。

（7）さしあたっては，心と脳との間の関係については何も考えないことにしよう。しかしながら，「心は，ある意味では脳の命令によって現実化しているものである」と心理学者の間で現在考えられていることには注目しよう。しかし，ここには我々が踏み込む必要のない難問が存在する。

（v）原書本文中の出典表示「Pinker 1997 : 75」は誤りであり，正しくは「Pinker 2002 : 75」（スティーブン・ピンカー『人間の本性を考える――心は「空白の石版」か』上巻，山下篤子訳，日本放送出版協会，2004年，152頁）である。

（8）もちろん，そのような規則がどのように脳の中に「エンコードされる」かは全く別の問題であり，そのような問題を扱うにはいくつかの学問領域を横断しなければならないだろう。ここでの私の目的は，我々の中心となる議論の土台を据えるために，単に進化心理学者の取り組みの概略を提示することである。この分野をより深く知るためには，章末の文献案内を見てほしい。

（vi）以下を参照した。スティーブン・ピンカー『人間の本性を考える――心は「空白の石版」か』中巻，山下篤子訳，日本放送出版協会，2004年，82-83頁。

（vii）同上，86頁。

第2章　正しさの（最も初期の）起源

（1）とても印象的な事件が1996年に起きた。その年に，シカゴのブルックフィールド動物園のメスのニシローランドゴリラであるビンティ・ジュアが，ゴリラ展示〔エリア〕に落ちてしまった3歳の男の子を，注意深くあやした後に，彼女の飼育員にその子を届けたのである。

（2）机上では結構な話と思われる。しかし，フィールドでの研究はどうだろうか。より詳細に言えば，フィールドの研究は，ジリスの警告発信はこの包括適応度の制約に従っていることを示すだろうか。答えはイエスである。実際，ジリスは彼らの（ほぼ，親類の前でのみの）警告発信において選択的であるのみならず，彼らの援助において，すなわち争いで傷ついた親族を助けに駆けつけるが，しかし親族でないものは無視するということにおいても選択的である。Sherman 2009を見よ。

（i）自然選択は適応に必要以上の能力（基礎）を与えないということ。したがって，ある生物が意識的に行動することが必要とされない限り，特定の行動は本能的に（無自覚に）なされることになる。その意味で「知る必要性」に応じて作用するということである。

（3）スペインのことわざによると，一オンスの血は一ポンドの友情より価値がある。

（4）それがなぜかを説明するのはもちろん非常に難しい。たとえば，もし誰かがあなたが自分の弟を先に助けたことの正当化を要求したとして，「彼は私の弟なんだ」以上の何をあなたは言えるだろうか。我々のほとんどは，それが十分な正当化であると考える傾向にある。しかし確かに，その考えを擁護するために何かそれ以上のことが言われうる

だろう。我々は何を言うべきだろうか。
（5）同じことを利己性についても言うことができる。ある生物が何らかの場合に利己的であるのは，その場合のその生物の動機が利己的である場合であり，その場合に限る。もしその生物がたまたま他の生物を何らかの場合に助けるとしても，その生物の動機が利己的である場合には，我々はその生物を利他的だとは言わない。
（ii）原文では「人類学者」。

第 3 章　穴居人の良心

（i）論語，衛霊公第十五 24 より。英語で「互恵性（reciprocity）」とあるが，元の語は「恕」である。
（1）我々の道徳的経験を超えたところにあるもの，すなわち「道徳の世界」自体の性質を述べる試みは第 II 部にて議論される。
（2）このことは以下のことを意味するのではない。すなわち，それらの生物が自分たちが判断した通りに行為しなければならないという意味ではなく，また，それらの生物は正しく判断しなければならないという意味ですらない。ヒトラーでさえこの最小限の意味では道徳的生物だとみなされるだろう。なぜなら，（我々が推測するに）彼でさえいくつかの行為を禁じられているものだと判断できたからだ。道徳的生物であるということは，ある者が何をできるかということに関わっており，何をするかとは関係がない。
（3）もし私が道徳性に関する分析において過度に慎重だと思われる（「道徳性とはかくかくしかじかのように見える」など）なら，それは以下のことが理由である，すなわち，これらの現象が思い違い（我々を欺くもの）であるかどうかをめぐって，熱心な議論が哲学において続いているからである。たとえば一部の哲学者は，道徳性がある仕方で現れていることを喜んで認めるが，以下のように主張するだろう。すなわち，道徳性は，本当は別のものである，と。
（ii）あるものが内在的に善い（intrinsically good）とは，それが何か別の目的のために善いというのではなく，それ自体として善い，という意味。
（4）多くの研究において，世界中の男性が一貫して女性の魅力をまさにこうした特徴に従ってランク付けすることがわかっている。
（5）正確に言うと，もちろん，オッグが（彼の行動を制限するにはいたらないまでも）それらの類の行動をとるのを避ける最善の保証となるのは，オッグの振舞いが融通の利かないものになるような仕方で彼を設計することだろう。まもなく説明する理由によって，この選択肢は大きな欠点に直面する。
（6）次の章で，我々はより深く評判と処罰，道徳との間のつながりを調べる。
（iii）本書では amoral および non-moral を原則として「非道徳的な」と訳している。これは，道徳（的考慮）とは無関係という意味である。これに対して，不道徳（immoral）は，道徳に反するという意味である。
（7）以下を参照。https://www.priestsforlife.org/magisterium/bishops/wuerl-2006-red-mass.htm
（8）我々が第 4 章で見るように，社会的行動の進化についての最近の研究がこの仮説を支持する。

第 4 章　公正な報い

（1）実際，人類学者のロビン・ダンバーは，言語はまさにそれが我々にゴシップを行なう

ことを可能にしたという理由によって人類において進化したという仮説を立てた。他人の行動や評判を知る最善の方法は言いふらされている「悪口」を聞くことである。心理学者のジョナサン・ハイトと学生のホリー・ホムは，51 名の被験者に対して，友人と行なった長めの会話を日誌につけるよう依頼したところ，「ゴシップが圧倒的に重要であり，その主な内容は他人の道徳的・社会的な規則違反に関してである」（2006 : 54）ことを発見した。ハイトは，「ゴシップは警官であり教師である」と結論している。

（2）第 12 章で論ずるように，私はこのことは道徳の本性そのものを理解するにあたって非常に重要だと考えている。

（i）「しっぺ返し」については本章第 5 節で説明されている。

（3）処罰は別の仕方でも，コストが大きいように見える。心理学者のケビン・カールスミス，ダニエル・ギルバート，ティモシー・ウィルソン（2008）は，報復はよく言われているほどには良いものではないことを示した。公共財ゲームで（実験チームの覆面メンバーが，ゲームの他の参加者に多額の投資をするよう懇願した後に自らが裏切ることによって）被験者が食い物にされたとき，被験者のうち何人かは報復する選択肢を持っていた。他の被験者は選択肢を持っていなかった。処罰を行なう選択肢を持ち，実際にそれを実行したこれらの被験者は，罰したのち，選択肢を持たないで罰したいと発言しただけの被験者に比べて，「非常に悪い心的状態を報告した」。さらに，罰した者は，罰することができない人に比べて，フリーライダーについてはるかに長く思いをめぐらした。明らかに，世間の知恵に反して，もう片方の頰を差し出した方が〔つまり仕返しをしない方が〕実際にはより満足が得られるのだ。

（ii）原文ではプラトンの『パイドン』からの引用とあるが，これは誤りである。最も近い記述は，クセノポンの『ソクラテス言行録』（第 1 巻第 7 章）冒頭に見られる。以下を参照。クセノポン『ソクラテス言行録』内山勝利訳，京都大学学術出版会，2011 年，58 頁。

（4）本書の執筆中に，市民はバーナード・メイドフと彼の犯した 500 億ドル投資詐欺に直面しようとしている。ナショナル・パブリック・ラジオ局によって，何がメイドフの「最も大きくて最も許しがたい犯罪」かを尋ねられたとき，マーク・ボロヴィッツというユダヤ教司教は躊躇なくこう言った。すなわち「信頼の破壊です。人々はそれを『親和力泥棒』と呼んでいます。……私は，あなたに私を好きになってもらい，私を信じるようになってもらい，それから私はあなたの金を盗むだけではなく，人々は善良で慎み深くて思いやりがあるというあなたの信頼をも盗むのです」。ユダヤの伝統に従えば，地獄はないことになるが，そうすると，メイドフはどうやって罰せられるのであろうか。「メイドフ氏自身がこれ〔罪〕と一緒に生きなければならないのです……彼が誰かに頼ろうとすれば，彼は自らの為した害悪を必ず見ることになるでしょう。そして，人々から避けられ，社会から追放される……これこそが地獄です」。

（5）2008 年 8 月 8 日の『デイリー・テレグラフ』からの引用。

第 5 章　美徳と悪徳の科学

（i）類人猿（apes）は，通常はゴリラ，オランウータン，チンパンジー，ボノボなどの人類に近い霊長類を指すが，ここではボノボやチンパンジーの名前も出ているので，ゴリラやオランウータンが念頭にあるのかもしれない。

（ii）これ以降，本章では原則として empathy に「感情移入」（または同情），sympathy に

「共感」という語を当てて訳し分けている。

（1）もっとも，この保守的な説明はワーネケンら（2009）が見たものを説明するのには十分でないかもしれない。チンパンジーは誰かが困っているとき，幼児とほとんど同じぐらい協力的である。実験を受けた幼児たちと同様，チンパンジーたちは「勧められたり，褒められたりしなくとも」対応へと駆り立てられた。

（2）ある場合には，患者は他の認知障害を示す。たとえば，ふつうの植物や動物を認識できず，あるいは場所や顔の表情を認識できない。

（3）我々がひどい苦悩にさいなまれる人（交通事故の犠牲者や，荒っぽい手術を受ける患者）を描写したイメージを経験すると，我々の体は，心拍数が上昇し，手のひらが汗ばみ，血圧が上がるといった特徴的な仕方で反応する。これらは我々の意志から（ほとんど）独立して作動する自律神経系の反応である。サイコパスと判定される人はそのような反応を示さない。彼らは他者の苦悩に関心を示さないのである。

（4）心理学者のジョシュア・グリーンの報告によれば，「後部帯状回は，感情に関連する様々な課題の間じゅう活動の上昇がみられる領域であるが，サイコパスの集団では対照群の被験者たちに比べて活発でなかった」（2005 : 343）。

（iii）原文では「疑問文」ではなく「命令文（imperative）」になっているが，これは疑問文（interrogative）の間違いのためすべて疑問文とした（著者確認済）。

（5）一応，念のために答えを書いておこう。(1)では「彼自身（himself）」はビルを指さなければならない。(2)では「彼自身（himself）」は（おそらくは男性である限り）誰でもありうる。(3)では，「彼（him）」はビル以外の誰でもありうる。(3)の「彼」がビルを指すことはできない。(4)では正しい疑問文は“Is the boy who is happy missing ?”である。最後に，(5)では正しい疑問文は“Is the duck sad that the chicken is missing ?”である。

（6）たとえば，ほとんどの人間の言語は，（英語の「He opened the box」のように）主語-述語-目的語か，（日本語のように）主語-目的語-述語のいずれかであるが，目的語-主語-述語であるものはほぼ全くない。このことは，非生得主義者が主張するように，もし人間の言語が生得的に制約されていないとすれば，実に驚くべきことであろう。

（7）広告製作者は，消費者集団全体に広まるような適切な何かを備えたキャッチフレーズを年中作ろうとしている。それというのも，（彼らの考えによれば）より多くの人がキャッチフレーズを覚えれば，彼らは製品をよりよく記憶し，そして人々が製品をよりよく記憶すれば，彼らがその製品を買う可能性が高くなるからである。

（iv）原文では the Yanamomo となっているが，ヤノマモ族（the Yanomamö）が正しい（著者確認済）。

第II部　「何であるか」から「何であるべきか」へ

（i）Dennett, Daniel C. (1995), *Darwin's Dangerous Idea : Evolution and the Meanings of Life* (Simon & Schuster), p. 521 より。なお，邦訳ではこの一文が抜けているようである。

第6章　社会的調和

（1）もちろん，いくつかの制約はある。生物の形態の変異は現存する形態から作られるので，ある生物の子孫が，突然変異を通してより厚い羽毛を生やすかもしれない一方，別の生物の子孫が今まで何もなかったところに羽毛をいっぱいに生やすことはない。

第 7 章　ヒュームの法則

（1）これは哲学の巨大な氷山の，ほんの一角にすぎない。すっかり脱線してしまう危険があるため，私はこの議論をそのままにしておくが，読者にこの区別をいくらか理解してもらえたことを願っている。これに関する詳細については，章末の文献案内を見てほしい。

（i）第 3 巻が抜けている。

（2）『種の起源』が出版される 83 年前にヒュームは没した。したがって，明らかに，ヒュームが社会ダーウィン主義の批判者であったと我々は述べることはできない。ヒュームは社会ダーウィン主義の批判者だっただろうと言ってもおそらくかまわないだろう。

第 8 章　ムーアの自然主義的誤謬

（1）私は，この問いが冗談であるいは皮肉っぽく問われているわけではなく，また，何か文脈によってはっきりさせられるような他の非標準的な方法で問われているわけでもないと想定している。これは誠実に提起された問いなのである。

第 9 章　ムーアとヒュームを再考する

（1）哲学者のジェイムズ・レイチェルズ（1970 : 70–1）はこの区別を次のように述べている。ある言葉（「独身男性」や「水」など）の定義を提案することと，その言葉の評価基準を提案することは，別のことである，と。

（2）規範的認識論における中心課題の一つは，知っているという主張の中に現れる正当化の性質を研究することである。これについては，様々な意見の不一致が残存しているとだけ述べれば十分だろう。

第 10 章　進化論的反実在論

（i）ミケランジェロの《最後の審判》のイメージであろう。

第 11 章　最近の進化論的反実在論

（1）スペンサーだけでなく他にも多くの人がそう考えている。ジョイスはある種類の道徳的実在論を擁護する最近のいくつかの試み——ロバート・リチャーズ（1986），リッチモンド・キャンベル（1996），ダニエル・デネット（1995），ウィリアム・ケースビア（2003）——を批判対象にしている。

（i）1815 年 6 月にベルギーのワーテルロー近郊であった戦いで，ナポレオン率いるフランス軍が敗北した。

（2）これは私が第 10 章で用いたダッシュボードのエンジン警告ランプについての例と似たものである。ランプが点灯することはエンジンの不調から引き起こされたものではないため（そうではなく，他の場所のある回路が偶然ショートしたことで引き起こされたのだ），ランプのみによってエンジンの不調が起きていると信じることは正当化されない。

（3）公平を期すために言うなら，すべての哲学者がこれを喜んで受け入れているわけではない。私がここで前提している見方は素朴な実在論で，それによると世界の性質は我々が知覚しているものとほとんど同じである。その見方は常識からは全員一致した（？）支持を受けている。それは哲学者からは賛否の入り混じった支持を受けている。

（4）哲学者のフィリップ・キッチャーは同じ点を強調している。「ここでは道徳的真理の知覚は問題となっていない。成功の基準は正確な表象ではなく，社会的凝集性の向上である」（2005 : 176）。

第12章　進化論的実在論者が取りうる選択肢

（1）哲学者のクリスピン・ライトは以下のように嘆く。「自身を……倫理学に関する実在論者だと主張する哲学者は，おそらくほとんどの哲学者の聴衆にとって，ほぼ咳払いをしたも同然のことくらいしか成し遂げたことにならないだろう」（1992 : 1）。

（i）以下を参考にした。アリストテレス『ニコマコス倫理学』上巻，高田三郎訳，岩波文庫，1971年，32頁。

（2）ケースビアの提案はいくつかの点で異端である。というのは，通常は，徳倫理学はメタ倫理学の立場でなく，規範倫理学の立場として考えられているからである。すなわち，伝統的には，徳倫理学は道徳に関する会話や行動の基盤となる形而上学的な構造を説明することを目的とするものではなく，いかに生きるべきかについての指針を我々に与えることを目的にしている。

訳者解説

（1）http://uncw.edu/par/faculty/faculty-James.html

（2）たとえば Peter Singer（2005）, Ethics and Intuitions, *Journal of Ethics* 9/3–4 : 331–352. シンガーは1981年の著作でウィルソンの社会生物学が倫理学にもたらす影響について詳細に検討している。Peter Singer（2011）, *The Expanding Circle*（Princeton University）.

（3）Nel Noddings（2010）, *The Maternal Factor : Two Paths to Morality*（University of California Press）.

（4）メタ倫理学について詳しくは，佐藤岳詩『メタ倫理学入門——道徳のそもそもを考える』（勁草書房，2017年）および児玉聡・赤林朗編『入門・倫理学』（勁草書房，近刊）を参照せよ。

（5）Frances Power Cobbe（1872）, *Darwinism in Morals*, p. 10.

（6）Michael Ruse（2009）, Evolution and Ethics : The Sociobiological Approach, in Michael Ruse（ed.）, *Philosophy After Darwin*（Princeton University Press）, 495.

（7）こうした考え方について詳しくは、前出の佐藤『メタ倫理学入門』第3章を参照せよ。